集刊

集人文社科之思 刊专业学术之声

刊　　名：法史学刊
主办单位：中国法律史学会
　　　　　中国社会科学院法学研究所
主　　编：张　生
执行主编：王帅一

CHINESE JOURNAL OF LEGAL HISTORY N0.14, 2019

2019年卷·总第14卷

集刊序列号：PIJ-2018-241
中国集刊网：http://www.jikan.com.cn/
集刊投约稿平台：http://iedol.ssap.com.cn/

中国法律史学会　中国社会科学院法学研究所　主办

法史學刊

【2019年卷·总第14卷】

CHINESE JOURNAL OF
LEGAL HISTORY N0.14, 2019

主　编　张　生
执行主编　王帅一

社会科学文献出版社
SOCIAL SCIENCES ACADEMIC PRESS (CHINA)

编者寄语

《法史学刊》是由中国法律史学会与中国社会科学院法学研究所主办，中国法律史学会秘书处与中国社会科学院法学研究所法制史研究室组织编辑的专业性学术集刊。集刊内容涵盖中外法制史、中外法律思想史、法律文化等法律史学科的各个分支，间或旁及法理学、部门法学、哲学、历史学、人类学、社会学、民族学等法律史学得以滋养的学科领域。

《法史学刊》原名《法律史论集》，已出版6卷。推始其前身，则可追溯至20世纪80年代出版过的《法律史论丛》第1~3辑。故《法史学刊》第一卷、第二卷作为学会会刊，应为“总第10卷”、“总第11卷”。2016~2017年中国法律史学会又相继编辑出版了《中国法律史研究》两卷为学会会刊。《法史学刊》2019年卷承继学脉、接续传统，则应为“总第14卷”。

《法史学刊》虽然几易其名，但始终秉承百花齐放、百家争鸣的宗旨，以遵守学术规范、维护学术道德、增进学术交流、追求学术创新为原则，力争办成海内外法史学人沟通信息、抒发心得、切磋学问、阐扬良知的学术园地。

《法史学刊》拟分设固定栏目和互动栏目。固定栏目初设“法史前沿”、“法律文化”、“评论译介”和“史料文献”四门，旨在反映法史学科的最新探索，展现法律文化研究的多彩景观，评析学术作品，介绍新见史料，解读文献，传扬知识。

互动栏目则视稿源状况并依同仁提议设立，我们鼓励读者、作者、编者间的交流互动。学界同仁可以围绕某一专题展开深入的研讨，也可着重展示某一特定地域的制度和文化，还可以追忆难忘旧案，推介优秀学人，畅谈学术思想、治学方法，抑或聊聊自己读书、游学的心得偶见，趣闻逸事等。

《法史学刊》固然离不开编辑人员辛勤的双手，但更主要的还是要倚重学界同仁的热心、慷慨与宽容。我们坚信，没有读者、作者、编者的心灵沟通、勠力同心，这个尚显稚嫩的学术园地便不可能枝繁叶茂，绿树成荫，四季常青。

“文化是民族的血脉，是人民的精神家园。文化自信是更基本、更深层、更持久的力量。中华文化独一无二的理念、智慧、气度、神韵，增添了中国人民和中华民族内心深处的自信和自豪。”新时代的《法史学刊》不设夷夏之防，没有歧视与偏见，不分读者、作者、编者之畛域，没有老中青学者间之代沟，不忘学术之初心，以期传承中华优秀传统法律文化。

《法史学刊》编委共识

2006年仲秋初笔

2008年谷雨改笔

2018年大雪三笔

目 录

法史前沿

法律文化

评论译介

法史学人

法史前沿

《名公书判清明集》中南宋的土地诉讼活动

柴　荣　潘遥遥*

摘　要：南宋的土地诉讼主要是农地、林地、墓地以及寺田等因交易、分家析产以及界至混乱等引发。以《名公书判清明集》为样本，可以看出，南宋司法官员在司法实践中大多根据律令，运用证据确定事实的方式审慎、有效地处理土地纠纷。《名公书判清明集》中大多运用判决、调解、不受理三种方式解决土地诉案。在关涉亲属的土地纠纷案件中，审判官员会充分考虑情、理、法的关系。透过《名公书判清明集》中的土地诉案可以看出，南宋民众的义利观发生转变、宗族观淡化，朝廷对律令的运用非常重视，而且审判官法律素养有所提高。

关键词：南宋　土地诉讼　情理　法律

法律是一个社会的重要面相，是社会关系的反映，要了解一个社会的司法运行状况离不开法律所依附的社会背景。宋代“不立田制”、“不抑兼并”的土地政策推动了土地私人权属的深入以及土地交易的频繁，商品经济的发展使传统的宗族观念及义利观念发生变化；纠纷一旦发生，解决纠纷是当事人的首要诉求，而寻求纠纷解决途径的背后折射出的是解纷机制的社会成效以及当事人的价值诉求。南宋时期，随着商品经济的发展，民众财产意识日益增强，立足于“以和为贵”、“息事宁人”的调解已不能完全满足民众对解纷实际效果的追求以及自身利益的诉求。

---

* 柴荣，北京师范大学法学院教授、博士生导师；潘遥遥，北京师范大学法学院硕士研究生。

一　兴讼语境与社会实践：《名公书判清明集》中土地诉讼的背景与类型

南宋是整个封建社会变革与转型的重要时期，传统的小农经济向商品经济转型，并对小农经济的形态产生影响。土地在商品经济中的基础性地位及自由流转使民众对于田地有强烈的需求以及占有的欲望，从而形成“人户交易田土，投买契书，交争诉界至，无日无之”[①] 的现象，因土地纠纷而产生的诉讼成为南宋诉讼活动中重要的构成部分。

（一）南宋土地诉讼兴盛的时代背景

“法律的规定和实施、法律的存在与发展，离不开最庞大的社会客体——中下层民众，离不开日新月异的社会生活，离不开发展变化的社会结构。”[②] 南宋时期土地允许买卖，土地流转速度空前加快，“千年田换八百主”、“有钱则买，无钱则卖”是当时社会的典型现象，再加上人多地少的矛盾，频繁流转造成土地所有权的混乱，产生纠纷。

同时，从土地在南宋社会生活中的重要意义来看，“土地是农业国家最重要的社会资源，最基本的生产资料”。[③] 土地纠纷虽被官府认为是民间“细故”，但与普通民众的日常生活密切相关，不仅关系着民众的衣食住行，也决定了在主要依靠土地积累财富的古代社会中他们的社会地位。

再者，商品经济发展强烈地冲击了民众传统的义利观念。传统社会所强调的“义”重于“利”的观念随着土地经济价值的提升而开始发生变化。对于家庭内部的土地纠纷，理学家程颐一针见血地指出：“后世骨肉之间，多至仇怨忿争，其实为争财。”[④] 同时，寻求诉讼解纷的另一个重要原因还在于民众对公平正义的需求，并借助法律来实现自己对土地的正当

① 徐松点校《宋会要辑稿·食货三之一八》，中华书局，1957年影印本，第4844页。

② 张仁善：《中国法律社会史的理论视野》，《南京大学法律评论》2001年春季号，第96页。

③ 郑定、柴荣：《两宋土地交易中的若干法律问题》，《江海学刊》2002年第6期，第114页。

④ 程颐、程颢：《二程集·河南程氏遗书》卷十七，王孝鱼点校，中华书局，1981，第177页。

诉求。这就促使关于土地纠纷的解决途径由宗族调解转向诉讼领域。

（二）土地诉讼的类型

所谓“土地纠纷”主要是指农地、山地、林地、墓地以及寺田等因交易、分家析产以及界至混乱等造成的纠纷。根据对《名公书判清明集》（以下简称《清明集》）中判词的统计，涉及土地诉讼的案件共有111件，占《清明集》总数的1/5强。笔者根据诉讼当事人双方之间的关系，将其分为四类，分别为普通民事主体之间的土地纠纷、亲属之间的土地纠纷、邻里之间的土地纠纷以及僧凡之间的土地纠纷。

表1　《清明集》中土地诉讼类型一览

类型	普通民事主体之间	亲属之间	邻里之间	僧凡之间
件数（件）	56	44	7	4
占比（%）	50.45	39.64	6.31	3.6

从表1中可以看出，除普通民事主体之间的土地纠纷之外，亲属之间的土地纠纷成为南宋土地纠纷的重要组成部分。

普通民事主体之间土地纠纷争议的焦点主要在于，契约不明以及买卖后不离业所造成的典卖与抵当的纠纷。南宋时期，土地交易必须经官府的输税印契才具有法律上的效力。官府印契也称为“红契”，没有经过官府加盖官印的则称“白契”。白契之所以存在主要是因为经官府加盖官印的红契需要缴纳相关的税费：“始收民印契钱，令民典卖田宅，输钱印契，税契限两月。”[①] 除此之外，地方官府可能会巧立名目，从而使民众宁愿选择没有保障的“白契”也不愿意承受过重的赋税压力。

典卖是南宋土地交易的合法形式，与典卖相对应的抵当却不被官府承认。典卖与抵当的主要区别在于是否离业以及割税，“不过税，不过业，其为抵当，本非正条”。[②] 对于卖主而言，采用抵当的方式可以不失去对土

① 马端临：《文献通考》卷十九《征榷考六》，上海师范大学古籍研究所、华东师范大学古籍研究所点校，中华书局，2011，第545页。

② 《名公书判清明集》卷六《抵当不交业》，中国社会科学院历史研究所宋辽金元史研究室点校，中华书局，1987，第167页。

地的占有权，又可以进行短期融资，但会造成土地权属以及国家赋税的混乱。“已卖而不离业”、“抵当不交业”、“以卖为抵当而取赎”等案件均为违法抵当造成的，审判者需“官司理断交易，且当以赤契为主，所谓抵当，必须明辨其是非”。①

亲属之间的土地纠纷主要围绕家产盗卖、出继子及寡妇的土地权利展开。随着经济利益对民众血缘亲情观念的冲击，以及朝廷对“别籍异财”的放宽，家产盗卖屡见不鲜。对于立继，很大程度上是以过继为名行夺财之实，从而引发叔侄、叔嫂、兄弟之间的争讼。《清明集》中关于过继土地之争的案件就有“侄与出继叔争业”、“嫂讼其叔用意立继夺业”、“欺凌孤幼”等。寡妇的土地权利，除了对丈夫财产的继承权之外还有其本身所有的奁产权利。“继母将养老田遗嘱与亲生女”、“禁步内如非己业只不得再安坟墓起造垦种听从其便”以及“诉奁产”等案件均肯定了妇女对夫家财产的遗嘱处分权和奁产所有权。

从案例来看，邻里之间土地纠纷产生的原因主要为未遵守先问亲邻制度。先问亲邻制度设计的目的在于：一是维护宗族内部土地的稳定性，二是避免相邻土地间因界至以及灌溉等产生相邻权纠纷。② 同时南宋法律应势多变，民众对先问亲邻制度的适用有所偏差，如胡石璧在“亲邻之法”一案的判词中对先问亲邻制度做了详细的阐述，指出“亲邻”意为“本宗有服纪亲之有邻至者，如有亲而无邻，与有邻而无亲，皆不在问限”。③

僧凡之间的土地纠纷，由于当事人之间的身份差异，一旦发生纠纷很难依靠调解解决，从而只能寻求官府诉讼解决。有些寺僧依仗自己身份的特殊性频起纠纷，如由寺僧提起的诉讼有“寺僧争田之妄”、“白莲寺僧如琏论陂田”以及“崇真观女道士论掘坟”。在该类案件中，南宋审判官并没有因为寺僧的特殊地位而给予优待，甚至对其不断嚣讼的行为极其

① 《名公书判清明集》卷六《以卖为抵当而取赎》，中国社会科学院历史研究所宋辽金元史研究室点校，中华书局，1987，第 169 页。

② 参见郑定、柴荣《两宋土地交易中的若干法律问题》，《江海学刊》2002 年第 6 期，第 116 页。

③ 《名公书判清明集》卷九《亲邻之法》，中国社会科学院历史研究所宋辽金元史研究室点校，中华书局，1987，第 308 页。

反感。

（三）《名公书判清明集》中的法律适用分析

"社会现实和法律条文之间，往往存在着一定的差距，如果只注重条文而不注重实施状况，只能说是条文的、形式的、表面的研究，而不是活动的、功能的研究。"① 南宋审判官的判词体现的是立法以及司法实践两方面的结合，审判官对法律适用的直接方式就是，通过对法条的援引抑或对法意的阐释从而做到在审判中"揆之以法"。

审判文书中的法律援引。宋代在土地方面的法律规定较为详备，并且会根据社会情况对土地规定进行及时调整。就法律援引而言，通过对《清明集》中111件土地诉讼案件的梳理，发现有51件直接援引了法条，占土地诉讼的45.95%。

南宋审判官员在司法实践中大多能够根据法律规定作出公正的判决。部分未按法律规定进行判决的，主要存在以下两种情况。一是按照法律规定不应受理的案件，但为了达到息讼的目的，审判官还是根据查证的事实或经过逻辑推理对案件作出判决。如"游成讼游洪父抵当田产"一案，根据法律规定，土地交易三年后，官府对于交易纠纷不再受理，但当初游成和游洪的父亲在土地交易时就是违法抵当，因而为了维护交易秩序以及解决纠纷，审判官还是作出了"今岁收禾，且随宜均分，当厅就勒游成退佃，仰游洪父照契为业，别召人耕作"的判决，② 以绝争讼。二是基于维护宗族情感以及保护贫弱，即使原非法意，但是"官司从厚"，作出合理的判决，同时在判决中明确法律的最后保障功能，从而达到解决纠纷的目的。如"熊邦兄弟与阿甘互争财产"一案，按律应作户绝处理，但是审判官基于兄弟之间的情感维护作出将熊资的田产一分为三，熊邦两兄弟及阿甘各一份的判决，同时为杜绝纷争，附有"照条施行"的警示。③

证据定谳事实原则的适用。证据定谳事实是南宋土地司法审判主要的

① 瞿同祖：《瞿同祖法学论著集》，中国政法大学出版社，1998，第5页。

② 《名公书判清明集》卷四《游成讼游洪父抵当田产》，中国社会科学院历史研究所宋辽金元史研究室点校，中华书局，1987，第105页。

③ 《名公书判清明集》卷四《熊邦兄弟与阿甘互争财产》，中国社会科学院历史研究所宋辽金元史研究室点校，中华书局，1987，第110页。

原则，南宋“积累了一套成熟的辨析和运用言词证据与实物证据的方法、策略与技术”，[①] 很好地践行了“据众证定罪”的原则。南宋土地诉讼中涉及的证据种类主要有四种。（1）书证，主要指“干照”、“契书”等能够证明双方之间土地交易事实的文书。“大凡田婚之讼，惟以干照为主”，[②]“官府理断典卖田地之讼，法当以契书为主”。[③] 审判官通过“索到干照”[④]、“执出砧基”[⑤]，并从契约中的土地基本情况、买卖时间、字迹浓淡及签字画押等方面来判断土地交易的真伪及合法性。（2）言词证据，主要指当事人及证人的陈述。言词证据具有主观性和随意变动性，但南宋审判官员也意识到，正是由于这种局限性从而能够在各方的陈述中寻找到矛盾点，探析案件真相。（3）鉴定意见，即以“书辅”为鉴定机构对“干照”、“契书”等书证的真伪性作出判断的意见。但书辅只能对书面文件进行鉴定，是一种静态的验证方式。（4）勘验笔录，现场勘验则是审判官亲自或委派其他衙吏现场去查证争议土地的实际情况，是动态的、直接的、客观的验证方式。南宋审判官相信“旁求证左，或有伪也；直取证验，斯为实也”。[⑥]

综上，南宋在土地诉讼审判时，审判官员非常注重根据证据来查证争讼案件的事实，展现了他们对土地诉讼的审慎态度以及公正、有效解决纠纷的理念。

（四）《名公书判清明集》中的土地诉讼处理方式

判决、调解以及不予受理是南宋民事诉讼的三种处理方式。《清明集》涉及的 111 件案例中，大部分案件审判官员都以判决的方式来解决纠纷，

---

① 张本顺：《宋代家产争讼及解纷》，商务印书馆，2013，第 9 页。

② 《名公书判清明集》卷六《争田业》，中国社会科学院历史研究所宋辽金元史研究室点校，中华书局，1987，第 179 页。

③ 《名公书判清明集》卷九《孤女赎父田》，中国社会科学院历史研究所宋辽金元史研究室点校，中华书局，1987，第 315 页。

④ 《名公书判清明集》卷四《吕文定诉吕宾占据田产》，中国社会科学院历史研究所宋辽金元史研究室点校，中华书局，1987，第 106 页。

⑤ 《名公书判清明集》卷四《寺僧争田之妄》，中国社会科学院历史研究所宋辽金元史研究室点校，中华书局，1987，第 127 页。

⑥ 转引自朱文慧《南宋社会民间纠纷及其解决途径研究》，上海古籍出版社，2014，第 126 页。

仅有6件涉及调解，4件被裁定不予受理。

诉讼—判决方式。《清明集》展现了南宋审判官员在土地诉讼中最常见的处理方式：查证事实—逻辑推理—寻找法律依据及权衡各方面的因素—作出判决。而司法审判中的权衡主要体现在亲属之间的土地纠纷中，审判官员基于两造之间的亲情维系适当地在判决中作出变通。在“妻财置业不系分”一案中，审判官翁浩堂判决由陈圭赎回儿媳蔡氏之田虽有违“随嫁田”的规定，但实质上仅是对交易对象的变通，从而维护了纠纷三方各自的利益。[①] 同时相对于现代民事审判的被动裁判而言，南宋审判官员在审判中更具有主观能动性，其裁判范围并不局限于当事人的诉求，同时也对诉讼中其他不合法理的地方一并作出判决。在“罗棫乞将妻前夫田产没官”一案中，审判官就对阿王与罗棫违法成婚的情况作出合离的判决。[②]

总之，南宋在司法审判中已经形成了一套完善的判决处理方式，依法审断是审判官处理土地争讼案件的主要方式。同时针对亲属之间的纠纷以及诉讼中不合情法的地方，审判官也会表现出较大的主动性与能动性，在判决中作出变通以绝往后的词讼。

诉讼—调解方式。调解是古代社会解决民间纠纷的主要方式。在传统乡村社会中，受“熟人”的社会环境、根深蒂固的民间习俗以及庞大的宗族力量等因素的影响，调解成为解决纠纷的首选方式具有天然的正当性。这种正当性在关涉身份关系的纠纷时尤其明显，但在土地纠纷中，当事人之间情感上的需求远低于对利益的追求。《清明集》以调解解决土地纠纷的只有6件，仅占土地诉讼的5%，并且对象主要是亲属之间，如“罗琦诉罗琛盗去契字卖田”、“典卖园屋既无契据难以取赎”以及“张运属兄弟互诉墓田”是兄弟之间的纠纷，“争田业”是祖孙之间的纠纷。然而就土地纠纷中调解的效果来看，真正实现以调解方式结案的只有“张运属兄弟互诉墓田”一案。“典卖园屋既无契据难以取赎”、“争山各执是非当参旁证”以及“伪批诬赖”这三件案例都是审判官努力想以调解方式结案，但

① 《名公书判清明集》卷五《妻财置业不系分》，中国社会科学院历史研究所宋辽金元史研究室点校，中华书局，1987，第140页。

② 《名公书判清明集》卷四《罗棫乞将妻前夫田产没官》，中国社会科学院历史研究所宋辽金元史研究室点校，中华书局，1987，第107页。

未能成功，最终不得不以判决结案。

诉讼—不予受理方式。南宋时期，官府不受理诉讼的事由主要有“无断由不理”、“告讦不理”、“自残不理”以及法律规定的其他不受理的情形。[①]《清明集》中，土地诉讼涉及不受理的案件主要有 4 件：“王九诉伯王四占去田产”、“契约不明钱主或业主亡者不应受理”、“漕司送许德裕等争田事”以及“经二十年而诉典买不平不得受理”。审判官员裁定不予受理的情形比较单一，主要为业主死亡以及过了二十年的诉讼时效。在“漕司送许德裕等争田事”以及“契约不明钱主或业主亡者不应受理”两案中，除时效已过或交易双方去世外，审判官不能作出判决的原因还在于没有其他证据证明当时的交易情况，无法仅凭诉讼中两造的陈述就作出判断，只能裁定不予受理来维护土地现有的流转秩序。

《清明集》中土地诉讼的刑事裁判。学者郭东旭认为，“自由惩罚的审案作风”[②] 是宋代民事审判中的一个重要原则。在《清明集》中，111 件土地诉讼案件中涉及刑罚的就有 41 件，刑事裁判相对于其他民事案件而言占比较大。涉及刑罚的情形比较复杂，但主要有两个原则：一是涉及缠讼及教唆诉讼；二是存在违法行为，主要指“伪造、篡改田契”、“盗卖”、“重迭交易”等。在伪造、篡改田契的案件中，因当事人已严重破坏土地交易秩序以及影响国家税收，审判官一般施以杖刑以示惩罚。“盗卖”、“重迭交易”多发生在宗族内部，该类行为破坏的不仅是土地交易安全，还有传统社会中最重视的伦理道德。审判官对此适用刑罚的目的也包含着对破坏伦理以及宗族内部和睦的教化。

二　情、理、法之争：《名公书判清明集》中审判者的司法裁判理念

司法裁判理念指支配审判官在司法审判活动中处理案件的依据。学界对于中国古代司法审判的裁判理念研究颇多，在“情”、“理”、“法”之

① 参见朱文慧《南宋社会民间纠纷及其解决途径研究》，上海古籍出版社，2014，第 82 ~ 83 页。

② 郭东旭：《宋代法制研究》，河北大学出版社，2000，第 615 页。

间尚未形成统一的结论。

就"情"、"理"的含义来说，黄宗智先生将"情"定义为人情或人际关系，"理"则是一种是非对错的意识。① 邓勇认为"情"既是人情，也是案情，"理"则是指对宇宙抽象的看法；并以"情"、"理"为基础勾勒出一个中间地带——"情理场"，"情理场"之上是圣贤之地，之下是普通民众。② 英国学者马若斐将"情"翻译成"human feeling"，即人的情绪与情感，将"理"翻译成"principle"，是关涉人伦的道理。③ 因而，"情"表达着人与人之间最普遍的情感，是民众在具体生活中交往的感受；"理"则是民众与生俱来、根深蒂固的道德观念以及行为准则。

对于"法"的理解，西方思想家认为法律要求的是"纯粹的理智"以及"超越一切情与欲"，④ 而中国的学者则更多地将法与情、理联系起来。范忠信等人认为"古代中国式真正的法律是情、理、法三者的结合"，"法不外乎人情"。⑤ 范西堂在其判词中也认为法本身就包含着情、理，"祖宗立法，参之情、理，无不曲尽。倘拂乎情，违乎理，不可以为法于后世矣"。⑥ 由此，古人在立法活动中已考虑到情、理对社会秩序与人际关系维护的重要作用，并将其融入具体的法律条文中。

（一）土地诉讼过程中"情"、"理"与"法"的选择

在《清明集》111 件土地纠纷案件中，对情、理引用的并不在少数，共有 36 件；引用法律的共有 51 件，问题是对情、理的引用并不代表情、理即作为最终的裁判依据。实际上，111 件纠纷中，只有"熊邦兄弟与阿甘互争财产"与"张运属兄弟互诉墓田"这两件案例是完全适用情理的。在"张运属兄弟互诉墓田"一案中，审判官基于张运属兄弟的儒士

① 黄宗智：《清代的法律、社会与文化：民法的表达与实践》，上海书店出版社，2007，第 11 页。

② 邓勇：《论中国古代法律生活中的"情理场"——从〈名公书判清明集〉出发》，《法制与社会发展》2004 年第 5 期，第 68 ~ 69 页。

③ 〔英〕马若斐：《南宋时期的司法推理》，载徐世红主编《中国古代法律文献研究》第 7 辑，中国科学出版社，2013，第 308 页。

④ 〔古希腊〕亚里士多德：《政治学》，吴寿彭译，商务印书馆，1983，第 169 页。

⑤ 范忠信、郑定、詹学农：《情理法与中国人》，北京大学出版社，2011，第 24 页。

⑥ 《名公书判清明集》卷十二《因奸射射》，中国社会科学院历史研究所宋辽金元史研究室点校，中华书局，1987，第 448 页。

身份，认为两相诋毁是门户之辱，对当事人双方进行调解并将解纷的权力交到双方手中。[①]

学者刘军平认为，“在我国古代传统司法审判中，官员解决民间纠纷所依据的规范是人情—天理—国法的规则方式”，[②] 但是在南宋的土地诉讼中，法律的适用是首要原则，阐述案件发生的原因与证据定谳事实是案件审判的基本流程，并基于查证的事实依法作出判决。不可否认的是，审判官不仅是代表国家公权力的裁判者，同时也是道德教化者，审判官在书判中很自然地就会夹杂伦理道德上的评价：“法意、人情，实同一体，徇人情而违法意，不可也，守法意而拂人情，亦不可也。权衡于二者之间，使上不违于法意，下不拂于人情，则通行而无弊矣。”[③]

在关涉亲属之间的土地纠纷案件中，审判官员在司法审判中会充分考虑情、理的作用，但“情理难以变通法理，情理基本上在法理的范围内运作”。[④] 面对以土地私有制为核心的经济制度变革的社会现实，审判官员已经认识到法律对于土地诉讼中息讼止纷和保护土地私有制的重要作用，在这种情况下很难作出“以情屈法”的判决，因而在司法审判中所呈现的是一种确定性的裁判状态，即民众能够对审判结果产生合理的期待。

（二）“情”、“理”与“法”选择的影响因素及其解纷效果

审判官在作出判决时不能只考虑法律文本的实施以及对法律权威的维护，同时要考虑法律规范之外更广泛的社会关系以及判决结果对于息讼的实际效果。

当事人之间身份关系的影响。查清案件事实是审判官员作出公正判决的基础，同时当事人之间是否存在特殊的身份关系对审判官在判决中对“情”、“理”与“法”的选择具有重要的影响。当土地纠纷主体之间只是普通的民事关系时，情、理的主要作用在于说理教化以及威慑，使判决结

① 《名公书判清明集》卷四《张运属兄弟互诉墓田》，中国社会科学院历史研究所宋辽金元史研究室点校，中华书局，1987，第585页。

② 刘军平：《中国传统诉讼中的“情判”现象及其分析》，《求索》2007年第7期，第204页。

③ 《名公书判清明集》卷九《典买田业合照当来交易或见钱或钱会中半收赎》，中国社会科学院历史研究所宋辽金元史研究室点校，中华书局，1987，第311~312页。

④ 张本顺：《宋代家产争讼及解纷》，商务印书馆，2013，第321页。

果能够被争讼双方接受与执行，避免新的纠纷产生。但当纠纷主体之间具有亲属关系时，审判官执法原情的程度就会大大提升。张晋藩先生认为执法原情的理由有三：一是补充了法意的不足，二是符合民众认可的情理，三是使判决合情合理。[1] 事实上，在引用情理的36件案例中，有超过2/3的案件是属于亲属之间的土地纠纷。但即使在亲属之间的田产纠纷案件中也并不意味着情理超越法律而发挥主导性作用，审判官依旧倾向于查清案件事实，判断是非并依法判决。如"叔侄争"再审一案，吴恕斋在判词"揆之条法，酌之人情"中将法意与人情相结合，从而使判决结果更加合理，达到了"宁人息事"的目的。[2]

在中国古代社会，儒士被要求具有强烈的伦理道德意识以及践行礼让的行为准则，因小利而争相抢夺显然不符合宋朝理学对儒士的要求。因此一旦涉及儒士与他人的土地纠纷，审判官必定会从情理上予以劝诫甚至谴责。如黄榦在对待小民与儒士的土地争讼案件时就坦言："于小民之患顽者，则当推究情实，断之以法；于士大夫则当以义理劝勉，不敢以愚民相待。"[3] 表明了对待普通百姓与儒士之间争讼的处理方式的不同。

民间习惯以及乡原体例的影响。民间习惯是民众在日常的社会生活中逐渐形成的行为准则，乡原体例相对于民间习惯而言更具有规范性与约束性，其部分内容与社会中的法相契合。相对于法律对社会生活规范的强制性，民间习惯以及乡原体例则强调民众的自发性。不可否认的是，民间习惯以及乡原体例从形成基础上来看包含着情、理的因素，但从南宋司法审判实践来看，能够在裁判中适用的民间习惯以及乡原体例必须符合三个标准：一是具有普遍适用性的特点；二是具备合理性的特点；三是具备合法性的特点，具有法源的地位。[4] 因而在南宋的土地诉讼中，对情理的适用意味着追寻当事人在土地交易时的真实意图，追求案件解决中的实质正义并阻断因案件事实不明再次争讼的可能性。法律始终是解决纠纷的最后一

① 张晋藩：《论中国古代法律的传统》，《南京大学法律评论》1994年秋季号，第65页。

② 戴建国、郭东旭：《南宋法制史》，人民出版社，2011，第292页。

③ 《名公书判清明集》卷十四《张运属兄弟互诉墓田》，中国社会科学院历史研究所宋辽金元史研究室点校，中华书局，1987，第585页。

④ 董明龙：《宋代民事审判中"乡原体例"适用问题研究》，硕士学位论文，辽宁大学，2013，第31页。

道防线，体现的是对纠纷解决的最后保障。

三 制度与理性：诉讼解纷途径选择原因分析及其社会效果

对纠纷解决途径的不同选择反映了整个社会的司法运行状况。南宋以前，大多民间纠纷在乡间以及宗族内部便足以得到较为圆满的解决，但在南宋时期，社会发生以土地私有制为核心的剧烈变革，传统的民间调解在土地纠纷中显得有些苍白无力，因而寻求更为公正的诉讼解纷途径成为自然的选择。

（一）诉讼解纷的成因分析

南宋时期，在商品经济的冲击下，民众义利观以及宗族观的转变使传统的宗族力量变得薄弱；同时朝廷对法律的重视以及审判官法律素养的提高，使以诉讼解决纠纷不失为一种较为合适的解决方式。

"为政者皆以民事为急"的治理理念。南宋时期，以土地为核心建立财富体系促使社会关系发生剧烈的变革，统治者逐渐认识到对民众之间的土地、屋宅等纠纷不能再以"细故"视之，而"以传统的'民本'思想为基础，提出了'为政者皆以民事为急'的治理理念"。[①] 宋高宗赵构便认为："民事关乎治道的大事，不可轻忽之。"[②] 同时朝廷重视"民间细故"也被地方审判官所认同。在具体的司法实践中，审判官不再局限于在公堂之上审理案件，为查证案件事实亲自到现场勘验成为审判中的常态。在"伪作坟墓取赎"一案中，审判官亲自到现场对有疑点的地方仔细勘查，并请书辅对地契查验真伪，经过多方查证以及推理才作出判决，展现了审判官对民众之间纠纷处理的谨慎与重视。[③]

审判者的法律素养。学者余英时认为："宋代是士阶层在中国史上最

---

① 陈景良：《宋代司法传统的叙事及其意义——立足于南宋民事审判的考察》，《南京大学学报》2008年第4期，第105页。

② 转引自张本顺《宋代家产争讼及解纷》，商务印书馆，2013，第231页。

③ 《名公书判清明集》卷九《伪作坟墓取赎》，中国社会科学院历史研究所宋辽金元史研究室点校，中华书局，1987，第318~319页。

能发挥其文化和政治功能的时代。”① 在民事审判领域，士阶层司法审判功能有效的发挥得益于宋朝建立的司法官员遴选机制以及审判官员自身法律素养的提升。从北宋开始，科举考试中增加了“明法科”，主要考断案、经义以及刑统律义。② 断案考察的是对具体案件的处理能力，经义则强调在司法实践中秉持儒家的伦理观念，刑统律义则考察对法律规定的理解与掌握。因而从“明法科”这样的制度设计下选出的是既注重实践操作，也具有司法理念的审判官员。

同时，审判官在司法审判的实践中采取更为务实的态度，注重对法律作出明晰的解释以避免民众在法意理解上产生误解。如方秋崖处理的“契约不明钱主或业主亡者不应受理”一案，民众认为“契要不明，过二十年，钱主或业主亡者，不得受理”需要同时具备这两个条件审判官员才不予受理，方秋崖认为法意本非如此，而是只要满足任一条件，就不能再受理，并基于法条的解释对该案作出不予受理的裁定。③ 审判官注重在司法实践中对法条进行解释，一方面可以使当事人明确案件的是非曲直，对判决更易接受与信服，从而达到息讼的目的；另一方面通过书判的方式也能够在民众之间达到宣法明律的作用，从根源上减少民间的争讼行为。

宗族权力的式微。在中国古代社会，民众对宗族管理的认可来源于基于共同的血缘关系建立起的精神服从，并依托家法族规得到强化。在宋以前，宗族管理作为最基层的解纷机制被政府认可，宗族在解决民间纠纷上发挥着极其重要的作用。而到了南宋时期，首先，传统的伦理道德力量在经济利益面前愈加孱弱，家法族规对宗族成员的约束力不断弱化。其次，南宋频繁的人员流动造成对血缘宗族的疏离以及贫富分化冲击了宗族权力，形成“世降俗薄，名分倒置，礼义凌迟，徒以区区贫富为强弱也”的现象。④ 最后，与前朝相比，宋朝官府对宗族管理的重视程度有所降低，且以宗族治理为核心的乡村基层司法机制变弱，使其在民众纠纷解决的有

① 余英时：《朱熹的历史世界》上册，生活·读书·新知三联书店，2004，第1页。

② 参见朱文慧《南宋社会民间纠纷及其解决途径研究》，上海古籍出版社，2014，第115页。

③ 《名公书判清明集》卷四《契约不明钱主或业主亡者不应受理》，中国社会科学院历史研究所宋辽金元史研究室点校，中华书局，1987，第133页。

④ 《名公书判清明集》卷九《主佃争墓地》，中国社会科学院历史研究所宋辽金元史研究室点校，中华书局，1987，第325页。

效性以及控制力上均呈现弱化趋势，民众为有效解决纠纷不得不寻求更为有力的解决途径。

民众法律观念的转变以及理性的选择。“民生有欲，不能不争。”① 民众进行诉讼活动最根本的动机在于维护或获取自身的物质利益。商品经济发展催生了契约观念的形成，民众对于契约中的平等以及权利保护的意识更加强烈。宗族或乡间组织的调解依赖于当事人双方之间的妥协，民众必然要对自己的权利做出舍弃。另外，调解者主要关注双方之间关系的修复而对调解的实际效果缺少考虑，调解结果的执行实际上主要依赖当事人的自觉践行而缺少约束力。因而在涉及土地这类直接关乎民众物质利益的纠纷时，当其不能在传统的儒家伦理范围内使纠纷得到有效以及公正的化解时，民众基于对解纷效果的理性选择势必会冲破宗教伦理的防线而诉诸法律，进入司法审判领域。

民众选择以诉讼解决土地纠纷的一个重要原因在于律法观念的增强。为了应对民众之间频繁的财产争讼行为，宋朝先后颁布了众多的律令，在解决争讼的同时，也表达了对财产权利的重视。同时，“明法科”以及讼学的兴盛使民众学法、用法的意识得到强化，民众通法晓律也为选择以诉讼解决纠纷提供了合理的解释。

（二）诉讼解纷的社会成效

从纠纷解决的效果来看，正如前文所述，南宋时期频繁的土地争讼行为使审判官逐渐意识到“无讼”的社会理想已难以实现，“息讼”成为审判官新的追求。因而在司法实践中，审判官通过各种证据以及综合考虑社会风俗对案件真实的影响，力图使案件的审判结果符合现实情况，同时对“情”、“理”、“法”的适用进行变通，使审判结果具有实质公平的意义并被民众所接受，在一定程度上也阻断了再次争讼的可能性。

从民众寻求表达的效果来看，诉讼的作用不仅仅在于明确争讼双方的利益归属，同时也为民众提供了“一种诉冤的渠道”。② 在供述案情的过程

① 邓勇：《论中国古代法律生活中的“情理场”——〈从名公书判清明集〉出发》，《法制与社会发展》2004 年第 5 期，第 68 页。

② 乔素玲：《从地方志看土地争讼案件的审判——以广东旧方志为例》，《中国地方志》2004 年第 7 期，第 44 页。

中其实给予了当事人诉说不平的机会，民众的不忿之心从法律上得到纾解，这对社会秩序的恢复以及社会状态的平衡具有重要的作用。

从判决后的执行效果而言，“调解与诉讼最大的区别在于其妥协性”。[①]判决相对于调解而言，除了它的公正性外，更重要的是对当事人双方的约束力，而这种约束力实际上来源于背后的刑罚力量。如在“章明与袁安互诉田产”一案中，审判官就在判决最后作出“如再有词，从杖八十科断”的警示。[②] 因而，南宋审判官在判词最后施以刑罚警告实际上是为了排除在后续案件执行中的障碍，使判决得到有效的执行。

结　论

南宋土地纠纷频发离不开当时的社会背景，伴随着宗族权力的衰落以及调解纠纷效果的弱化，以诉讼解纷成为民众新的选择。面对日益繁多的土地争讼案件，统治者意识到仅从伦理道德上进行规制，效果甚微，只有从司法审判领域强化审判效果才能彻底解决纠纷，司法的伦理性特点减弱。

在土地诉讼的处理方式上，诉讼—判决是南宋司法实践中主要的处理方式，即使在以调解化解纠纷的处理方式中，司法判决也同样起着最后保障的作用。而在判决依据的选择上，“情”、“理”与“法”的选择在南宋土地司法审判中较为明显，审判官深刻地认识到依法审判对于解决纠纷的重要作用，“情”、“理”的作用在于使判决更加合情合理。同时，南宋社会对于法律的重视以及士阶层法律素养的提升、审判官对于证据定谳事实程序的重视以及通过对法律的理解与掌握可以娴熟的运用使土地诉讼中的司法审判具有较大的确定性。简言之，南宋土地诉讼审判中的确定性，不仅来源于社会环境对公正审判的要求，还来源于审判官内心对法律的理解与遵从。

---

① 屈超立：《两宋的民事调处》，《人民法院报》2002 年 10 月 28 日。

② 《名公书判清明集》卷四《章明与袁安互诉田产》，中国社会科学院历史研究所宋辽金元史研究室点校，中华书局，1987，第 111 页。

明清时代的缔约行为：家族文书中的体现

王帅一*

摘　要：通过对民间文书的考察发现，明清时期的家产处分在子孙与父祖、财产管理者与族众间都体现出多重面相。父祖希望通过管理与经营家族财产，使全体家族成员都能从中受益。文书记载中，隐含着处分家产应该是依照全体族众的意见，而非个人可以为之。尽管有国家法律对于子孙私擅处分家产的禁止性规定，但这些家族成员对外订立契约却都是以个人名义且强调"与族内各房无涉"。无论个人是以何种理由或出于何种目的，处分的家产是属于自己的一份或是全部，他都以契约形式明白无误地向立约的相对方表明自己可以处分家产。在财产处分的问题上，我们可以看到，家族对于其成员个人权利的控制与个人在家族的束缚下寻求突破表现为一面压缩而另一面扩张的一对张力。

关键词：明清文书　财产处分　家族　契约

"同居共财"是中国传统社会中家的显著特征，家产、族产都是"同居共财"之"共财"的应有之义。① 在讨论传统中国社会中家与家族财产问题时，学者基本上集中研究家庭成员中的哪个人（主要集中于家长、族

* 王帅一，法学博士，中国社会科学院法学研究所助理研究员。

① "同居共财"中"共财"的概念，暂且不顾其动词属性，就其名词属性来说也颇为复杂。因为传统中国社会的分家习惯会使一个大家庭析出若干新家庭，这种析分一般是以"房"为单位进行的（"房"内也可能存在"共财"的关系，其财产姑且称为"房产"），若干"房"因分家析产而成为若干新家，这些新的家庭在多数情况下仍然居住在一起，除了有各自独立的"家产"之外，还享有某种共同的财产（即"族产"，其中最典型的如祀产）。因此，既存在分家之前的"共财"，即"家产"、"房产"；又存在析出新家之后而成的"共财"，即新"家产"与"族产"。本文论述的重点并不在于"族产"、"家产"、"房产"之不同，因为这些不同名称是同为"共财"关系的财产在不同层次的表现，所以在下文论述中并未刻意区别此三者，意在明确其作为"共财"的属性。

长）对于“同居之财”享有所有权与处分权，意图揭示“同居共财”的确切内涵，即如果“同居”，如何来管理与处分“共财”。瞿同祖先生根据历代法律关于“家长在而卑幼质举”或出卖田宅及其他财物的规定得出：“子孙既不得私擅用财，自更不得以家中财物私自典卖，法律上对于此种行为的效力是不予以承认的。”① 他还认为：“法律承认父权，确定父亲有支配和惩罚子女的权力。儿子无独立的自主权，不能有私财，不能与父母分居，也不能自由选择配偶。法律上也承认夫权，承认尊长的优越地位。”进而解释说：“法律之所以特别着重上述两种身份，自是由于儒家思想的影响。在儒家心目中家族和社会身份是礼的核心，也是儒家所鼓吹的社会秩序的支柱。古代法律可说全为儒家的伦理思想和礼教所支配。”② 由此可以证明其中国传统法律儒家化的观点。瞿同祖先生认为子孙也可以看作家长的财产，“不但家财是属于父或家长的，便是他的子孙也被认为是财产。严格说来，父亲实是子女之所有者，他可以将他们典质或出卖于人”。③ 子孙都没有独立的人格，谈何处分家产的行为能力？由于有儒家化的法律这一有力论据的支持，瞿同祖先生认为家长在家产处分这一问题上有着绝对的权利。

日本学者滋贺秀三基于仁井田陞、中田薰等人的研究成果指出：“父亲的处分行为不需要得到儿子的同意。”④ 并且通过对民国时期的《中国农村惯行调查》及《民商事习惯调查报告录》的研究认为：“如果着眼于谁是这一家产的权利主体这一家产的法的归属问题的话，家产就明显地是父亲的财产。”⑤ 如果家产是父亲的财产，父亲当然拥有绝对的处分权，但他又强调：“无论不动产的卖出还是以家产作为抵押的借债等一般带有对家产进行换价处分性质的法律行为，都是只根据父亲的意思就可以成立。这个事实如果从儿子们的角度来说的话，他们除了秉承父亲的意愿之外，不仅不能独立处分家产，而且也不被承认拥有制约父亲想要实施的处分的权能。也就是说，结论应该是这样的：只要涉及家产的换价处分，儿子们的

① 瞿同祖：《中国法律与中国社会》，中华书局，2003，第16页。
② 瞿同祖：《中国法律与中国社会》，中华书局，2003，第353页。
③ 瞿同祖：《中国法律与中国社会》，中华书局，2003，第17页。
④〔日〕滋贺秀三：《中国家族法原理》，张建国、李力译，法律出版社，2003，第126页。
⑤〔日〕滋贺秀三：《中国家族法原理》，张建国、李力译，法律出版社，2003，第171页。

法律上的发言权就等于没有。”[1] 与换价处分相对应，滋贺秀三还讨论了如果父亲将家产无偿赠与他人，那么他的处分权就没那么绝对。家长虽然可以自由处置家产，但如果父亲在生前作出赠与行为，也就是将家产无偿送给别人的行为是不被承认的。他认为这其实是赠与行为和赠与物的不确定性及其不受法律保护的特征导致，因此他并不把这种对家长行为的否定看成是家长处分权的不确定性，而只是觉得中国传统社会的法律并不保护这种行为而已，即任何人作出赠与家产的行为，都是不受保护的，并非家长一人的权利受其限制。[2] 由此可见，在滋贺秀三那里，除非与法律或习惯相悖，中国家长对于家产拥有绝对的处分权。[3]

有学者认为在讨论家产这一问题时，应该将其进一步区分。费孝通先生就把家产分为用作生产资料的物，如土地、房屋、农具、厨房等；用后未破坏或消耗尽的消费品，如房间、衣服、家具、装饰物等；用后被破坏或消耗的消费品，如食物等；非物质的东西，如购买力、信贷、服务以及债务。虽然这些都属于家产的范畴，但家庭成员对其处分的权利并不是等同的。此处所谈的个人所有问题，实际是某些人专用某些物品的权利，绝大多数是消费品。用后耗尽的物品必须归个人所有，重复使用的消费品还可能由几人连续公用。如果涉及对田地、房屋的处分，家长确实是有权威的，其他家庭成员对物的享有权既有限也不完整。[4] 他在不否认这些财物属于家庭共有的前提下，认为家产处分权应该因物而异。也有学者持类似看法，如“中国的物权中私人财产（personal property）只限于消费财，例如衣饰物品是由物主独占，不与他人共享；土地与资本财则共同属于全家成员。家庭财产的收益由全体家庭成员共享，个别成员在分家析产以前是不能独自转移或处分任何田产”。[5] 虽然同属家产，但是对于私人消费品，享有专属使用权的个人能否进行处分，却不确定。

郑振满教授关于家族组织的研究，从家庭结构的成长极限角度将家庭

---

① 〔日〕滋贺秀三：《中国家族法原理》，张建国、李力译，法律出版社，2003，第170页。

② 〔日〕滋贺秀三：《中国家族法原理》，张建国、李力译，法律出版社，2003，第164～169页。

③ 俞江对此观点持不同意见，参见俞江《论分家习惯与家的整体性——对滋贺秀三〈中国家族法原理〉的批评》，《政法论坛》2006年第1期。

④ 参见费孝通《江村经济——长江流域农村生活的实地调查》，戴可景译，上海人民出版社，2007，第56～58页。

⑤ 赵冈：《永佃制研究》，中国农业出版社，2005，第30～31页。

作了分类，[①] 指出在对家庭结构主要形式进行探讨的同时，不能忽视家庭结构的动态变化，并且认为家庭结构的基本格局及其长期演变趋势应表现为大家庭与小家庭的周期性变化，[②] 即小家庭随着人口的增长成为大家庭，大家庭又因分家析产而回到若干小家庭的状态。这种动态变化不仅影响到具体某一家家产的管理和处分，而且还提示我们，家庭成员中个人处分家产的能力可能随着这种家庭结构的动态变化而变化，根本原因是其在不同阶段的家庭中的地位发生了变化。杨国桢教授曾指出："一般而言，封建土地所有权表现为共同体所有和个人所有的结合，私人没有纯粹的土地所有权，因而个人对土地的支配是有限的。"[③] 这是从个人角度对财产所有权的一种表述，本文受此启发，摆脱以家长为中心的家产处分权的研究，转向个人角度，即"同居"中的个人处分"共财"的行为是如何发生的。本文在梳理既有研究的基础上，继承前人对于家产中的权利关系等研究成果，结合对家族文书与契约的分析，展现"共财"的产生、管理与处分的情形，希望看到的不仅是有关"共财"的权利归属问题，更重要的是，看到在契约订立的实际操作中不同于家族文书中规定的情况，也就是以个人身份订立的契约实现了对同居中"共财"的处分。同时，通过对"共财"的管理与处分的研究，还可以梳理传统家族中的个人与家族的关系。

一　关于"共财"的形成：父祖的创设与子孙的贡献

翻开《侯官云程林氏家乘》，我们会惊讶于传统中国家族中的一部分祭产就可以积累到如此丰厚的程度：

> 谨录寿房思彦公祭产列下：
>
> 一原有册载林思彦民田壹项，坐落江右里……

① 其分类主要有"核心家庭"（nuclear family）、"主干家庭"（stem family）、"直系家庭"（lineal family）和"联合家庭"（joint family），其中第一种属于小家庭，后三种属于大家庭。具体参见郑振满《明清福建家族组织与社会变迁》，中国人民大学出版社，2009，第20页。本文的写作在所用材料方面得益于郑振满教授的这项研究，文中所引家谱、族谱、宗谱、契约等民间文书如径书页码，系出自《明清福建家族组织与社会变迁》一书。

② 郑振满：《明清福建家族组织与社会变迁》，中国人民大学出版社，2009，第19页。

③ 杨国桢：《明清土地契约文书研究》，中国人民大学出版社，2009，第2页。

一原买断得张正杨民田壹项，坐落江右里……

一原买断得陈再銮民田壹项，坐落江右里……

一根田一项面主东林兰祭，坐落江右里……

一原买断得卢兴棠民田壹项，坐落合北里……

一原有石粪池一口，坐落江右里……

克金公祭产列下：

一原有民田壹项，坐落江右里……

永彪公祭产列下：

一原买断得陈利世民田壹项，坐落江右里……

一原买断得唐永灿民田一项，坐落江右里……

一原买断得林瑞宝民田一项，坐落江右里……

一根田一项面主东林兰祭，坐落江右里……

一根田一项面主东林兰祭，坐落江右里……

宗怀公祭产列下：

一原买断得郑亨燐民田一项，坐落江右里……

一原买断得王孙梓民田一项，坐落江右里……

一原买断得陈贞润民田一项，坐落江右里……

一原买断得方明鹿民田一项，坐落江右里……

一原买断得林必银民田一项，坐落江右里……

维树公祭产列下：

一原买断得林应坤等民田一项，坐落江右里……①

“祭产”（亦称“祭田”②）为家族共财的一种表现形式。作为“共财”之产应是由家的成员创造并积累起来的，家不可能作为一个抽象整体去创造财富，在财富被创造的过程中创富主体肯定是具体的个人。没有个人创造的财富转化成家庭“共财”的过程与结果，就不会存在对“共财”进行

① 《侯官云程林氏家乘》卷十，民国二十三年铅印暨石印本，北京图书馆编《北京图书馆藏家谱丛刊·闽粤（侨乡）卷》第 3 册，北京图书馆出版社，2000，第 1615～1620 页。

② 祭田，一般认为是因族人之间基于一本同源有互相周济之情感关怀，由家族组织所设立，能直接管理、分配收益和进行处分的一种家族公产。参见李启成《外来规则与固有习惯：祭田法制的近代转型》，北京大学出版社，2014，第 1～2 页。

处分的问题。因此，“共财”从何而来？什么人对家产的创立和增长作出了贡献？“共财”设立的目的与意义为何？显然对于理解个人处分家产的权利或能力有着重要的基础性意义。

小家庭的产生是极自然的事。由于生活需要，居住、种植作物、饲养家畜都需要有个处所，而同居一家的人当然是父母子女而不是陌生人。这种基于自然需求而产生的家，由于生产与消费而成为一个基本经济单位，一般情况下，为一共同生活团体。[①] 因此，“家产如果从形成来看是全体成员辛勤劳动的结晶，如果从目的来看是为了养活全体成员的资产。当着眼于这样的形成与目的，换言之，当着眼于其经济上的功能的时候，家产不言而喻是大家的财产”。[②] 而大家庭（也就是“族”）的形成，不仅仅是基于自然属性，同时兼有血缘、地缘、“共利”三种社会组织原则。[③] 如果只有血缘、地缘而无“共利”，则聚族而居的必要性要打上一点折扣。这种同一始祖的不同后裔以宗子之家为核心共同生活形成的家族，也称为“宗族”。[④]

非自然形成的家庭也是以自然家庭为样本进行复制。无子承继家庭的“立继”，要使祖先有人祭祀，财产能被经营和发展。“没有生育子嗣，或虽生而夭死，依法可以立继。最优先过继的是同胞兄弟的儿子，如果没有，便选同宗辈份相当的，即是子侄辈，否则，有悖伦常。如果夫先亡，妻犹在，则立继之事就由妻作主。又如果完全户绝，则由近亲中尊长者为之命继。”[⑤] 立继人选必须在同族之内被承继人的下一代中产生，继子不可能是一个与亲代毫无关系之人，当然也要考虑到继子与被承继人的亲疏关系，如清人判词所言，“例载：立嫡之法，论昭穆不论亲疏。然昭穆不可

---

① 瞿同祖：《中国法律与中国社会》，中华书局，2003，第5页。

② 〔日〕滋贺秀三：《中国家族法原理》，张建国、李力译，法律出版社，2003，第171页。

③ 参见郑振满《明清福建家族组织与社会变迁》，中国人民大学出版社，2009，第47页。

④ 也有学者认为，家族与宗族还应详细区别，“以血缘联系的，亲者为家族，疏者为宗族”，且还有“不同居，不合籍，也不共财”的族，参见杜正胜《传统家族试论》，载黄宽重、刘增贵主编《家族与社会》，中国大百科全书出版社，2005，第60页。郑振满将宗族分为继承式宗族、依附式宗族和合同式宗族三种类型，并分析其不同的运作机制与结构功能，参见郑振满《明清福建家族组织与社会变迁》，中国人民大学出版社，2009，第47～90页。

⑤ 王德毅：《家庭伦理与亲子关系》，载宋代官箴书研读会编《宋代社会与法律——〈名公书判清明集〉讨论》，东大图书股份有限公司，2001，第17～18页。

紊，而亲疏则可不问？心所不爱，虽亲难强。爱而立之，虽疏犹亲”。[①] 在立嗣问题上，辈分相当是必需的，同时继子与被承继人的亲疏关系也要被考虑。除此之外，异姓立嗣的情况也是普遍存在的。

> 螟蛉异姓，旧谱所戒，然近乡巨室，所在多有。即以吾族而论，亦相习成风，而生长子孙者，实繁有徒，若概削去不书，势必有窒碍难行之处。且不慎于始，而慎之于后，亦非折衷办法也。兹特变文起例，凡螟蛉异姓为嗣者，书曰“养子”。[②]

虽然书曰“养子”以示区别，但从下面《遗书》中可以看出，在某些家庭无子嗣而又不能立嗣的情况下，养子作为继承人也可与同姓立嗣之嗣子或亲生子享有同等权利。

> 立遗书父林胤昌，前娶九都余氏，到门十载，并未添一男女。昌年已近四十，其弟又未完亲，且家贫不能再娶。昌思不孝有三，无后为大，因承父命，抱各口董家有一新添幼童……尚在血下，方才三日，名为午使。痡母无乳，日夜食哺，百般抚养，犹胜亲生。今幸年已二十有五，娶媳黄氏。复蒙天庇佑，得产男孙一丁、女孙二口。纵谓螟蛉之子，亦不得复言螟蛉之孙。今昌病体临危，理合诸亲面前，将昌分下所有一切产业尽付与男午使掌管，家下弟侄不得妄相争执，籍称立嗣等情。[③]

崇安《袁氏宗谱》记载了更复杂的一种情况，在既有同姓嗣子又有异姓养子的情况下，养子仍与嗣子具有相同的财产继承权，也就是说他们在家族中享有的财产权利是一样的。

> 窃氏系出延陵，适汝南袁公讳祐字吉卿，生四男：长邑文生廷钦，娶朱氏，早故乏嗣；次邑文生銮，娶徐氏，亦早故乏嗣；三恩贡生鐈，娶徐氏，再娶沈氏，生子五；四武举人锋，娶刘氏。不意三男

① 许文澹：《塔景亭案牍》，北京大学出版社，2007，第 61 页。

② 晋江县《虹山彭氏族谱 · 新订谱例》，第 25 页。

③ 康熙四十八年侯官县林胤昌《遗书》，福建师范大学历史系藏，第 25 页。

> 于嘉庆十一年弃世，而氏遂请族戚酌议，将祖遗物业作四股均分，号为文、行、忠、信四房。惟长文房乏嗣，即以镐之长子光涛承祧；次行房乏嗣，血抱光波为銮螟子。惟三男镐将临终之时，氏在堂而言曰："即以镐之次子中涵为銮之嗣子，光波为銮之养子，家产对分，取经、纶为号。"房如是，凭族戚公议，行房产业仍照原对分，毋伤先人爱养之意。[①]

小家庭的财产关系还是比较简单的，但分家析产之后形成家族的"共财"与家族内各个小家庭的财产是并存的，而且"在家族内部，分割买卖族产是一种相当自由的产权转移行为，任何族人或家族组织都可以参与此类买卖活动，从而形成了错综复杂的财产共有关系"。[②]需要注意的是，在讨论"共财"这一问题时，应看到"共财"的层次性特征，也就是说有小家庭内部的"同居共财"，也有大家庭中建立在各"房"基础上的"同居共财"，还有分家之后，同居一族的各家之间的"共财"。当然，在各"房"或各"家"基础上的"同居共财"，除了"共财"之外，还有属于各"房"或各"家"的财产，这是由家与族的复杂结构所导致的，但这并不影响我们理解不同种类"同居共财"的共通属性，即无论何种层次的"共财"，其所有与处分的原则应是相同的。中国传统社会在处分家族或家庭中的"共财"这一问题上应该有一套一贯的逻辑。

从以下几则实例入手，笔者尝试作关于"共财"特征的分析。

> 古者，卿以下必有圭田。圭取其洁以祀烝尝。所谓仁粟，称礼终也。井田废，而圭田不讲，寓诸禄俸以存其意。吾家列祖皆为廉吏，积俸以置祭业，仅足供粢盛耳。[③]
>
> 先人为子孙虑也远也，故其为计也周。家产分析，虽数万金，传历再世，愈析愈微。惟厚积膳田，生为奉侍赡养，殁则垂作祭产，以供俎豆之需。或共理以孝享，或轮授以虔祀，绵延勿替，历久常存。[④]

---

① 崇安县《袁氏宗谱》（光绪九年修）卷一《文行忠信序》，第32～33页。

② 郑振满：《明清福建家族组织与社会变迁》，中国人民大学出版社，2009，第202页。

③ 《侯官云程林氏家乘》卷十一，民国二十三年铅印暨石印本，载北京图书馆编《北京图书馆藏家谱丛刊·闽粤（侨乡）卷》第3册，北京图书馆出版社，2000，第1655页。

④ 《后山蔡氏族谱》卷二，第198页。

为了避免分家析产之后，同族每个家庭或家中每一个人的力量都变得微不足道，不能够或不愿意承担赡养长辈与祭祀祖先的责任，故而古人所云“其惓惓不忘者，尤在蒸尝”[①] 之言非虚。因此，蔡氏家族在族谱中记载了应对措施（也是绝大多数家族所采取的应对措施）。他们设立专门的土地，即以不可被分析的“膳田”作为“共财”，其田所得用于赡养与祭祀，并且指出此田的管理模式是“共理”或“轮授”。父祖所设之“膳田”被看作“虑也远”、“计也周”的好方法。再举两例以说明古人对于设立祭田类家族共同财产的理解。

义田碑曰：立送田帖人学正乡十七传黄元康，今将自置禾田壹拾壹坵，共税贰拾捌亩零壹厘壹毫贰丝叁忽，自愿送入大宗祠永享堂充作祀产之用。每年入息照下五议施行，尤以不得滥支不累公尝为要旨。

一议，给回田根银贰拾捌大员交与元康子孙，用以祭祖扫墓（清明日交，毋得迟早），无论丰歉永不增减。

二议，本乡义塾每年拨经费银一百大员（合族学堂不给脩金）。若无义塾之年，则合族学童每名自十六岁以下给脩金银一员五毫（以上各银每员俱柒钱贰分计）。

三议，此田粮务永远归永享堂办纳，与元康子孙无涉。

四议，已上三项，每年除支外，即将存款举办始祖祭祠颁胙之用。惟祭肉诸费，当视存款多少开支。宁缺毋滥，切勿用入公尝为要。

五议，自送田之后，元康子孙永远不得取回，合族人等永远不得变卖，田租入息永远不得移作别用。

凡此五议，皆是当众赞成，立帖刻碑永为定例。将见上邀祖福，下广宗恩，当共衍无穷之庆矣。[②]

顾念吾祖自宋元以来聚族于斯，和气流衍数百年矣。……今吾三

---

① 《黄氏族谱》，清光绪十三年石印本，载北京图书馆编《北京图书馆藏家谱丛刊·闽粤（侨乡）卷》第4册，北京图书馆出版社，2000，第471页。

② 《南海学正黄氏家谱》卷七祠宇祠堂，清宣统三年宝粹堂刻本，载北京图书馆编《北京图书馆藏家谱丛刊·闽粤（侨乡）卷》第4册，北京图书馆出版社，2000，第677~678页。

> 子，年尚幼艾……恐其既长，各私妻子，情欲难制。欲聚之于一堂，则阋墙生衅，终非长久之计；欲散之各方耶，则骨肉分携，情义日疏，尤非聚族之方。吾故分此三房……三分其财，三分其业，使之各守分界，各勤生业，不相挽越。别立祭田，以为先庙、先茔烝尝、忌日之需，三房以次递收，以供祀事。岁时节序，骨肉团乐，满堂宴笑，则分明而情不狎，恩浓而怨不生，先业庶乎可保，而诸子亦庶克树立。①

作为一个不可动摇的前提，分家析产是无法避免的家庭宿命。因分家析产之后各房财产独立而导致在祭祀先祖问题上产生种种纠纷，即使长辈们未曾亲历，在其成长过程中也应耳闻目睹，从而形成内心的担忧。因此长辈们普遍认为，创立家族“共财”是有必要的，这等于是给子孙后代提供了一个稳定可靠的物质基础。如《黄氏族谱》所载：“脩岁事，则春祀秋尝与祭之宿住有地……上以竭敬祖之诚，下以荐睦族之道。”② 不至于到祭祖之时互相推诿而使同宗之人产生嫌隙。这种同族“共财”的设立，往往与家产分析的过程相伴。下面这则比较复杂的事例，让我们明白家产分析与“共财”的设立可能还存在繁复的情况。

> 乾隆二十六年，将所有家产均分为二，俾二子析箸自立。另抽田租一百石，今为膳养之资，后作祭祀之费。至三十三年，侧室刘氏又产一子，厥名曰袒，予遂将此项田租拨给袒为资身之本。……兹复命礽、祥各拨出己田十担五桶，以为我夫妇祀产。……另立祀户，以垂子孙，即袒长大成人，兄弟共同值祭。③

首先，赡养祭祀之费可由原来“同居共财”的家产中直接提留一部分田租收益充作。在分家时对这部分财产不作析分，继续作为分家之后各家之“共财”。其次，“共财”的属性并非永远不变，在特殊情况下，可能对其进行再分配，或转作他用。与前文所述相同，侧室庶子与嫡子无区别，

① 建阳《周氏族谱》卷首《周子原分三子三房记》，第196～197页。

② 《黄氏族谱》，清光绪十三年石印本，载北京图书馆编《北京图书馆藏家谱丛刊·闽粤（侨乡）卷》第4册，北京图书馆出版社，2000，第483～484页。

③ 浦城县《莲湖祖氏族谱》卷一，第199页。

可以从“共财”中获益，在“共财”的管理方面也享有同等权利，所谓“共同值祭”。最后，即使分家析产各房独立成“家”，在大家庭里，父祖仍可以从小家庭的财产中拨出部分作为公用，形成“共财”。

从上述材料可见，我们平常所说的分家析产其实并不是绝对的另立门户，析分的行为并不必然导致各家对于分得的财产享有了独立排他的所有权，或者说在各房之间确实有排他性，只是相对于父祖来说，子孙各家相对独立的所有权不甚明了。在同一家族内部，各家之间仍存在某种不确定的、隐性的“共财”关系，独立小家庭的家产可能转化为家族的族产，因此，家产与族产的界限不是十分清晰。既然可以把“家”（或者“户”）看作一个整体，[①] 在某种程度上，即站在父祖的视角，将“族”视为一个整体，认为其具有整体性也未尝不可。家族中的财产关系，既有“共财”的一面，也有各自“私财”的一面，其复杂情况在于两者往往还相互转化。从下面一则分家文书中可以看到，在较长一个时段内家族财产关系的复杂变化：

> （父）与伯光祖协力理家，稍存赢余，陆续置田租二百二十石。内议抽租五石，立为烝尝……始与伯光祖分异。伯住牛地，二伯、三伯、父兴迁于官路兜，兄弟仍旧同炊，笃相好之情，无相尤之隙。循守规约，则吉凶需费俱有品节，子孙婚娶定银一十五两。己卯年，二伯弃世，伯母孕方六月，庚辰二月育兄尾进，父与三伯同心抚鞠。至壬辰年，伯与父商议分异，将与伯光祖分炊之后续置田租三百四十六石内，除抽填还陈进娘原揭买田银三十四两五钱、租六十三石，伯居公私置租三十八石，兄祖私置租三十七石，父私置租五十九石一栳，又抽补兄祖娶聘不敷租一十石，及预抽与尾进租一十五石，光孙租一十三石，凑银二两，尚余租九十五石，不照种亩，只照田收子粒，俾补均平，品作三分均管，各得三十一石零。……
>
> 予行年三十三，父老倦勤，兄应募阵亡……偕（次）兄协力营为。谨调度，家众不患饥寒；早赋役，官差免追逋负；理男女婚嫁者

---

① 参见俞江《论分家习惯与家的整体性——对滋贺秀三〈中国家族法原理〉的批评》，《政法论坛》2006年第1期。

十八，先后适均；治父母丧事者二，获伸孝思。图复旧物，与兄各出百金偿诸家之债三百有余，赎回原典之产业。……综合家众三十余口同居共炊，吉凶需费俱有品节，长幼嬉嬉，相安无猜。……又，伯兄理家不私货、不私蓄，次兄与余虽以私财货殖，积金满百，竟充还债、赎田之用，绝无较量于其间。……今以现在之业，分作三份：兄子铸得一份；锡与铠得一份；镇、铉、録共得一份。造立阄书，不相混杂，使子孙久安礼让，斯为贵耳。[①]

可以看到，父祖设立的家族“共财”的用途都很具体，每一项都会标注明白。[②] 随着时局的变化，会不断地调整家族公产各项之间的比例。除了父祖创设的“共财”之外，后世子孙聚族而居之后，也会发起设立“共财”的活动。如《璜溪葛氏宗谱》记载：

吾祖心乐为善，不但不厚积产业以遗子孙，并烝尝亦不自置。后世裔孙念鞠育之功，追报本之恩，爰集同人一百一十九名，鸠集祭资购置田塅，以为历年致祭之费。……后起者亦因观感而另集一班，故祠内有新旧两祭之名。兹所载者，为旧班之规例。[③]

葛氏族人集资购置田产作为祭田，以后历年祭祖费用都用此田收益，各家无须每年出资，这可以说是解决祭祖费用的一劳永逸之法。无论是父祖创设还是子孙集资，在存在“共财”关系的同时，还有与“共财”相对应的“私财”存在。在同一家族或家庭内部，个人不是没有自我意识，否则也不会有集资与捐出一说了（毕竟是从各自“私财”中取出一部分融为“共财”）。再看一则族谱凡例，可以感受到字里行间存在“共财”与“己

① 万历年间永春《荣房陈氏族谱》抄本一册，第33~34页。

② 家族文书中会就每一项族产皆列明名称及用途，如《南海学正黄氏家谱》载：“学田（又名书田）：乾隆五十七年敦和公（松庄支十五世）将田壹亩五分四厘（坐在湖州埠渡头企磡）送入永享堂为合族子孙进文庠者膏火之费。遇大比之年，则贡生、监生、武生与考乡试者同为分领（后定为每年给谷三百斤《家乘》）。平川公（梅轩支七世）敦元公（仝上十世）亦设有书田给其子孙之进文庠者（仝上）。”其后，还列有“恤寡金”、“书笔金”、“脩金”、“颁胙”等族产用途。参见《南海学正黄氏家谱》卷十二《杂录乡规》，清宣统三年宝粹堂刻本，载北京图书馆编《北京图书馆藏家谱丛刊·闽粤（侨乡）卷》第4册，北京图书馆出版社，2000，第913~914页。

③ 《说明勛置祭田享祀原由》，《璜溪葛氏宗谱》第六册，第106页。

财”相区别的意识：

> 祀产，先人所遗或自创置，或田或山，宜记载详明；更有某祖、某妣位下子孙捐出田地入祠充祀者，俱宜记载详明，不许侵渔典鬻。至于义田，以给子孙之贫不能婚葬者；又有役田，以佐门户里役之差徭；有学田，以资读书之灯油、脯脩、试费；各记载详明，毋滋后弊。①

同族之人设立的“共财”，可以用作祀田、义田、学田等，但在设立之初就要讲得清楚明白。这里的“共财”按用途划分，显而易见是为了全族使用，同居族人关注的核心是“共财”的用处，也就是说，“共财”的存在是为了支持某项对家族整体有益的事业。用在何处使家庭成员能够从中受益是主要问题，而对其所有权并未强调。关于处分权，可以从“不许侵渔典鬻”中看到。在设立这些“共财”之初，原则上是不允许处分这些“共财”的，目的是保护“共财”所支持的事业可以不受侵扰，得以继续下去。

然而，最初设立“共财”的情形在时过境迁之后，终会有所变化。“随着家庭规模的扩大，家庭成员之间的血缘关系逐渐疏远，各种矛盾不断深化，分家析产便成为不可避免的趋势。在分家之后，家庭的规模缩小了，原来的经济结构必然受到不同程度的破坏，这就需要借助于其他形式的社会组织来弥补。因此，从大家庭向宗族组织的演变，是一个很自然的发展趋势。在某种意义上说，宗族组织的形成与发展，是大家庭解体的必然结果。”②

人们在理解宗族组织财产的管理时，与理解家产管理有着相同的逻辑，瞿同祖先生就说：“族既是家的综合体，族居的大家族自更需一人来统治全族的人口，此即我们所谓族长。便是不族居的团体，族只代表一种亲属关系时，族长仍是需要的，一则有许多属于家族的事物，须他处理，例如族祭、祖墓、族产管理一类事务……没有族长，家际之间的凝固完整，以及家际之间的社会秩序是无法维持的。族长权在族内的行使实可说

---

① 建阳县《重修黄文肃公族谱·凡例》，第197页。

② 郑振满：《明清福建家族组织与社会变迁》，中国人民大学出版社，2009，第30页。

是父权的延伸。”[①] 从材料中也可以看出，“共财”的设立基本上与分家析产过程相伴，而问题正是在这两者同时进行之后产生。既已分家而又有“共财”存在，则设立之“共财”如何管理？情形是否如瞿同祖先生描述的那样，族祭、祖墓、族产管理等家族事务须由族长来处理呢？

二 关于“共财”的规定：积极的管理与消极的处分

“《礼记》曾屡次提到父母在不有私财的话，禁止子孙私有财产在礼法上可以说是一贯的要求。法律上为了防止子孙私自动用及处分家财，于是立下明确的规定。”[②] 明清两代官方对于“同居共财”及“卑幼私擅用财”的规定及处理，我们可以从律例与相关案例中得知。明代规定：“卑幼私擅用财：凡同居卑幼不由尊长，私擅用本家财物者，二十贯笞二十，每二十贯加一等。罪止杖一百。若同居尊长应分家财不均平者，罪亦如之。”[③] 清代沿袭明律精神与内容，此条除在具体细节上将二十贯改为十两外，没有更改明律的基本内容。且比照此律推广到其他“同居共财”关系，如下所示：

> 南抚咨：僧倡莲自幼投拜僧文元为师，系属同居共财，窃取伊师银二百七十两，比照“卑幼私擅用本家财物者、十两笞二十、每十两加一等、罪止杖一百律”杖一百。[④]

法律不仅是社会规范，同时应保护社会上业已形成的社会习惯与其他规范。此条规定虽可追溯到唐律，但并非简单文字意义上的保留，而是符合明清社会中家族规定的实际，否则很容易成为具文而不会在司法实践中应用。法律规定的“同居卑幼不由尊长，私擅用本家财物者”在社会中一定不是罕见的事例，然而实际生活中只依靠法律却不能讲清“卑幼私擅用本家财物”是如何界定的。这里的关键词应该为“私擅”，弄清楚在社会生活中每一家对于家产的管理和处分的权限，是理解“私擅”一词含义的基础。这就需要结合具体文献来进行分析。

---

① 瞿同祖：《中国法律与中国社会》，中华书局，2003，第19页。

② 瞿同祖：《中国法律与中国社会》，中华书局，2003，第16页。

③ 《大明律》卷四《户律一·户役》，卑幼私擅用财律。

④ （清）许梿：《刑部比照加减成案续编》，法律出版社，2009，第378页。

设立“共财”的意义当然不是时刻准备着被处分，因此，如何对其进行管理才是家庭成员们日常生活中面临的一个重要问题。在管理家产的问题上，首先遇到的就是管理人的选择以及管理事项的确定。家族文书中最常见的一种“共财”管理模式便是族（家）内各家（房）的“值轮”或轮流“值祭”模式：

寿房思彦公祭产列下：……

该祭产道、德、仁、义四房轮流祭扫，除完粮祭品分丁丙［肉］、丁饼外，余归值轮者收益。

巳酉丑年道房派值轮 寅午戌［年］德房派值轮 亥卯未年仁房派值轮 申子辰年义房派值轮

克全公祭产列下：……

该祭产以永礼、永彪二公派下轮流祭扫，并完粮外，余归值轮者收益。

丑未卯酉巳亥阴年礼公派下值轮 子午寅申辰戌阳年彪公派下值轮

永彪公祭产列下：……

该祭产以宗怀、宗贻二公仁、义两房轮流祭扫，除完粮祭品分丁肉、丁饼外，余归值轮者收益。……

丑未卯酉巳亥年怀公仁派值轮 子午寅申辰戌年贻公义派值轮

宗怀公祭产列下：……

该祭产以福、寿、康、宁四房轮流祭扫，除完粮祭品分丁肉、丁饼外，余归值轮者收益。

申子辰年福值房派值轮 巳酉丑年寿值房派［值］轮 寅午戌年康房派值轮 亥卯未年宁房派值轮

维树公祭产列下：……

该祭产以仁、义、祷［礼］、智、信五房轮流祭扫，除完粮祭品外，余归值轮者收益。

乙庚年仁派值轮 丙辛年义派值轮 丁壬年礼派值轮 戊癸年智派值轮 甲己年信派值轮[1]

---

① 《侯官云程林氏家乘》卷十，民国二十三年铅印暨石印本，载北京图书馆编《北京图书馆藏家谱丛刊·闽粤（侨乡）卷》第 3 册，北京图书馆出版社，2000，第 1615 ~ 1620 页。

新立予夫妇祀产田宇，天、行、健三房按照长幼秩序轮流值收、办祭，毋相挽越。俟予与继室欧氏俱殁后，方许开值。予原配张氏早已身故……嗣后天、行、健三房值收祀产者，每逢春秋二季，即备办三牲、粢盛、果品、菜肴、冥财、蜡烛等仪，致祭予与张氏、欧氏墓。务宜虔心办理，不得潦草塞责，违者罚谷五十箩存公用。[①]

以上两则材料中所记载的按照各房顺序轮流祭扫、值收的原则，可以避免家产长久地由某房把持而带来的专断，使权利能分散到各房，看起来比较公平，能为各房接受。族谱规定的这种制度表面上是要各房都承担祭祖的义务，虽然“值年者办纳”[②] 即要处理祀产上附着的对公的诸多事务，实际上其对祭产的“收益”、“值收”更应该是一项权利，并可以得到酬劳。顺昌县《谢氏宗谱》记载：“理公业者，每年准其于公款内开销钱二十千文入己，以作酬劳并笔墨之资。”[③] 实际祭祀过程中，“各尝业除每年公用外，存银交值事生息”[④] 又何止“二十千文”这点利益。因此，轮流行使这项权利，体现了各房在家产管理过程中的公平。当然，此项权利的取得附带了在今天看起来非常复杂、烦琐的义务。具体如下：

一、天、行、健三房值祭予与张氏、欧氏墓者，春祭先期办丁饭，每丁送糖饭一斤；秋祭先期办丁果，每丁送米果一斤。遇有新添丁者，着备报丁钱一百文，交值祭者收用纪名，以凭送丁饭、丁果。有能入文武庠者，春秋另送糖饭、米果各一斤；中式文武举人、进士者，春秋各递增一斤。年登六十者，春秋亦各另送一斤，每增十岁各递增一斤。致祭日，并备席请三房子孙男女饮福，老幼均分。其肴馔毋庸过丰，致费难继。不到者听，毋庸另备肴馔送神。

一、春秋祭墓，春以清明节前后各五日为限，秋以白露节前后各五日为限。如有未及限先期及过限后期迟延不祭者，罚谷一十箩存

① 《霞标公自立祀产田宅办祭章程》，顺昌县《谢氏宗谱》，光绪二十八年修，第52~53页。
② 《麟峰黄氏家谱》卷六，载北京图书馆编《北京图书馆藏家谱丛刊·闽粤（侨乡）卷》第4册，北京图书馆出版社，2000，第217页。
③ 《仁义两房公产引》（道光八年撰），顺昌县《谢氏宗谱》，光绪二十八年修，第64页。
④ 《黄氏家乘》卷一《族规》，清道光二十七年广州纯渊堂刻本，载北京图书馆编《北京图书馆藏家谱丛刊·闽粤（侨乡）卷》第5册，北京图书馆出版社，2000，第85页。

公用。

一、值祭者每逢春秋祭墓，先期登墓铲削茅草，以昭洁净，违者罚谷二十箩公用。

一、值收办祭，现另立簿一本，上交下接，轮流执办。此簿限以每年正月初五日，旧值办者交新值办之人收执遵办。如有毁匿及擅改章程者，罚谷三十箩存公用。

一、春秋祭墓日，天、行、健三房子孙均须到墓行礼，以人多为贵，毋许怠慢不到。

一、予未立书田，嗣后天、行、健三房子孙有能入文庠者，准其值收予夫妇祀产田谷、屋租一年，以昭育才至意。其承办之法，即照轮流值祭章程一样办理。……其武庠及捐纳功名，概毋许议收。

一、祀产每年应完地丁秋米并各租银，即归该年值收完纳。该值收者及早先纳，务宜如数扫清，不许蒂欠。违者许天、行、健三房将其应收年份之田谷、屋租，悉行停入，代其完纳。

一、祀产田塅或遇水冲崩坏，房屋或遇火灾及上漏下湿，间或有添找、杜绝等事，即将罚谷钱充用。如无罚谷，天、行、健三房共同挈资，分别筑造、架构给予。

一、予从前与胞弟月、星两房分居时，曾分得土名里巷后门山晒谷坪两坪，计开箨二十张。嗣予又买入卢姓土名下后门山晒谷坪一坪，计开箨八张。此二处坪，听天、行、健三房值收予夫妇祀产之年，尽数开箨晒谷，轮流值晒，毋争。

一、祀产田宅，永远不许子孙分裂变卖，违者许贤子孙呈官究办，按法治罪。①

章程中对“值祭者”的要求颇多，包括了祭品的置办、祭墓的时间、祭墓的任务、祭墓的组织、祀产管理的记录及其交替的时间、祀产收益的维护及其另作他用范围等。如果“值祭者”没有在规定期限内完成相应任务，则有“罚谷”若干作为惩罚。

笔者在一些家族文书中明确看到私自处分祭产的禁止性规定，如“此

① 《霞标公自立祀产田宅办祭章程》，顺昌县《谢氏宗谱》，光绪二十八年修，第53~54页。

项祭产无论本房下何人不得私行抵押情事，如有此情，一经查出，公同议罚”，[①] 以及文书最后明确规定对于此“祀产田宅，永远不许子孙分裂变卖”，并可对违者“呈官究办，按法治罪”。这里所说的“按法治罪”，经查，《大清律例》卷九《户律》中的“盗卖田宅律”第六条例就是关于此项的规定。乾隆二十一年（1756）定例：“凡子孙盗卖祖遗祀产至五十亩者，照投献捏卖祖坟山地例，发边远充军。不及前数及盗卖义田，应照盗卖官田律治罪。其盗卖历久宗祠一间以下，杖七十，每三间加一等，罪止杖一百、徒三年。以上知情说买之人，各与犯人同罪。房产收回给族长收管，卖价入官。不知者，不坐。其祀产义田令勒石报官，或族党自立议单公据，方准按例治罪，如无公私确据，借端生事者，照误告律治罪。”[②] 在民间文书中，这种对于族产处分的禁止性规定也不少见，已经成为民俗：

> 建阳士民皆有轮祭租。小宗派下或五六年轮收一次，大宗派下有五六十年始轮一次者。轮收之年，完额粮、修祠宇、春秋供祭品、分胙肉，余即为轮值者承收。其田永禁典卖，亦少有典卖涉讼者。本祭田之遗，济恒产之穷，上供祖宗血食之资，下为子孙救贫之术，其法尽善。[③]

如此“值祭”之法不可能一劳永逸，文本中的规定“其田永禁典卖”是实，但“亦少有典卖涉讼者”就有夸张之嫌了，实际情况并不像其说的那样“祭田之遗，济恒产之穷，上供祖宗血食之资，下为子孙救贫之术”。由于种种原因，子孙不积极管理族产，没有将其收益用于规定用途也是常有的事，可以见到更多这方面的记载：

> 每见富家粮户分析田产，必抽出清明祭租，为子孙百年之虑。当其家门全盛，子孙饶裕，轮收、值祭依章办事，颇沾利益。及至产资退败，房倒房兴，游惰孙男或于前数年将值收祭租预拨他人收去，迨轮值年家无粒谷，贫乏依然，反将值年课粮逃欠不交，山中祖墓祭扫

① 《侯官云程林氏家乘》卷十，民国二十三年铅印暨石印本，载北京图书馆编《北京图书馆藏家谱丛刊·闽粤（侨乡）卷》第 3 册，北京图书馆出版社，2000，第 1618 页。

② 《大清律例》卷九《户律·田宅》，盗卖田宅例六。

③ 陈盛韶：《问俗录》卷一《建阳县·轮祭租》，第 198 ~ 199 页。

废弛，以致粮差催拘，家庭构纷，是祖宗置祭租以益子孙，子孙反因祭租而累辱祖宗也。兴言及此，殊可叹息！窃谓思患宜先预防，事弊应求良法；树木尚有长短不齐，人众讵无盛衰之可虑？①

宏基公、宗臣公、绍武公各祀田，从前竟有轮值者不祭扫并不完粮，此等非独难对祖先，且将贻累宗族。今合族房长公同酌议，如有轮值祀田胆敢不完粮、祭扫者，则以后轮值年分将其苗谷概收入祠，充公以作文武书灯、宾兴，永不准其轮值。②

笔者在家族文书中发现，不仅作为祭产的田产不得私自处分，就连对处分某些田产之上的附属物也有严格的限制。比如："祖宗坟墓，子孙之所自荫也。前规云：不许私卖墓石、砍代［伐］树木，违者不孝，生不得与祭祀，死不得入宗祠。"③ 不仅祭产处分有禁止性规定，即使一般家产，处分起来也并不那么容易，如"禁约碑：公启者，我学正乡内地方，自宋朝以来所有屋宇、房舍与及边界地段皆为我提领祖子孙永远世守管业，不得卖与外人，亦不准招引外人居住。历来无异，例禁綦严。如敢抗违，即将此人永远出族"。④ 家族内部制定的章程对于管理家产的个人行为之约束不可谓不详尽，但终究抵不过世事无常。看似公平公正的轮流"值祭"也有其不可避免的内在缺陷，即如此轮流下去，家产越积越多，可能在某年就遇到了某个子孙因经济不景气而打这家产的主意，导致族内纠纷、矛盾四起。家长如果不想被"累辱祖宗"的不肖子孙荡尽家产，自然也会寻找其他"良法"来预防此种悲剧在本族后裔中发生，消除"轮值"中潜藏的危险：

祖父分产时留祭田若干亩，以为后人春秋祭祖，元旦拜祖祭费，合族欢饮取于斯，两忙钱粮轮流分管，名为醮租。迨子孙式微，未轮值以前或将醮租先买（卖），或负债满身。俟值年开销，上下忙钱粮

① 浦城县《王氏家谱》，光绪二十九年立，第 63 页。

② 崇安县《袁氏宗谱》卷一《文行忠信序》，第 54 页。

③ 《侯官云程林氏家乘》卷十一，民国二十三年铅印暨石印本，载北京图书馆编《北京图书馆藏家谱丛刊 · 闽粤（侨乡）卷》第 3 册，北京图书馆出版社，2000，第 1635 页。

④ 《南海学正黄氏家谱》卷十二《杂录乡规》，清宣统三年宝粹堂刻本，载北京图书馆编《北京图书馆藏家谱丛刊 · 闽粤（侨乡）卷》第 4 册，北京图书馆出版社，2000，第 942 页。

势不暇顾，催差至信口推卸。年复一年，积欠不少。祭田，良法也；久而抗课追比，弊即生焉。惟谕族间选公正一人，专管丁粮，先公后私，使知有尊祖敬宗之仁，亦知有尊君亲上之义。①

这种选举“公正”之人来管理家产的做法比起轮流“值祭”的随机模式来说，多了一份人的理性因素。人们可以根据自己的判断，认为家族中的某人可以担此大任，并且授予他管理权限。但“公正一人”只是大家的一时判断，如果财产由一人长久把持，即使对其不侵占也极易形成专断，能否做到公正也未可知。《璜溪葛氏宗谱》中《说明劻置祭田享祀原由》的记载佐证了这一猜想：

一例，每年祭首通盘计算入款若干，应用款若干（如完粮之类），再行宰猪若干。或有剩余，按桌按名贴出，年清年款，不得积存，亦不可长用。②

为何要“年清年款，不得积存，亦不可长用”？从文字记载来看，我们很难得知。但此“共财”如果越积越多且长久为一人所把持并非一件好事却是大家心知肚明的。即使在“轮值”的情况下，积存钱款在众多家中轮流管理仍可能造成纠纷。因此，除了“年清年款”之外，还有更加理性的做法。顺昌县《谢氏宗谱》中的《汝贤公祀产章程》就记录了这样一种办法：

递年值轮正董一人、副董一人，一收发款目，一办理事件。由族中酌举勤慎者十余人，派定轮值，其未经举派者不能一概备轮。③

这是一种选举“公正”之人与轮流“值祭”相结合的管理模式，也就是选出数名公正之人，在他们中间进行“轮值”。这种管理模式，同时具有两种模式的优点，又克服了两种模式的不足。如果再加上《周氏宗谱》所记载的类似担保制度的协助，那么家产的保护机制可谓“固若

① 陈盛韶：《问俗录》卷五《邵武厅·醮租》，第64页。
② 《说明劻置祭田享祀原由》，《璜溪葛氏宗谱》第六册，第106页。
③ 《汝贤公祀产章程》，顺昌县《谢氏宗谱》，光绪二十八年修，第68～69页。

金汤”：

> 公举理公项之人，必令仁、义两房内家业颇丰者数人主举，毋许贫寒者干预以及执私见者阻挠。举定之时，即令主举之人写立保字，亲加画押为据。如主举不实，致日后有侵吞、亏空情弊，许众子孙勒令主举之人赔补。其主举之保字，俟所举承管之人接办交代后，委无侵亏各弊，始行给还抹消。①

以上几段材料表明，在制定“共财”管理规则的时候，首先考虑的是要公正公平地“轮流值祭”，因为各房或者各家支持并遵守规则对于家族内部秩序的建立和家产的安全经营来说十分重要。然而，“轮值”制度在实践过程中逐渐显露出来的弊病迫使人们不得不对其进行修改与完善。因此，出现了选拔一人与选拔多人“轮值”的制度。虽然没有材料直接证明这是一种制度的进化，② 但从字里行间仍可以感觉到其改变制度的初衷就是为了避免“轮值”产生的问题。当然，家长并未因选举出管理人，就使自己失去了在家产管理方面优于其他家庭成员的权利，下面一则材料即是证明：

> 一、祠内所有公田，族内子侄承耕者，租粒系是上垅干净，不得挨延短少。如有此情，即听房族长、总副理起佃召耕，不准入祠与祭，俟所欠纳清方许复入。……
>
> 一、祠内所有契卷、字据、钱文、租粒，悉交总副理平分均收。递年中元节日到祠会齐，数簿核算；迨冬至日补记复算清楚，开列祠内，轮换笔迹，缴入各数簿毕，总副理即将明年轮值春秋冬三祭并清明、重阳祭扫名次开列明白，贴在祠内，布知族人，或无总副（理），族房长亦然，平分收存。……如有不遵公论，定即呈究。③

① 浦城县《周氏宗谱》卷一《题周氏祠堂记》，光绪二十六年修，第69页。

② 郑振满在《明清时期闽北乡族地主经济》一文中，依据《闽殴屯山祖氏宗谱》中的记载，提出族产的管理经历了从“轮收”到“轮收”与“共管”相结合再到“共管”的发展过程。参见郑振满《乡族与国家：多元视野中的闽台传统社会》，生活·读书·新知三联书店，2009，第39页。

③ 福州《锦塘王氏支谱》卷二《义部》，光绪年间修，第65页。

房族长、总副理都是可以对“共财”行使经营管理之权的。由此也可以看出，在传统家庭当中，关于家产管理权的规定并非一成不变，而是具有因时因地而归属不同个人的灵活多变的特征。但是，在灵活多变的同时，也有一条原则：“共财”的管理要符合家族整体的利益。选择管理人时重要的一条标准也是要看其是否具有经营“共财”的能力，是否有使其保值、增值的能力。有的材料明确表明家产不许子孙“分裂变卖”的态度。在没有言明此项要求的材料中，其实仍然隐含着“共财”一经创立就要为全家人造福，是家人联系的纽带，应长久地经营管理下去等观念。这里表达了一个很强烈信息，即要保证这部分财产的“完整性”或者是家的“整体性”利益。“如果我们一定要讨论中国古代的民事法律制度，那么，一切讨论都必须以‘家’这个概念作为起点，而不是个人。”[①] 在以上看到的文书中，作为一个“整体性”的家确实体现了在“共财”处分行为上对于个人权利的约束。在这些文书中，我们只能见到授权经营、管理家族“共财”的文字，只能见到禁止后代典卖、分裂家产的信息，而对于在什么情况下可以以及如何处置家产却语焉不详。下面一则材料虽已经明确了田产的承受人，仍不许其擅自出卖：

> 立拨田产价人，因先年养有一义男，其父季应松，汀州宁化县人氏，寄居邵武县勘下双宿村，因家贫无奈，生有一子名乡惠，年方九岁，于康熙三十七年间，托得中人双宿欧美、堪下张以奈、本市陈子实，引至三十三都李价人名下，养为义男。当日应松凭中领去价人礼银三两正。此子改名李鸿成，自当听价人役使效力。兹因抚养长大，先年已亲代婚娶，生子三……每人训书三年，衣食抚养，可谓劳心费力矣。今鸿成年五十七，三子俱已长成，理应分炊。但价人产业无几，经凭族依律例，分给自己续置有水田一百坪，拨与义男鸿成承受。……倘鸿成父子日后有不测之意，荡弃田产，必须遵命价人子孙，不得擅自私弃与人。若有此情，任凭价人子孙立刻将所拨田产收归，鸿成父子不得恃强霸占。[②]

---

① 俞江：《论分家习惯与家的整体性——对滋贺秀三〈中国家族法原理〉的批评》，《政法论坛》2006年第1期。

② 邵武《庆亲里（本仁堂）李氏宗谱》卷一〇，第24～25页。

从中可见，基于家庭伦理而建立起的财产关系，必须依附于作为整体的家，任何个人都不能在家族合议之前处分家产。无论实际生活中的情况与此文本上的规定相差多远，都与先前学者们讨论的家长拥有近乎绝对的处分权存在不小的差距。从《浔海施氏族谱》中族约记载来看，家长甚至在分家时，都需按照规则行事，即“分家业必令族房长均产业，定公阄，父母毋私所爱，兄弟无专已有，违者罚金充祠。杜竞争也”。[①] 文本规定的情况就已如此复杂，实际情形更不可事先预料。如果说家长拥有处分权，那么家长也应是以自己的意见取代了家族的合议，而个人擅自处分家产的情形在家族文书中是被禁止的。家的“整体性”观念，即使在分家析产时亦有所体现：

> 盖闻贤而多财则损其志，愚而多财则益其过，余岂以多财遗子孙哉！惟仰叨先荫，渥受国恩，积廉俸之余，为俯畜之计。今养疴梓里，不耐烦劳，与其合之任听虚糜，曷若分之俾知撙节？爰将原承祖遗及余续置产业，除提充公业外，为尔曹匀配阄分，列为诗、书、礼三房。第念诗房食指较繁，特以两份分之，书、礼两房尚未授室，各以一份分之。虽各掌尔业……勿因货财而致伤和睦，勿分嫡庶而易启猜嫌，勿骄吝而免怨尤，勿怠荒而崇勤俭。兄若弟互相友爱，则和气萃于家庭，外侮何由得入？[②]

在分家析产时父祖也不忘告诫子孙作为家族后裔应“互相友爱”、“和气萃于家庭”，可见家的“整体性”观念深入人心。在制度上，由于里甲户籍的世袭化及以家族为本位作为征收赋役的共同体等情况，[③] 家族需要在当时的社会条件下为自己创造一种更好的生存与发展条件，家的“整体性”并非只停留在观念层面，而且有其现实性需求。因此，家族文书中屡次出现的对于家产处分的禁止性规定，应为这种现实需求的反映。

---

① 晋江县《浔海施氏族谱》天部，《浔海施氏族约》，第 66 页。

② 同治三年福州陈氏《知足斋诗房阄书 · 序言》，福建省图书馆藏，第 26 页。

③ 参见郑振满《乡族与国家：多元视野下的闽台传统社会》，生活 · 读书 · 新知三联书店，2009，第 117 ~ 131 页。

三　对于“共财”的处分：个人的突破与家族的惩处

通过以上讨论发现，在处理族产的问题上，家族内部规定的特征是：积极管理与消极处分。关于家产管理方面的规定，通过对各种文书的分析已经有了大概的了解，但是处分家产果真可以被家族所禁止吗？在这个问题上，各种民间文书给我们提供了不少信息。笔者在《渤海吴氏家谱》中就看到了明代一则因承买祖遗坟山而又担心“失祭并伤害祖骨”的文书记载。[①] 在家族内部的财产转让是一个经常采取的方式。

> 立卖断契人张士钥，承祖遗下置有日、月、星三大房轮流祭田数塅，坐落本乡土名黄垅等处，年供大小苗谷贰十石。缘因日房又作元、亨、利、贞四房，贞房又作乾、坤两房，坤房又作士滂、士发、士钥、士益四房，今抽出钥名下一段，递年大小苗谷叁斗叁斤，前田四至俱在契尾载明。且钥日下要得银两使用，托中说谕，谨将前大小苗祭田立下文契，出卖与本族士森边为业。……其田系是祖遗日、月、星三大房祭田，与门房伯叔兄弟人等各无涉。[②]

从这则契约文书里可以看到，张士钥转让的正是属于家族“共财”之祭田的一部分，他因个人“要得银两使用”，按比例抽出属于自己的一塅祭田转让与同族人士森为业，且强调此田系祖遗祭田，与门房伯叔兄弟无涉。此同族人士森是否为日、月、星三房后裔，士钥之伯叔兄弟等人是否干涉，我们不得而知，但至少可以明白：个人将本为整体的“共财”按份抽出并处分的事实是存在的，而且其处分并非为家族公共利益，仅是为个人使用。相关记载中还有家族成员将某些无权处分的祭产又重新购回的事例。

> 顺宇公广创基业，不幸乏嗣，嘱立文萱过继，建祠一座，设尝田二十余亩，刻碑竖祠可谓善于贻谋矣。乃不一传而毁碑败尝倾折祠

① 《渤海吴氏家谱》，清光绪间木活字本，载北京图书馆编《北京图书馆藏家谱丛刊·闽粤（侨乡）卷》第1册，北京图书馆出版社，2000，第675～680页。

② 厦门大学历史系存道光二十一年出卖祭田契约，第201～202页。

宇。房众遂将月楼公尝银与拆匠购回，建为存著堂而仍附祀公父子焉。[①]

在明清契约文书中，我们也可以见到相当一部分人以个人名义在族的内部出售祖遗田产的事实：

立断卖皮骨民田契字人何天赐，今因无钱使用，情将祖上遗下皮骨民田……二处，共载官粮一升正（出卖）。其田原系三股轮耕，今天赐抽出父承买普良一股，欲行出卖，托中引至本祠伯继公支下长衍六股人等戛积银两处，承买为业，以为祠内修理之费。当日经中三面言定，田价纹银四十五两正。……其田自断卖之后，任凭祠内耕作管业，天赐不得留霸异说。其粮现存天赐户内，如遇大造之年，即行推入买者户内当差输纳。所买所卖，此系正行交易，不是生钱准折，并无勒逼等情，二比甘允，各无返悔。今欲有凭，立断卖皮骨民田契存照。[②]

作为整体性的家对个人处分家产的禁止并非绝对的。在家族内部处分财产的行为，也就是"买卖先尽房族"时并不被过多干涉，反而是交易之前的必经过程，因为这种行为与维护家的整体性并不矛盾，并且应看作其必然要求。"买卖先尽房族"原则能够较好地维护家的整体性，但其弊端也是显而易见的——有时会损害卖方的利益。况且这种买卖限制不局限于房族，还可能扩大到邻居，如赵冈所言："明清时期，由于宗法传统，在土地市场上存在土地买卖要'先尽业主邻亲'之惯例，也就是业主的邻居与亲属有优先购买权。邻亲有优先购买权的规定使得土地市场的运作不能完全自由，理论上讲，可以使交易数量减少，许多本来可以成交的土地交易无法实现。"[③] 清代中后期的地方志记载中，已经有了反对此种不平等交易的声音：

---

① 《南海学正黄氏家谱》卷十二《杂录佚事》，清宣统三年宝粹堂刻本，载北京图书馆编《北京图书馆藏家谱丛刊·闽粤（侨乡）卷》第4册，北京图书馆出版社，2000，第952页。

② 邵武县《樵西古潭何氏族谱》卷末《契约》，第202~203页。

③ 赵冈：《永佃制研究》，中国农业出版社，2005，第54页。

贫者售产，必先尽房族，族知其急，而故俗措之，则先言不买，冀其价之低也。及彼出于无奈，而鬻于他姓，则又以画字之社不足而相争持。彼受地者，亦以其族不肯画字也，而虑其后患，复不敢买，甚至有半价无交、迁延岁月者，亦有卖地银尽，而族乃告留祖业者，皆恶俗也。①

卖买房地，总要两情相愿，当可勒买？往往有以自己房地勒卖于亲属及地邻，逼令承买。又有属地邻强要承买，不准地主卖于他人。②

虽然家族对于个人处分家产行为的这种限制由来已久并被社会所承认，但是既然有人发出不一样的声音，强调“买卖先尽房族”原则的弊端，证明了作为整体性的家或族，对于个人处分的限制与个人突破这种限制的紧张关系确实存在，且社会上已出现了不站在家族整体立场上看待此事的声音。因此，实际交易中不仅存在族内的财产转让，还有更多面向族外的财产交易行为：

立卖契人张有财，承祖遗下有三房轮流早田二段……（本房）派下又开三房，柴客、荣茂、有财三人照寅、申、已、亥字辰轮流耕作。孰料柴客在日命运坎坷，早将字辰内自己一股卖与本族外房管业。兹因荣茂身故，并未有男，缺少铜钱殡殓，则就将字辰内茂与财两段，一并立契出卖与本乡李金炎边为业。③

这则材料中，我们首先看到的是祖遗田产是三房轮流耕作的，并且柴客、荣茂、有财三人各占一股，柴客已经将自己的一股出卖，转让的对象为同族之人。后来，有财为殡殓荣茂，将荣茂与自己的田产也一并转让与李金炎，即将祖遗田产转让与家族之外的人。至此，张有财祖遗田产有三分之一为同族外房人所有，三分之二已经不再是族内财产了。“没有父亲的承诺，儿子不能任意地卖掉家里土地的事是不言而喻的。在这里父亲是家长，家里最重要的事情必须通过家长之手或是秉承家长的旨意才可以处理，家当然只能是一个团体，以上这些不管家长是父亲还是旁系尊长都是

① 乾隆《合水县志》卷下《风俗》。
② 道光《舞阳县志》卷一《疆域》。
③ 厦门大学历史系存光绪七年契约，第203页。

必须遵守的规则。”[①] 滋贺秀三所说的是一个完整家庭的情况。但如果父亲及旁系尊长不在，即使家法族规禁止处分祖遗田产，其效力对子孙来说也是非常有限的。

既往很多研究中所引用的明清契约基本都是一种模式，现举一例安徽歙县某农户出卖皮骨全业赤契，颇具典型意义：

> 二十一都一图七甲立杜卖田契人×××，今因欠少使用，自愿将父分受场字壹千零四十一号，田税壹亩贰分，土名叶九山，又场字壹千九百零五号，田税捌分玖厘叁毫贰丝，土名上土坞，凭中立契出卖与本都二图一甲许荫祠名下为业，三面议定得受时价足纹银伍拾两零贰钱肆分整。其银当即收足。其田税随即过割入买人户内，支解输粮。其田从前至今并无典当他人重复交易等事。此系出自情愿，并无威逼准折等情。倘有亲房内外人等异说，俱系出卖人一并承担，不涉买人之事。今恐无凭，立此杜卖田契永远存照。乾隆肆拾伍年三月。立杜卖田契人×××，凭中人×××。[②]

类似“倘有亲房内外人等异说，俱系出卖人一并承担，不涉买人之事”一句，在很多明清时期的契约中是非常明白地表达出来的。[③] 从中可以看出，作为家族成员的个人，以个人名义订立契约出售家产，并不能让买受人感到出卖人有完全的所有权，如果不加此保证性条款，家产的出售将会变得困难。既有家产不得由子孙“分裂变卖”的规定，又有“买卖先尽房族”惯例，“放荡子弟受到帮闲的无赖挑唆、瞒着家长卖掉土地的事情，事实上往往也是会发生的情况”。[④] 所谓“放荡子弟”在出售了家族财产之后，会受到什么样的处罚呢？《刑部比照加减成案》记载了这样一个案件：

> 提督咨送：翁临系已革候补笔贴式，该革员诬告汪本申占产喝殴，复违例戴用五品顶戴，按律罪止杖责。惟该革员将伊父博兴自置

① 〔日〕滋贺秀三：《中国家族法原理》，张建国、李力译，法律出版社，2003，第123页。
② 赵冈：《永佃制研究》，中国农业出版社，2005，第40～41页。
③ 参见杨国桢《明清土地契约文书研究》，中国人民大学出版社，2009，第14页。
④ 〔日〕滋贺秀三：《中国家族法原理》，张建国、李力译，法律出版社，2003，第123页。

坟茔二顷十亩私自盗卖，虽伊父尚未安葬，与祖宗坟山有间，而例内盗祀产五十亩，即与盗卖坟山一律拟军，则翕临盗卖伊父未葬之茔地，其情较重于祀产，计数已在五十亩以上，应比照“子孙盗卖祖遗祀产至五十亩、照毁卖祖坟山地例”发边远充军。该革员历次滋事，图利忘亲，情节较重，应请旨发往乌鲁木齐效力赎罪。[①]

此成案比照的是“子孙盗卖祖遗祀产例”和“毁卖祖坟山地例”，而在《刑案汇览》卷七记载的同一案件中则描述为“照捏卖祖坟山地例”。《大清律例》中只有“捏卖祖坟山地”的记载，因此《刑部比照加减成案》中所载的“毁卖”似为“捏卖”之误。《大清律例》卷九《户律·盗卖田宅》附例：“若子孙将公共祖坟山地朦胧投献王府及内外官豪势要之家，私捏文契典卖者，投献之人问发边远充军，田地给还应得之人，其受投献家长并管庄人参究治罪。”此条系明代《问刑条例》旧有规定，清依明例删定而成。[②] 国家法律对于此种情况进行明确的规定，本是为了禁绝那些逃避赋税的行为，却与家族的规定不谋而合，家族内部也会对这种行为进行处罚：

情因蔡上丰胆敢将福建建阳南台大坪仔始祖添赵公坟头私卖一穴与王姓插葬……今岁清明祭扫才知。众等商议，将上丰家内所有应分产业、祀田、墓地、茶山等产业充入克生公祀田名下管业出售，以作祭扫使费之资。日后上丰伊家子侄等，永远不准异言生端。[③]

蔡上丰私自将始祖坟山的一部分卖与异姓人家，被发现后，族众商议将其本应分得的产业全部作为祀田管业出售，以示对其私卖家族财产的处罚。子孙对外订立契约是以自己的名义，而非家族的名义。财产的承买人并不知道与自己订立契约的人在家族中的地位如何以及是否有权处分，但这并不妨碍契约的生效。在中国传统社会，无权处分家产的个人并没有因

① （清）许梿、熊莪：《刑部比照加减成案》卷三《户律田宅》，法律出版社，2009，第27页。

② （清）吴坛：《大清律例通考》，载马建石、杨育棠编《大清律例通考校注》，中国政法大学出版社，1992，第432页。

③ 《庐峰蔡氏族谱》卷五《输源烝尝祀田》，第54页。

为自己的无权处分而使契约无效，家族在一般情况下并没有主张取消这种契约的效力，反而在承认这份对外订立契约有效性的同时，在家族内部给予擅自处分家产的个人种种惩罚。滋贺秀三曾说："将父子作为一方、交易的对手作为另一方时，能够使他们之间法律关系成立的是父亲的意思还是父子的共同意思，而不是在于将父亲作为一方、儿子作为另一方的家的内部关系中，围绕着家政上的决定究竟由谁的意思来支配。"① 在订立契约的过程中，究竟是父亲的意思还是父子的共同意思，在交易对方（也就是所谓的"外人"）看起来，其实仍然是家的内部关系。问题是一旦契约订立，父亲或者族长能否以他们自己的名义主张儿子或家族成员所订立的契约无效，这才是判断家长在家产处分时是否有排他性权利之关键所在。法律上对"盗卖历久宗祠"有"房产收回给族长收管，卖价入官"的规定，同时对于承买人的惩罚性措施"卖价入官"也有"不知者，不坐"的规定。② 如何判断承买人为"不知"，即看两造如何对簿于公堂之上了。

"共财"的处分不仅局限于不动产的转让，也有对其收益的临时性转让：

> 立当约字侄善发，承八世祖抽有祭业民田根面全乙号……递年合纳谷壹千肆百觔正。但此田系恭、宽、信、敏、惠五房轮收，发属恭房，系于宣统六年份当收子粒。今因要用，托中将此甲寅六年份当收子粒当与叔茂渊处。即日当出光番六员正，言曰每年每员加利贰角算。其番即日交足，其田听叔会佃收掌。其完粮、祭酒以及什耗，系侄料理，与侄无干。内约早谷照凭大暑日乡价谷九折三，冬谷照凭立冬日乡价谷九折三，申还清楚。若有天年亢旱，扣收不足，照旧行息，再轮侄年份听叔再行拘收，算还清楚，不得异说。更剩若干，听侄收回。③

对于田产收益的转让一般为临时性的，即将某家族田地上的产品出卖时会规定某年或某段时间内的收益转让与某人，如这里约定的"甲寅六年

① 〔日〕滋贺秀三：《中国家族法原理》，张建国、李力译，法律出版社，2003，第 170 页。

② 《大清律例》卷九《户律 · 田宅》，盗卖田宅例六。

③ 福建师范大学历史系存宣统元年《当约》，第 204 ~ 205 页。

份当收子粒与叔茂渊处”。因田产所有权除了体现为一纸契约之外，更重要的是要从中取得收益，如果无法从田产上取得收益，此田产恐怕失去了被占有的意义，也很难转让出去。因此，永久性转让某田产收益的记载很罕见，永久转让收益也就与转让此田产无异了。这种情况与“田皮田骨”（又称“田底田面”）之分是有很大区别的。其在转让时间段内无法满足其设立之初的特定目的，因此，这种“今因要用”而出卖家族公产收益的行为与家族利益是相悖的。

在一些家族文书中，有诸如“又将祀田出典，有失界畔，将田败坏”[①]等惯用语出现，说明子孙将家族公产“出典”的行为，虽为族产设立之初所不愿见到的情况，但也无法禁止这种情况的发生：

> 立典契许惠元，承祖遗下抽有轮年祭业贰号……今因要用，将此轮年祭业典与黄承梯处为业。三面言议，即日得讫田价钱乙十四千文正。其钱交足，系寿房收。其祭业所有当年己份，付梯离佃管业耕作，讫完粮、祭墓，抽回墙里乙丘子粒，听许家备办两事，但此两事与黄无干。前分作福、禄、寿、喜四房，系祖遗物业，与别房无干。……面约年限不拘远近，听许家备价照契面钱文对期取赎，黄不得执留；如未赎，听黄照旧管业。[②]

将家族财产出典的行为，在典期内可以取得相应的典价，虽因“要用”，但仍可将典价中的一部分用于此公产原有用途，即“抽回墙里乙丘子粒，听许家备办两事”，并且由于并没有丧失对此财产的所有权，典期一过，自然又恢复为原先的状态。本契中，并未约定典期，许家有能力取赎时，就可以“照契面钱文对期取赎”。因此，这种临时性处分家产的行为与家族整体利益并不完全相悖。

前文提到的另一种制度性保障，即由族众公推成为财产管理者的那些人，也会做出违背家族整体意志的事情。从顺昌县《谢氏宗谱·上洋祠堂合同议字》记载的一件事中，可以看出族产管理者的权利及其可能做出的突破家族对其管理权束缚的事情：

---

① 建宁县《汪氏族谱》卷首《澄海·澄清公议字》，第55页。

② 福建师范大学历史系存同治十一年《典契》，第205页。

> 本年二月初六日，祖父瑶亭公派下仁、义两房众子孙佥议："以前原立定章，限期每年正月初四日，司理祠内公项者齐集仁、义两房（子孙），核算存支公款有无赢余，填簿尽押，以杜侵蚀。查自道光十七年公算以后，寝不公算，以前簿载祠内公产出息，除开销外，每年可余钱数百余千。迄今二十余载未算，急应集祠公算归款。"等情。质之司理公项之寿臣，据称："咸丰八年，长发逆匪攻陷上洋，杀人、放火、掳掠，存支各簿并契券尽失。……"查发逆退后，寿臣曾寻获原遗产字据一箱，何以匿不首先吐明？迨至众论沸腾，指攻获箱，始认交出。其颟顸朦胧，弊可概见。……兹同公亲公议，令寿臣酌捐己田入祠示罚，以昭炯戒。寿臣亦踊跃乐捐，知过能改，尚属可嘉。除由咸丰八年起，以前账据既被发逆冒失，无所稽考，概准抹销，无庸议外，惟祠内公业自不应永听失迷，令仁、义两房公同访查务获，仍归入祠掌管。果属寿臣冒侵，确有实据，自应查照冒侵数目加倍重罚；如无其事，应无庸议。……现在寿臣承办公项有年熟手，仍令勤慎司理，毋庸议更其管理。①

寿臣并非一定侵吞了归其"司理"的"公项"，但就凭其隐匿字据并谎称太平军战乱时遗失而后被人查出一事，足以证明其难逃侵吞公产之干系。事发后，"公亲"们满意其"知过能改"的表现，并因其有"承办公项"的经验，仍让其管理家产。出现这种丑闻，寿臣居然保住了他对于家产的管理权，仅从字面上看我们不知其背后可能具有的更深层原因。但其利用自己管理家产之便，确实存在以权谋私违背家产设立初衷的可能。在"公亲公议"时，对其进行处罚或者剥夺其管理权是对这种行为的处罚，但无论他是用何种方式最终保住了自己的管理权，可以看出个人对禁止子孙私擅用财这一制度仍有突破的可能。

寿臣的侵吞事迹终属未被确定之事，因此除了自己"踊跃乐捐"外，未受到实质性处罚。然而，也有实际发生的侵吞家产事情被明白地记载于家谱之中，如浦城县《周氏宗谱》载："慨自同治六年修祠告竣，族议三

---

① 《上洋祠堂合同议字》（同治四年），顺昌县《谢氏宗谱》，光绪二十八年修，第 69 ~ 70 页。

乐、三畏殷实可恃，遂将祠租举之管理，储为修谱需用。今岁纂修家乘，非特缘捐不缴，且吞兴祠租数十载，瘠祖肥己。”① 能够“瘠祖肥己”数十载，虽未将家产处分，仍可见担当家产管理一职的个人确实也让家产管理制度的设计者与监督者无可奈何。

结　语

《黄氏族谱》中的一段话基本涵盖了本文所讨论的内容，“合宗祧以荐潢谊，定昭睦以明尊卑，宏祠宇以壮先灵，敦爱敬以昭光裕，出份金以勷祠工，买祀业以永祀典，分节次以登银两，分执事以示公正”。② 通过对民间文书的考察，发现明清时期的家产处分权并非局限于父与子的矛盾之中，子孙与父祖、公产管理者与族众都体现了在家产处分时的多重面相。有学者指出，中国传统社会“产权之界定留下了不少模糊之点，因此在中国历史上兄弟家人之间为家产而争讼者极多”。③ 明清时期留下的众多关于“争产”、“争田”、“争山”和“争财”的判牍与司法档案也给我们同样的感觉。费孝通先生对于个人与家族的产权界定的模糊性曾做过更具体的说明：“实际上，个人所有权总是包含在家的所有权名义之下。譬如，你问一个人，他的烟斗是属于他的还是属于他家的，他会回答是属于这两者的。说烟斗是他家的，意思是别家的人不能用这烟斗。说烟斗是他个人的东西，指的是，他家里的其他成员不用这烟斗。这两种所有形式对他来说似乎并不排斥。个人拥有的任何东西都被承认是他家的财产的一部分。家的成员对属于这个群体内任何一个成员的任何东西都有保护义务。但这并不意味着这个群体中的不同成员对一件物的权利没有差别。家产的所有权，实际表示的是这个群体以各种不同等级共有的财产和每个成员个人所有的财产。”④

产权界定的模糊性是今天我们以现代法学概念，即以个人为权利主体

---

① 浦城县《周氏族谱》，光绪二十六年修，第69页。

② 《黄氏族谱》，清光绪十三年石印本，载北京图书馆编《北京图书馆藏家谱丛刊·闽粤（侨乡）卷》第4册，北京图书馆出版社，2000，第486页。

③ 赵冈：《永佃制研究》，中国农业出版社，2005，第31页。

④ 费孝通：《江村经济：长江流域农村生活的实地调查》，上海人民出版社，2007，第54页。

的视角对传统所作的概括。产权界定的模糊性在现代法学理念中可能为一种负面评价，但我们以现代的个人视角得出的结论并非为了放在现代法学的框架内讨论，只是对传统情形的一种描述。现在看起来的模糊在中国传统社会则不会有这种模糊的感觉，相反，家庭成员中每个人的财产组成了“家产”这一传统社会中的完整性概念。俞江指出：“当我们讨论中国社会、伦理观念以及法制的转型时，也必须从家与个人的关系入手。脱离这个前提，所有这些领域的讨论将离谬误不远。”① 我们从明清时期的民间文书中可以看到，家族公产的设立与管理无时无刻不在体现着作为一个家族的财产的整体性倾向。家族文书中总是希望家产能被后人所经营并获得更大的收益，完成其设立时的任务并能对家族后代的生活有所助益。作为家产最重要的组成部分，土地是传统社会最重要的财富，无论将其转化成其他何种形式的财产都会被认为是一种败家的行为。

明清时期作为中国传统社会发展的一个特殊时段，在经历较长时期的稳定之后，社会经济也有了长足的发展，南方地区以发达农业为基础的手工业激发出大批以专门从事某种手工业为主的专业性市镇，② 商品经济在市镇化的浪潮中体现出的是较强的个人因素。历史研究指出：“明中叶以后单纯纳租的经济关系有所发展，甚至因占有‘田面’而被视为‘一主’，长幼尊卑关系又进一步受到冲击。明代后期的‘卑胁尊，少凌长’，清代的‘贵贱无分，长幼无序’之类的记载，是这种变化的生动反映。……即使仍在国家直接控制下的土地，私人土地权利（虽说不是完全的）也有强烈的表现，‘其更佃实同鬻田，第契券则书承佃而已’。土地买卖双方、主佃双方关系的确定，主要依靠经济强制和订立契约的形式，封建宗法关系、人身依附关系和经济外的强制都有了比较明显的削弱。”③ 在这种历史条件下，当时的民间文书也确实体现出个人与家族之间存在一种张力。

父祖希望通过管理与经营家族财产，使全体家族成员都能从中受益。在家族文书的记载中，隐含着处分家产应该是依照全体族众的意见，而非个人可以为之。为全体族众利益而存在的家族公产，绝不是家族中的个人

① 俞江：《论分家习惯与家的整体性——对滋贺秀三〈中国家族法原理〉的批评》，《政法论坛》2006年第1期。

② 参见刘石吉《明清时代江南市镇研究》，中国社会科学出版社，1987。

③ 杨国桢：《明清土地契约文书研究》，中国人民大学出版社，2009，第9页。

可以随意处分的。尽管同时也有国家法律对于子孙私擅处分家产的禁止性规定，但这些家族成员对外订立契约都是以个人名义，且强调“与族内各房无涉”。在家产处分的问题上，似乎存在家族对于个人的限制和个人寻求突破的紧张关系。家族对于个人的限制，不仅是对于子孙和后辈的限制，即使是家长也不例外。[①] 问题往往是事与愿违，即使是族众推选出贤能的家产管理者也可能会辜负众望，表现为如有机会便侵占公产，利用职务之便而“瘠祖肥己”。无论是已经分家析产之后各独立家庭的“共财”关系，还是未分家时各房之间的“共财”关系，都不能消除其成员个人处分此“共财”的可能。无论个人是以何种理由或出于何种目的，处分的家产是属于自己的一份或是全部，他都以契约形式明白无误地向立约的相对方表明自己可以处分家产。处分家产问题上的这种复杂情形，即家族对于成员个人权利的控制与个人在家族的束缚下寻求突破表现为一面压缩而另一方扩张的一对张力。从个人与家族两方面来看，对于家产的权利确实存在这种紧张矛盾的关系。如果只从其中一面去看，似乎就是我们非常熟悉的两种描述，明清时代既可以被看作“封建社会的末期”，又可以被看作“现代社会的萌芽”。

① 参见〔日〕滋贺秀三《中国家族法原理》，张建国、李力译，法律出版社，2003，第159、175、177页。

清代苗疆控制中的“官法”与“苗例”关系

——以整饬跨省人口交易为例

张　宁*

摘　要：“苗疆”概念产生于明清，而最终纳入行省体制基本完成于清。清朝对苗疆的控制伴随着“开拓疆域、增益版图”的过程，对该区域的逐步认识并形成国家叙述的过程。其中，“改土归流”及重新划分行政疆域，军事介入并建立塘汛制，将“苗例”部分纳入《大清律例》与关于该区域的特别立法，体现的正是清廷在征服与治理苗疆中所使用的国家强制性手段。本文将从三个层面讨论清朝苗疆立法的特点，第一部分讨论《大清律例》中“苗例”的界定与适用范围；第二部分介绍《大清律例》中针对苗疆的两类重罪的立法；而第三部分将重点研究清廷如何选择以三类重罪中的人口贩卖为突破口而对苗疆用兵，并最终成为该地区人口交易的合法主人的悖论过程。

关键词：苗例　苗疆　川贩　捉人勒索

对“化外人”习惯与习惯法的部分承认与灵活适用，可以说是清廷治理技术的一个特点。《大清律例·名例律下·化外人有犯》明文规定：“凡化外人犯罪者，并依律拟断。隶理蕃院者，仍照原定蒙古例。”所谓“隶理

* 张宁，日内瓦大学东亚系教授，博士生导师，法国社会高等研究院近现代中国中心兼任研究员。

藩院者”指的是蒙、藏、回地区，[①] 相关立法包括《蒙古律例》（1741）、《西宁青海番夷成例》（1734）、《钦定西藏章程》（1792）及《回疆则例》（1811）。这些区别于汉地的单行法规有如下共同特征：首先是对上层统治阶层特权的承认与相应优惠待遇之规定，如从顺治十年（1653）到顺治十二年（1655）出台的一系列对外藩蒙古亲王以下、公以上随行人员的服色和人数，外藩王、贝勒、贝子等来朝给赏与赐恤外藩蒙古王公的规定；[②] 其次是对各相关“化外之地”的行政、职官、宗教、司法、土地、赋役、户籍等内容所做的相关行政法规范，[③] 以及对职官行政、司法、军事权限及其责任追究的规定；[④] 最后则是对刑事犯罪，尤其是涉及人命与盗贼等

---

① “理藩院是清代独有的行政机构，脱胎于入关前的‘蒙古衙门’，最早处理漠南蒙古的相关事务，之后随着清帝国的不断扩张，其职权范围也不断扩展，至乾隆年间，不仅喀尔喀蒙古、漠西蒙古、西藏、新疆回部等藩部归其统辖，由于乾隆平定准噶尔和新疆回部以及西南廓尔喀而新招徕的西北、西南各外藩也是其执掌。同时，在清末外务部成立以前，中国同俄罗斯的互动也由其主管。理藩院的机构设置可以说是清代官制上最具满洲民族特色的一个创造 ……”邱唐：《清乾隆时期对外法律秩序的规范分析——以乾隆朝为中心》，《法制史研究》第 32 期，2018 年，第 89 ~ 90 页。只是这段论述将西南加入了理藩院。

② 见“品秩”、“袭职”，（清）李宗昉等修《钦定理藩院则例 · 通例下》，海南出版社，2000，卷二，第 150 ~ 157a 页；卷三，第 157b ~ 173 页。田莉姝：《清朝民族立法特点之研究》，《贵州民族研究》2003 年第 4 期，中国人民大学清史研究所网站，http://www.iqh.net.cn/info.asp? column_id = 2342。

③ 如《蒙古律例》关于“户口差徭”24 条、“边境卡哨”17 条、“喇嘛例”6 条等规定，参见刘海年、杨一凡《中国珍稀法律典籍集成 · 蒙古律例》，科学出版社，1994，丙编，第 2 册，卷二，第 305 ~ 312 页；卷五，第 326 ~ 330 页；卷十一，第 366 ~ 367 页。关于《蒙古律例》与《理藩院则例》的关系，参见赵云田《〈蒙古律例〉和〈理藩院则例〉》，《清史研究》1995 年第 3 期，第 106 ~ 110 页。又如《青海善后事宜十三条》中对该地区朝贡、盟旗制度、编设佐领以及贸易等行政规定。《文献丛编 · 年羹尧奏折 · 条陈青海善后事宜折》第 6、7 辑，故宫博物院文献馆，1930，第 17 ~ 30 页。

④ 如《蒙古律例》对“官衔”的 17 条规定与对“朝贡”的 9 条规定，参见刘海年、杨一凡《中国珍稀法律典籍集成 · 蒙古律例》，科学出版社，1994，卷一，第 297 ~ 302 页；卷三，第 314 ~ 317 页。又如《青海善后事宜十三条》中对“会盟”的规定，参见王希隆《年羹尧〈青海善后事宜十三条〉述论》，《西藏研究》1992 年第 4 期，第 27 ~ 37 页。道光朝修订的《钦定理藩院则例》中关于“会盟”及《西藏通制》部分关于“番兵定额”、“番兵军器定制”的规定，参见（清）李宗昉等修《钦定理藩院则例》卷三十，第 82b ~ 90a 页；卷六十二，第 382b ~ 383 页（海南出版社，2000）。《钦定吏部则例》（嘉庆朝）卷五中，涉及土官承袭、土官支庶授职等内容的规定。

重大案件的刑罚规定，[①] 而对普通民事纠纷与一般刑事犯罪则采取“因俗而治”的原则。

有趣的是，同属“化外之地”的苗疆则始终没有成为理藩院的治理对象，也没有像“隶理蕃院”的蒙、藏、回地区那样享有专门成文的单行法规。有学者认为，那是“鉴于苗族地区动乱不息、山高路远和改土归流后的具体情况，清政府认为应统一适用《大清律例》，以便进行直接的立法调整，没有必要再制定苗疆统一适用的单行法规”。[②] 这一判断显得粗略而欠说服力，笔者认为至少还有三个方面的因素应当加以考虑。其一，清廷与蒙、藏、回同属北方游牧民族，在语言、文化、信仰方面的接触较多，彼此间比较熟悉。满人入主中原时只有大约十万人的军队，[③] 要统治多达一亿至一亿五千万人口的汉人及其他民族，[④] 需要与其他少数族群结合，尤其是与有过统治中原经验的蒙古人结成联盟。相比之下，满人对南方少数民族比较陌生，加上南明政权与三藩之乱的原因，苗疆地区非但不是其结盟对象反而具有敌对嫌疑。其二，蒙、藏等北方民族都有自己的政权形态、国家组织与法律制度，而苗人则没有这种政治组织形式。其三，与北方民族的沟通可以避开汉人，而对苗人的治理非通过汉人不可。而且广义苗疆涉及南方诸省，是多种语言、文化、习惯不同的所谓“苗蛮夷”，关于这一点，胡兴东的论述可供参考。[⑤] 因此，苗疆的征服与治理有它的特

① 如《蒙古律例》中“盗贼”46条、“人命”10条、“杂犯”18条等相关规定，参见刘海年、杨一凡《中国珍稀法律典籍集成·蒙古律例》，科学出版社，1994，卷六，第333～340页；卷七，第342～344页；卷十，第360～364页。另见道光朝修订的《钦定理藩院则例》中关于“人命”9条、“强劫”12条、“偷窃”30条、“发冢”2条、“犯奸”4条、“略卖略买”3条的相关规定，参见（清）李宗昉等修《钦定理藩院则例》卷三十五至卷四十一，海南出版社，2000，第151～192页。《西宁青海番夷成例》针对出征、会盟、越界、偷盗、杀人、伤人、奸淫、逃人以及诉讼等方面的68条刑事处罚规定，参见刘海年、杨一凡《中国珍稀法律典籍集成》第2册，科学出版社，1994，第379页。那仁朝格图：《试述清朝对青海蒙藏民族地方的立法》，《内蒙古社会科学》2008年第1期，第67～71页。

② 参见徐晓光《清政府对苗疆的法律调整及其历史意义》，《清史研究》2002年第3期，第26页。

③ Wu Wei－ping, *Development and Decline of the Eight Banner* (Ph. D. diss., University of Pennsylvania, 1969).

④ 三田村泰助：《清朝前史の研究》，京都，同棚舍，1965；任桂淳：《清朝八旗驻防兴衰史》，三联书店，1992，第1页。

⑤ 胡兴东：《清代民族法中“苗例”之考释》，《思想战线》2004年第6期，第33～35页。

殊性。

笔者曾在一篇论文中讨论过清朝对苗人与苗疆的认识变化过程,[①] 本文就不再赘述。

本文旨在厘清清朝苗疆立法的特征、历史演变过程以及苗地被纳入王朝法制系统中呈现的问题。首先讨论清朝苗疆立法与其基本法《大清律例》及苗人习惯法的关系，辨析"苗例"在《大清律例》中的具体所指；其次分析《大清律例》中关于苗疆两项重罪的相关立法规定；最后集中讨论第三项重罪从立法到实施过程当中呈现的苗疆治理逻辑及其对原有法规范的冲击。

一 《大清律例》中"苗例"的界定与适用范围

既然清廷始终没有出台关于苗疆的单行法规，那么苗疆治理的法源何出呢？根据徐晓光的研究，大清的苗疆治理至少以六种立法形式出现：一是《大清律例》中纂入的针对苗人与苗疆的刑事条例；二是出现在《吏部则例》中以行政法形态呈现的关于苗疆土司制度的规定；三是清廷屡次对苗疆用兵后出台的各种善后章程，多见于朱批奏折，主要涉及苗地的行政组织、职官配备、司法制度、土地、赋役、户籍、兵器管理等行政组织等方面的内容，如康熙四十二年的湖南巡抚赵甲乔奏定的《苗边九款》,[②] 雍正五年云贵总督鄂尔泰疏奏的《经理狆苗事宜十条》,[③] 乾隆元年十月二十日批复的《张广泗奏苗疆善后事宜折》;[④] 四是适用于苗疆某区域的各类禁约，多以告示、晓谕、石碑、碑文的形式出现；五是用于调整苗汉间法律关系的处分条例，以禁止苗汉杂居、苗汉通婚、汉人扰苗等内容为主；六

① 张宁:《十八世纪的汉奸认定与隐形的法律文献》,《法制史研究》第21期，2012年，第163~191页。

② 转引自徐晓光《清政府对苗疆的法律调整及其历史意义》,《清史研究》2002年第3期，第26页。

③ 《清实录·世宗宪皇帝实录》卷五十四，雍正五年三月，中华书局，1986，第827~828页。

④ 中国第一历史档案馆、中国人民大学清史研究所、贵州省档案馆编《清代前期苗民起义档案史料汇编》上册，光明日报出版社，1987，第213~228页。

是法律认定为“苗例”的部分苗俗。[①] 其中第一、第二、第五与第六类针对整个苗疆地区，具有普遍性效力；第三、第四类有一定的地域限制，可以说是针对苗疆制定的地方性规约。这个分类基本描述了苗疆立法的等级结构。但第一等级与第六等级间的关系，学界一直争论不休，而且意见也不统一。本部分希望在已有研究的基础上进一步厘清这个脉络。

乾隆朝是清政府治理苗疆进行密集立法并将之系统纳入《大清律例》最为重要的时期。它不仅将前期关于苗人的专门条例纳入清朝的基本法之中，而且建立了关于苗疆的立法原则与架构。乾隆五年修订的《大清律例》，纂有 20 多条有关苗人的条例，[②] 其中仅有一条提到“苗例”一词，而且导致了各种混乱的解释，故录于此：

> 凡苗夷有犯军、流、徒罪折枷责之案，仍从外结，抄招送部查核。其罪应论死者，不准外结，亦不准以牛马银两抵偿，务按律定拟题结。如有不肖之员，或隐匿不报，或捏改情节，在外完结者，事发之日，交部议处。其一切苗人与苗人自相争讼之事，俱照苗例归结，不必绳以官法，以滋扰累。[③]

（一）“苗例”的界定及其诠释之混淆

这里相对于“官法”所谓的“苗例”究竟指的是什么，有三位学者的意见比较有代表性。

苏钦认为：在《大清律例》中，“苗例”虽然属于苗人条例的一部分，但它只是一种“准据法”，其具体内容并未被明文规定出来。未被明文规定出来，固然是由于这种习惯法是口耳相传、不成文的，难以用准确的立法语言表述；而更为重要的是，“苗例”的内容不是清朝统治者自己规定的，不是“官法”，而是苗族自发形成的、行之已久的风俗习惯。而清律

---

① 徐晓光：《清政府对苗疆的法律调整及其历史意义》，《清史研究》2002 年第 3 期，第 26～27 页。

② 笔者据薛允升《读例存疑》的记载进行了统计分析，结论是《大清律例》有关苗疆的条例有 36 条，其中 12 条为乾隆五年后的新增例。参见薛允升《读例存疑》，胡星桥、邓又天等点注，中国人民公安大学出版社，1994。

③ 《大清律例・断狱・断罪不当》卷三十七，郑秦、田涛校点，法律出版社，1999，第 601～602 页。

中其他有关苗彝的条例是“实体规范”，是为贯彻大清律根据这些民族的特殊性而制定的专门规范，是官法。苗族习惯法也不能说就是“苗例”，“苗例”仅仅是苗族习惯法的内容之一。苗族习惯法往往泛称为“苗俗”，而一旦冠之以“例”，就与其他苗族习惯法相区别，而属于国家法律的一部分。[①]

在这段论述中，苏氏试图对如下概念进行区分：“官法”、“苗例”、“苗族习惯法”与“苗俗”。但反复论证后，苏氏认为“苗俗”即“苗族习惯法”，“苗例”是“苗族习惯法的内容之一”，问题并未得以厘清。

另一位学者胡兴东则认为，“俗”、“例”的称谓之别，不过是官方“认可”与否之别：在清代，“苗例”与“苗俗”、“夷俗”在指各民族的固有法律上是一样的，所以说在清代，“俗”与“例”在指各民族固有法上并没有什么本质区别。当然，“俗”与“例”也是有一定区别的，“俗”往往是对其他民族群体固有法律的一种贬称，“例”是对其他民族群体固有法律的一种认可。[②]

这个说法虽然不是完全没有道理，但用“贬”、“认”之别来区分“俗”与“例”的用法，显然是缺乏说服力的。

第三位学者徐晓光的说法是：在清代的史料中，“苗例”是指杀伤命案中，原按苗疆各民族的习惯以赔牛、赔谷、赔银的方法解决，而清廷认为这类案件关系重大，不能放任，是应由国家管辖的部分。它与其他苗族习惯法有区别，属于国家法律的一部分。清代对一般苗族习惯法往往称“苗俗”，将其中一部分冠以“例”，就说明其被纳入清朝法律体系之中了；同时它也不是清朝政府针对苗疆地区制定的成文法，前述官府的制定法一般称作条例、禁苗条例、善后章程。清朝政府虽然强调国家法制的统一，但事实上在苗疆大部分民族村寨，习惯法仍发挥着实际作用。清朝认可部分关系重大的内容为“苗例”，是将“苗例”的适用纳入国家的司法管辖之下，由各级官府监督执行，所谓“苗事不明，只依苗例”。[③]

① 苏钦：《“苗例”考析》，《民族研究》1993 年第 6 期，第 97 ~ 102 页。

② 胡兴东：《清代民族法中“苗例”之考释》，《思想战线》2004 年第 6 期，第 33 ~ 38、45 页。

③ 徐晓光：《清政府对苗疆的法律调整及其历史意义》，《清史研究》2002 年第 3 期，第 28 页。

这段表述中最致命的混淆是将“苗例”的内容直接认定为“杀伤命案”，“原按苗疆各民族的习惯赔牛、赔谷、赔银”的解决方法。这与《大清律例》中规定的“凡苗彝……罪应论死者，不准外结，亦不准以牛马银两抵偿，务按律定拟题结……。其一切苗人与苗人自相争讼之事，俱照苗例归结，不必绳以官法，以滋扰累”[①] 之立意有矛盾，也与徐氏自己的表述逻辑有冲突。因为此条例所要排除的正是“杀伤命案”中苗人的赔偿习惯法，而“苗例”指的应是“杀伤命案”外其他涉及苗人间“争讼”的解决习惯。

要澄清这一问题，我们有必要回顾一下清朝时“苗例”与“官法”之关系的发展过程。

（二）“苗例”所指内容的历史变化

清廷对苗人习惯认可度的转变可以分成三个时期。第一个时期是顺治、康熙朝，朝廷对苗俗采取高度容忍的态度，重罪也“依俗而治”；第二个时期是雍正、乾隆朝，清廷对苗疆用兵，以强力将苗疆纳入国法之中，对苗俗的容忍度减弱，只有“苗众一切自相争讼之事”，“照苗例完结，不必绳以官法”；第三个时期是嘉庆、道光朝，对苗疆的立法开始转为区域性或省级立法，实现法规范预设中的“苗”、“民”一体的刑事治理政策。

如果说顺治朝对苗疆治理的基本方法是允许滇、黔土司“暂从其俗”治理而采取无为而治的策略的话，[②] 那么康熙朝则发生了如下变化：国法开始介入苗疆部分地区，并成为解决部分暴力事件的法律依据。康熙四年（1665）七月十一日贵州总督杨茂勋的奏折内容就颇能说明这一情况：

> 贵州一省在万山之中，苗蛮穴处，言语不通，不知礼仪，以睚眦为喜怒，以仇杀为寻常，治之之道，不得不与中土异。凡有啸聚劫杀侵犯者，自当发兵剿除；其余苗蛮在山箐之中自相仇杀，未尝侵犯地

① 《大清律例·断狱·断罪不当》卷三十七，郑秦、田涛校点，法律出版社，1999，第601～602页。

② 顺治十年六月户部右侍郎王弘祚（1610～1674）上疏，参见中国第一历史档案馆编《清实录·清世祖章皇帝实录》卷七十六，中华书局，1985，第599页。

方，止须照旧例令该管头目讲明曲直，或愿抵命，或愿赔偿牛羊、人口，处置输服，申报存案。盖苗蛮重视货物，轻视性命，只此分断，已足创惩、而渐摩日久，曲直分明，苗蛮亦必悔悟自新，不复争杀。此兵不劳而坐安边境之道也。①

在区别了“苗疆”与“中土”之别后，该督建议采用两种治理苗疆的方法，针对苗人于官府管辖地带的“啸聚劫杀侵犯”行为，用兵镇压；而针对苗人间的相互仇杀，则照“旧例”。此“旧例”的内容十分明确，它指的是采取苗人抵命的习惯，即由土目主持解决仇杀双方的赔偿并申报官府，说明清廷过去就采取过相同的做法处理此类治安事件。如果说顺治朝就以定例形式认可用苗人习惯法去解决苗人间仇杀命案的话，康熙朝开始则发生微妙变化。康熙二十一年，贵州巡抚杨雍建（1627～1704）审理土司争袭相互残杀的棘手命案的处理过程将“官法”在苗疆施展无的的状况暴露无遗。该年四月，杨雍建奏报的这起命案如下：

黔省土司，禀性暴悍，瑕疵小忿，动辄操戈，相互残害，其积习然也。本年正月间，有独山州烂土司土舍张大统因争袭将张继远父子杀死，而继远之土目张国权将大统之父开远、弟大纲杀死，继而大统又杀张国权。数日之间，彼此仇杀。在若辈以称兵构衅，为苗俗之常，不知其上干国法也。②

由于是熟苗土司因承袭之事互相杀戮，而且土目直接参与仇杀，官府不得不直接介入。但花了一年多的时间，涉案人员还没有被全部抓获。杨雍建在康熙二十二年三月二十一日的禀报中讲述了苗疆特殊的执法环境以及此案没能按时审结的原因：

部议令将同张大统杀人行走有名人犯查拏一并严审究拟具体，随刑按察司严提各犯，研审究拟详报去后，复经屡次行催。今据该司详

① 中国第一历史档案馆编《清实录·清圣祖仁皇帝实录》卷十六，中华书局，1985，第235页。

② （清）杨雍建：《抚黔奏疏》卷三，《近代中国史料丛刊续编》第33辑，文海出版社，1976，第573页。

> 称，张大统与张宏谟虽已到官，而与大统杀人行走之要犯及案内有名之要证均未解到，难成信案。今现再严提往返当须时日，未能依限完结，详请宽限……查此案系土司仇杀，凡土司苗人倚山匿寨，拘提非易，与寻常承缉不同……①

由于结案时间的压力，三个月后，杨雍建不得不审决此案，其判决结果如下：

> 张大统与张宏谟之父张继远原系叔侄。查烂土司长官序应大统承袭，因继远窃居烂土，大统不候公断，遂操同室之戈，率带私亲蒙恩隆、土目王朝相等，于上年正月内杀死张继远父子，而继远土目张国权又将大统之父开远、弟大纲杀死，复引苗众攻统，统复杀权以报复之，殆目无法纪矣。今蒙恩隆、王朝相等严提未获，就现在之张大统与张宏谟及已到之谭应鹏、张大绶等逐一严询当日仇杀情形，供吐已明。独是大统与继远有叔侄之分，似应照杀期亲尊长律拟罪，但大统与继远均系苗人，查定例内载：苗党自相戕杀人命，责令土官、土目亲问被杀之家，或欲偿命，即行斩抵；不欲偿命，责令赔人等语。当杀继远之时，大统未曾动手，讯之宏谟亦有杀父亲、哥子时，系王朝相、蒙恩隆动手之供，是与手刃其叔者有别。张大统合照苗人仇杀例，除自相抵斩外，责令赔人，仍断牛马羊只为烧埋之资。蒙恩隆、王朝相仍严行案缉，获日另结具。张大绶虽系大统亲弟，仇杀之时早避邻司，并未助力。谭应鹏原系大统土目，严询本犯，供未同行，相应免拟，再照此案应提齐人犯，逐名各取供定案，但烂土司接壤生苗，逸犯远窜，无处勾提……②

此案的特殊性在于，它是由土司争袭而引发的家族内部成员的相互仇杀，而且双方土目直接参与，官法系统不得不介入。但它面对的是康熙朝苗疆治理的整体困境。当时进入苗疆的官兵系统十分脆弱，不仅人员经费

① （清）杨雍建：《抚黔奏疏》卷五，《近代中国史料丛刊续编》第33辑，文海出版社，1976，第911～912页。

② （清）杨雍建：《抚黔奏疏》卷六，《近代中国史料丛刊续编》第33辑，文海出版社，1976，第1091～1094页。

不足，日常行政遭遇苗人的重重抵抗，而且土司与官兵之间的地方博弈频繁且暴力血腥，这种举步维艰的处境在时任贵州巡抚杨雍建的日常奏报中比比皆是。因此，尽管官府参与了抓捕与审理工作，最后还是以官方认可的“苗人仇杀例”结案。而且因为担心血案后该地土司找不到承袭人会产生其他后果，“此案一日不结则烂土长官未便议袭，钱粮夫役专责无人，贻误非小”，所以官府“不得不就现在人犯研审题请归结”。[①] 这个案子表明，当时“熟苗”间的仇杀命案依然依“苗人仇杀”习俗处理，“官法”无力。

这种情况开始改变是在二十年后。“苗人仇杀例”的适用范围得到进一步的严格界定，它不但不能用于解决苗、民之间的命案，也不能用于解决生、熟苗之间的命案。这一立法原则在康熙四十年（1701）复准的一条关于“化外人有犯”的事例中得以体现：“复准熟苗、生苗若有害人者，熟苗照民例治罪，生苗仍苗人例治罪。”[②] 四年后的1705年，这一原则更为细化：

> 复准苗民犯轻罪者，听土官自行发落外，若杀死人命、强盗、掳掠及捉拏人口索银勒索等情，被害之苗赴道厅衙门控告，责令土官将犯苗拿解，照律例从重治罪，藏匿不送者，将土官照例严加议处。[③]

其不同之处在于，如果苗人遇到人命、强盗、掳掠及捉拏人口勒索等情，自愿告官的话，官府有责任介入并以《大清律例》处理此类刑事重案。

可以说顺、康两朝，清廷都以“例”的形式认可苗人抵命赔偿习惯法在解决苗疆地区部分暴力仇杀事件时所具有的合法性，官府与“官法”并不直接介入，任由苗酋处理。这种情形在康熙后期发生变化，官府开始介入苗人告官的重要刑案。此时官方文献中所使用的“旧例”、“苗人仇杀

① （清）杨雍建：《抚黔奏疏》卷六，《近代中国史料丛刊续编》第33辑，文海出版社，1976，第1094页。

② （清）席裕福、沈师徐辑《皇朝政典纂·名例律·化外人有犯·事例》卷三百七十五，文海出版社，1982，第8162页。

③ （清）席裕福、沈师徐辑《皇朝政典纂·名例律·化外人有犯·事例》卷三百七十五，文海出版社，1982，第8162页。

例”、“苗人例”指的皆是苗人仇杀抵命赔偿习惯法。

雍、乾两朝官府全面介入苗疆，对苗疆的立法也逐渐发生了变化。乾隆元年七月二十日，乾隆帝针对贵州等新近改土归流的“苗疆”治理的谕旨明确指出：“苗民风俗与内地百姓迥别，嗣后苗众一切自相争讼之事，俱照苗例完结，不必绳以官法。至有与兵民、熟苗关涉案件，隶文官者；仍听文官办理，隶武官者，仍听武弁办理。”① 同年十月二十八日，贵州总督张广泗在其奏折中援引此谕时加入了一个具体语境：“查苗人不知律法，小有争讼之事，提解审讯，不无扰累。本年八月内钦奉上谕：嗣后苗众一切自相争讼之事，俱照苗例完结，不必绳以官法……”② 对比《大清律例》不难发现，此谕与乾隆五年修订入律的那条载有“苗例”的条例在内容上部分重合。为方便讨论，再次援引此条如下：

> 凡苗夷有犯军、流、徒罪折枷责之案，仍从外结，抄招送部查核。其罪应论死者，不准外结，亦不准以牛马银两抵偿，务按律定拟题结。如有不肖之员，或隐匿不报，或捏改情节，在外完结者，事发之日，交部议处。其一切苗人与苗人自相争讼之事，俱照苗例归结，不必绳以官法，以滋扰累。③

无论是从此条的内在逻辑结构，还是从张广泗引用乾隆上谕的具体情况看，这里的“苗例”，指的已不再是顺、康朝所认可的涉及苗人自相仇杀的习惯法，而是除杀伤命案外用以解决“苗人自相争讼”的其他苗俗。原因很简单，此条的前半部分内容已经以“苗夷犯死罪，不准外结，亦不并准以牛马银两抵偿，务按律定拟题结”的规定排除了适用苗人自相仇杀例的可能。而且，此后的苗疆司法实践也证实了这种根本性变化。如乾隆十四年云贵总督张允随在奏折中写道：

① （清）鄂尔泰等监修，靖道谟等编纂《乾隆贵州通志》，收录于《景印文渊阁四库全书》卷三十三，第571册，台湾商务印书馆。据故宫博物院藏本影印，1983，第39b页。

② 《张广泗奏议冯光裕治理苗疆事宜折》，载中国第一历史档案馆、中国人民大学清史研究所、贵州省档案馆编《清代前期苗民起义档案史料汇编》上册，光明日报出版社，1987，第212页。

③ 《大清律例·断狱·断罪不当》卷三十七，郑秦、田涛校点，法律出版社，1999，第601～602页。

> 查臣所属滇黔两省……至于各土司所辖及古州等处新辟苗疆，虽经向化，野性未驯，言语多不相通，嗜好亦复各别，向交该管土司头目等稽查约束，遇有犯案，轻者夷例完结，重者按律究治。①

这里的“夷例”应当就是例文中所指的“苗例”内容，只涉及轻罪，不涉及重罪。由此可见，乾隆朝之后，清廷对“苗例”的认可内容有了本质的变化，苗人间重要的刑事犯罪不再任由土目以苗人习惯法完结，而是一律绳以“官法”；但苗人间的普通刑事争讼依然由土目主持，以“苗例”完结。

通过上述论证，我们可以对“苗例”的性质与内容做以下总结。“苗例”有三个基本特征：其一，它指的是清廷认可的部分苗人习惯法；其二，尽管其具体内容始终没有明文规定，但从清朝对苗疆的立法与司法实践的各种文献的比照看，顺、康朝与雍、乾朝认可的具体内容是有重要区别的，前者的重点集中在承认苗人仇杀习惯法的适用并未限制其适用范围，而后者则将清廷认可的“苗例”适用内容严格限制在轻罪范畴之内，完全排除了重罪适用苗人习惯法的可能；其三，清廷对苗人习惯法的认可度在18、19世纪逐渐减弱，直到1906年，“苗例”的用法从《大清律例》中最终被剔出，实现了“苗”、“民”依律同治的理念。②

尽管乾隆朝已开始将苗疆的刑事重案纳入国法治理范围，但在具体实践中，苗疆在执法及审判程序上还是与内地有重要区别的，比如《大清律例》规定的“凡苗夷有犯军、流、徒罪折枷责之案，仍从外结，抄招送部查核”就与汉地的程序不同。那么，乾隆朝是如何处理苗疆的刑事重案的呢？或者说，适用于苗疆的“官法”规定有哪些具体内容？又是如何实施的？以下详述之。

二　《大清律例》中针对苗疆的两类重罪立法

认真研究乾隆五年修订的《大清律例》中纂入的20多条关于苗人的

---

① 《清代档案史料丛编》第14辑，中华书局，1990，第179页。

② 黄国信：《“苗例”：清王朝湖南新开苗疆地区的法律制度安排与运作实践》，《清史研究》2011年第3期，第37～47、128页。

条例，不难发现这些条例基本集中于“兵律”与“刑律”两大门类，主要针对的是七类十二种刑事责任与罪名。而针对其中三种重罪的条例最为密集：关于“聚众抢夺”有七条，针对“掳人勒索”有四条，聚集在“略人略卖人”之上有四条。这三类犯罪有一个共同的特点，即与苗人仇杀传统有关。笔者在这一部分重点讨论清廷对前两大类犯罪的立法，而将第三类犯罪放到下一部分专门讨论，因为它涉及清朝的蓄奴与人口贩卖的制度性问题。

（一）针对苗疆的“聚众抢夺”条例

苗疆经常发生的大规模的“聚众抢夺”是清廷治理苗疆的头等大患。以下三个条例的制定正是这一忧虑的反映。

条例一：凡黔、楚两省相接红苗，彼此雠忿，聚众抢夺者，照抢夺律治罪。人数不及五十名，伤人为首者枷号两个月，为从者一个月；杀人者斩监候，下手者枷号三个月，为从者四十日。聚至五十人者，虽不杀人，为首者亦斩监候，为从者枷号五十日；杀人者斩决。下手之人绞监候，为从者各枷号两个月。聚至百人者，虽不杀人，为首者斩决，为从者各枷号两个月；杀人者斩决枭示，下手之人俱斩监候，为从者各枷号三个月。所抢人、畜、财物，追还给主。

条例二：凡苗人犯抢夺，该管土官约束不严，俱交部议。若至百人以上，土司府、州革职；百户、寨长罢职；役满杖；知情故纵者革职，枷号一个月。俱不准折赎。若教令指使，或通同图利者，照为首例治罪。

据《读例存疑》所载，“此二条均系康熙四十四年（1705），户部会同刑部议复湖广总督喻成龙题准定例”,[①] 于雍正三年纂入《大清律集解附例卷十八 · 刑律 · 白昼抢夺》条下,[②] 随后纂入乾隆五年修订的《大清律例》同条之下，文字上没有任何改动。[③]

---

① 薛允升：《读例存疑 · 刑律 · 盗贼 · 白昼抢夺》，胡星桥、邓又天等点校，中国人民公安大学出版社，1994，第 454 页。

② （清）朱轼、常鼎等纂修《大清律集解附例三十卷图一卷服制一卷律例总类六卷》，雍正三年内府刻本，载四库未收书辑刊编纂委员会编《四库未收书辑刊》第 1 辑，第 26 册，北京出版社，第 295 页。

③ 《大清律例 · 刑律 · 盗贼中 · 白昼抢夺》卷二十四，郑秦、田涛校点，法律出版社，1999，第 388 ~ 389 页。

条例三：苗人聚众至百人以上，烧村、劫杀、抢虏妇女，拏获讯明，将造意首恶之人，即在犯事地方斩决枭示。其为从内，如系下手杀人、放火、抢虏妇女者，俱拟斩立决。若止附和随行，在场助势，照红苗聚众例，枷号三个月。临时协从者，枷号一个月。至寻常盗劫抢夺，仍照内地抢夺例完结。其有虏掠妇女、勒索尚未奸污者，仍照苗人伏草捉人勒索例定拟。

此条系乾隆九年，贵州总督张广泗等条奏定例，[①] 虽不见于乾隆五年《大清律例》，但在乾隆三十三年修例时加入正律。

从立法时间看，前两条制定于康熙朝中后期，并于雍正三年入律，再经乾隆朝的继承直到清末改革一直适用了两个世纪；而第三条制定于乾隆十年（1745），适用了160年。这三个条例皆隶属“白昼抢夺”名下，其共同点皆是针对苗人聚众抢夺的问题，而且突出强调聚众人数。以五十至一百人计，相比于汉地的三人以上即为众，其聚众规模之大，显然是苗疆治安的大事。而且聚众内容多为抢劫，兼带杀伤人命。从第三条的内容上看，它所涉及的犯罪性质更为严重，包括烧杀勒索、抢虏妇女。

（二）针对苗疆的“捉人勒索”条例

第二类重大犯罪是经常被冠以苗人文化习性所然的所谓“苗人伏草捉人”行为。康熙四十四年拟定的下述定例颇能说明问题：

> 凡苗人有伏草捉人，横加枷肘，勒银取赎者，初犯，为首者，斩监候；为从者，俱枷号三个月，臂膊刺字；再犯者，不分首从，皆斩立决。其有土哨奸民，勾通取利，造意者，不分初犯、再犯，并斩立决；附和者，各枷号两个月，佥妻发边外为民。该管土官，虽不知情，亦按起数交该部议。知情故纵者，革职，杖一百。若教令指使或和同取利者，革职，枷号三个月，俱不准折赎。[②]

此定例后于雍正三年纂入《大清律集解附例卷十八·刑律·恐吓取

① 薛允升：《读例存疑·刑律·盗贼·白昼抢夺》，胡星桥、邓又天等点校，中国人民公安大学出版社，1994，第447～448页。

② 薛允升：《读例存疑·刑律·盗贼·恐吓取财》，胡星桥、邓又天等点校，中国人民公安大学出版社，1994，第500页。

财》条下，[1] 随后纂入乾隆五年修订的《大清律例》同条之下，文字上也没有任何改动，[2] 也在苗疆适用了两百余年。“捉人勒索”被当时不少苗疆治理官员认定为苗俗、苗性的一种，这一点我们在讨论第三类犯罪时会进一步介绍。与前一类犯罪相同，为聚众犯罪，但重点不完全一样，如果说前一类以劫财为主，而这一类则以掠人为主，虽然目的皆为财，但后者的性质更为严重。只是这两类犯罪基本限于苗疆境内，与第三类犯罪，即有组织的跨省人口贩卖相比，犯罪规模与性质皆有质的区别，因为后者不仅影响苗疆的治安，而且因其建立的跨省犯罪网络而影响到附近各省的治安，给官府的区域治理提出新的挑战与要求。更重要的是，它直接触及清朝的蓄奴制度与合法人口买卖的制度规范，因此值得我们进行更深入的讨论。

三　第三类立法：非法与合法之间的苗疆人口贩卖

可以说打击人口贩卖是 18 世纪清廷对苗疆实施改土归流政策中最为耗时耗力，也最为纠结的举措。长期存在于苗疆的人口交易，[3] 在改土归流政策实施之初，就被地方官认定为政策实施的最大障碍，因而成为打击的重点。

（一）苗疆人口交易的性质

雍正二年（1724），云贵总督高其倬（1676～1738）在一份奏折中曾对苗疆的人口贩卖活动有如下分析：

---

① （清）朱轼、常鼎等纂修《大清律集解附例三十卷图一卷服制一卷律例总类六卷》，雍正三年内府刻本，载四库未收书辑刊编纂委员会编《四库未收书辑刊》第 1 辑，第 26 册，北京出版社，第 303 页。

② 《大清律例·刑律·盗贼·恐吓取财》卷二十四，郑秦、田涛校点，法律出版社，1999，第 403 页。

③ 关于这个议题的研究，笔者所见的有李瑞清：《乾隆年间四川拐卖妇人案件的社会条件分析—— 以巴县档案为中心的研究（1752－1795）》，台湾政治大学历史研究所，硕士学位论文，2001；张中奎：《论清代前期贵州苗疆人口贩卖屡禁不止的原因》，《中南民族大学学报》2009 年第 2 期，第 72～76 页；张中奎：《略论满清政府严禁西南人口贩卖政策之流变》，《贵州文史丛刊》2005 年第 3 期，第 27～30 页；祈睿：《雍正年间云贵川地区人口贩卖与整饬研究》，西北民族大学，硕士学位论文，2011。

> 贵州诸苗之中仲家[①]一种固最为顽恶，然各苗亦多抢杀之事，多云由于苗性记仇嗜杀而然。臣细察之，实皆起于图利，其复仇亦借端实利，其所以嗜杀亦有故，乃欲得彼财，凡他人银物一经其目，必生心抢杀之而后已。然贵州民贫，有银物可抢者亦少，惟捆卖一节，实启生苗抢杀之心。贵州接壤四川，四川人价颇贵，川贩往往嘱托贵州土棍，土棍复又勾串诸苗，俾捆略人口，互相授受。诸苗每得一人卖与地棍可得四、五两，地棍卖与川贩每一人可得十余两，川贩贩入川中每一人可得二十余两。辗转获利，诸苗争相效尤。抢杀之事，由于报仇及图财者居半。若能止捆卖之风，则诸苗抢杀之事可十减其五，但其中弊窦尚自多端。贵州各土司地小人穷，多以窝贩窝盗为事而劣矜亦把持隐蔽共为，庄主兵丁坐讯亦复卖放。是以治捆贩之法未尝不严，然不将各种弊窦详酌整顿，奸棍顽苗冒险趋利，此风终不能息。[②]

高其倬对苗人此类行为的复杂缘由有十分清晰的认识，他超越了关于“苗性记仇嗜杀”属于天然习性那种带有偏见的文化认定，观察到其背后的经济原因，即苗人仇杀之传统逻辑之外，还有外在图利环境的影响：贵州本省贫瘠，无论苗酋、苗民皆十分贫穷，而限于苗人之间的复仇循环抢劫获利少于劫民所获之利，限于苗疆内的勒索与人口买卖获利更无法与邻省四川的人价相比。苗疆劫掠人口转卖四川是具有大利可图的买卖，而且它惠及参与犯罪的省内外的土司、兵丁与小民。这一分析将晚明清初以来，由各种天灾人祸造成的四川省人口剧减的社会后果带入了分析框架之中。[③] 当时，四川地广人稀，“大路两旁皆有昔人耕种山坡地段，层累如阶梯之状，不可胜计。惟水地有人耕种，其余十荒八九。或隔十里二十里间

---

① 即今天的布依族。关于他们在清朝苗疆的状况以及 1797 年的暴动，可参见 Jodi WEINSTEIN, *Empire and Identity in Guizhou: Local Resistance to Qing Expansion* (University of Washington Press, 2013)。

② 《雍正朝汉文朱批奏折汇编》第 3 册，江苏古籍出版社，1990，第 82～83 页。

③ 据统计，1680 年前后，四川省因为 40 多年的连年战乱失去了 2/3～3/4 的人口。参见 Dai Yingcong, *The Sichuan Frontier and Tibet: Imperial Strategy in the Early Qing* (University of Washington Press, 2010), p. 27。康熙年间的湖广填四川政策使川省成为新移民涌入地区，各种民间网络的建立自然成为新移民适应新环境并在其中寻求发展的依赖，也包括这类犯罪组织。

有村庄，亦止三二人家居住”。[①] 川省经济社会的恢复对人口有很大需求，人市价格也相对要高，这就促使大量川贩到贫穷偏僻的贵州寻找牟利的机会，并建立跨省贩卖网络。这种利益链不仅涉及外来川贩，还涉及本地土司、驻防兵丁与吏胥，使官府解决问题的行政、军事及司法成本都大幅度增加。

这份奏章内还强调了这一网络的多族合作特点。苗人与川贩在人口买卖中的分工是，苗人负责伏草捉人、转卖与护送出苗境的环节，他们与川贩“议定男口年十岁以上者价若干，十岁以下者价若干，女口亦如此计算。议定之后，即纠约党羽，伏草茅之内，遇有过往人民或各处樵牧童男妇女，辄出捆缚回家，按名交予川贩，即从苗径深林密箐昼伏夜行互送出境”。[②]

（二）针对人口贩卖网络的打击行动

从目前看到的材料看，始于雍正四年的清廷整饬苗疆人口贩卖网络的行动持续了数年，其间有两次重大的打击行动，分别发生在雍正四年与雍正七年，而且皆由雍正三年任命的云贵总督鄂尔泰（1680～1745）负责统领。雍正四年，清廷在长寨建军营的举动遭到苗民的抵抗性破坏，鄂尔泰发现，原因之一是建营行动直接危害了该地人口贩卖利益，不过长寨的犯罪主角不再是高其倬笔下的“仲家”，而是“苗倮”（即今彝族），其合作对象依旧是川贩。但在鄂尔泰眼中，这群人不再只是“奸棍”，而是扰乱苗疆治理的“汉奸”：

> 黔省大害阳恶莫甚于苗倮，阴恶莫甚于汉奸川贩，盖彝人愚蠢，虽性好劫掠，而于内地之事不能熟悉，权谋巧诈，非其所有。惟一等汉奸潜往野寨，互相依附，向导引诱，指使横行，始则以百姓为利，劫杀捆虏，以便其私，继复以苗倮为利，佯首荫庇，以估其财，是虐百姓者苗倮，而助苗倮者汉奸，虐苗倮者亦汉奸也。至于川贩，即汉

① 署成都副都统伊礼布雍正四年四月奏折，转引自哈恩中《略论雍正年间清政府对贵州贩卖人口的整饬——以鄂尔泰打击川贩为中心》，《贵州文史丛刊》2006 年第 2 期，第 74 页。

② 《雍正朝汉文朱批奏折汇编》第 3 册，江苏古籍出版社，1990，第 82～83 页。

奸之属，串通苗倮，专以捆略男女为事。缘本地既不便贩卖，且不能得价，故贩之他省，而川中人贵，故卖至川者居多。其往来歇宿半潜匿苗寨，沿途皆有窝家，即可免官府之擒拿，又可通汉彝之消息。居则有歇家为之防卫，行则有党羽为之声援，无从盘诘，莫可稽查。极其路径既熟，呼吸皆通，不独掠汉人之丁口，亦复拐苗人男妇，而苗人既堕其术中，遂终为所用。①

显然，川贩被认定为犯罪网络的主要组织者，因而成为集中打击的对象。因此在该年八月的第一次行动中，鄂尔泰重点集中打击川贩。被俘获的数百人中，被认定为主犯的12人中虽然也有苗人，但以潜入苗疆的汉人为主，在逃犯名单中，47名川贩成为官府缉拿的重点。② 四个月后，他们当中的13人被判了斩立决，另外13人被判了绞监候。从鄂尔泰上报的擒获名单中，我们还可以了解到这个网络成员的另一些信息。被判死刑的李奇被认定为该集团的主谋要犯，他与一妻一妾、两个子女长期住在苗寨中，与苗酋关系不一般，也是他鼓动两个苗酋率众反抗营建军营。除他以外，这个网络由三类人员构成。第一类是川贩，包括李奇的亲属网，如他的两个弟弟李林、李和，其妻舅夏文进等，同伙中多川籍人，如四川垫江县人李嵩山，四川重庆府人杨世臣及其弟杨老幺等。第二类是伙同贩卖、负责捆掠男女、护送、窝藏人质的本地苗人，如者贡大寨苗人阿捞、者贡小寨蛮拱寨苗人阿捣，还有其他不同程度卷入其中的苗人季成、季保、长保、计哑、计四等。第三类则是住在苗寨中负责各种接应、传送情报的本省或外省汉人，如举人厉绍远，原籍定番州的陈应甲，原籍江西丰城旅居安顺的饶江、其父饶正胜及其叔饶世昌，还有充当窝家的平远州剁鸡汉人杨擢胡、李鸿杰，参与护送分赃的船户罗老二等。③ 这个网络的成员间要么有亲戚关系，如李奇家族与饶江父子；要么是同乡，如杨擢胡与李鸿杰同属平远州剁鸡人。有的长期住在苗寨，与苗人建立了长时间的交往。参与贩卖的人员有苗酋、苗民、外来

① 哈恩中编《雍正年间整饬贵州川贩史料·云贵总督鄂尔泰为乘机搜获川贩事奏折》（雍正四年八月六日），《历史档案》2009年第4期，第9页。

② 哈恩中编《雍正年间整饬贵州川贩史料·云贵总督鄂尔泰为呈阅已获川贩名单事奏折》（雍正四年八月六日），《历史档案》2009年第4期，第9～11页。

③ 哈恩中：《略论雍正年间清政府对贵州贩卖人口的整饬——以鄂尔泰打击川贩为中心》，《贵州文史丛刊》2006年第2期，第77页。

汉人，也有本省汉人，他们从事的行业也各有不同，有外来的雇工如陈应甲，也有工匠如饶正胜，还有船家如罗老二。

雍正六年九月至次年二月，鄂尔泰对苗疆的人口贩卖展开了第二次打击行动。这次行动至少破获了九处十个人口贩卖网络，抓捕了其中25个成员。[①]

尽管雍正朝的镇压不断，苗疆人口贩卖活动非但没有终止，反而日趋恶化。乾隆三年，贵州按察使陈悳荣的奏报就反映了这种状况：

> 此等川贩俱假贸易为名，来至黔省，勾通本地奸民，共谋捆拐。既有一种窝户，依山为屋，屋后俱有石洞深林，可藏一、二十人，专意窝寓川贩，将难口藏匿其中，积至成群，则纠伙护送，递卖分赃。如平越县之马场坪，湄潭县之永兴场，荔波县之高黑寨等处人家，皆以窝贩为生……近因下游苗变之后，此风愈炽，竟有杀其夫而捆其妻者，杀其父母而捆其子女者，种种案情可骇怪……窃思外来流棍，无此辈为之通线引路，亦何知有可捆可拐之苗口，寻踪于蛮嶂之乡。是窝家倚川贩为生涯，川贩恃窝家为巢穴，虽屡被查拿惩究而未能止息。[②]

要理解清政府整饬苗疆人口贩卖问题的困难与无力，还得从问题的另一个方面加以考虑，那就是苗疆人口贩卖的非法性与清朝蓄奴制度及人口买卖的合法性之间存在的结构性矛盾。

（三）合法与非法之间：解决苗疆人口贩卖方法之暧昧性

清朝的蓄奴制度因为满人政治传统与汉人传统的区别而有所不同。满人政权在统治中原之前，与中亚许多政权模式相仿，属于汗国（khanat）君主制，该制度中奴隶属于君主个人的私有财产。[③] 满洲政权的基础是八

---

① 《朱批谕旨》，转引自张中奎《改土归流与苗疆再造——清代“新疆六厅”的王化进程及其社会文化变迁》，中国社会科学出版社，2012，第130页。

② 任可澄、杨恩元等编《贵州通志·前事志》第3册，贵州人民出版社，1988，第315页。

③ 关于这个问题的讨论，参见 Pamela Kyle CROSSLEY, “Slavery in Early Modern China,” in *The Cambridge World History of Slavery (AD 1420 - AD 1804)* (Cambridge: Cambridge University Press, 2011), Vol. 3, pp. 186 - 214。

旗制度，该制度的结构顶层为皇室宗亲，是世袭贵族阶层；中间为有权拥有武器与奴仆或贵族头衔的军事、行政首领，他们在所管辖的范围内享有军事与某些社会特权，且对汗有纳税服役的义务；八旗制的底层是奴仆，主要来自战俘、罪犯以及投充旗人的平民。

这些奴仆的来源有其历史特征。第一个阶段为天命三年（1618）以前，满人的奴隶大部分来自曾反对满洲统治的其他女真部落，还包括蒙古人、朝鲜人及汉人。其在征服辽东之后，汉人开始成为奴隶的主要来源。第二个阶段为天命三年以后，因为部分战俘获得免于赐予官兵为奴的待遇，主要奴隶便来自罪囚与因生活所迫自愿卖身或卖子女为奴的人，他们多为满人。八旗奴仆分为两大类，一类叫阿哈，负责耕种；一类叫包衣尼亚玛，负责家内仆役。后一类因为是主人的贴身奴仆，与一般奴仆不同，拥有许多特权，如可以充任各级官员，可以参加科考等。[①] 正因为如此，使用源自欧洲的鉴别奴隶身份的“自由”与“非自由”概念，在分析八旗制度中的“奴仆”问题时，显得力不从心。第三个阶段为满人进入中原之后，大批京畿地区的汉人为了自保，带地投充旗人充当奴仆，形成特殊的“旗主汉仆”世袭关系。这些人虽然在经济上有相对独立性，但在人身自由上却是主人财产的一部分，可以随土地被转卖。第四个阶段为雍正改革之后，此阶段以后汉人地区的主奴关系与旗人的蓄奴制度之间的关系还需要进一步研究。

如果说八旗制度中的奴隶来源与主奴关系相对明晰的话，满人入关后所建立的官僚体制，在政治与行政架构上带有明显“满主汉辅”的族群等级特点，这只要看一下《钦定吏部则例》中官、吏、役的结构就一目了然了。这个结构中，官员的基本等级是满洲皇族、旗官、蒙官、汉军、汉官，吏、役基本构成是汉人，而土官属于另类。关于合法蓄奴，满洲皇族拥有的奴仆数量是有具体规定的，如亲王可拥有950名，郡王270名，贝勒215名，贝子170名。[②] 至于满汉官员拥有奴仆的合法数量，笔者目前看

---

① 任桂淳：《清朝八旗驻防兴衰史》，三联书店，1992，第41~42页。

② 左云鹏：《清代旗下奴仆的地位及其变化》，《陕西师范大学学报》1980年第1期，第43页。

到的一条材料是康熙四十一年（1702）壬午五月丙申日御史刘子章的条奏，他针对莅外任官带家口众多的现象，指出“汉人所带有限，汉军有多至数百人者，亦有令旗下闲散人随去者”，提议“禁饬”此弊。[①] 随后吏部议复刘子章的提议，制定数为：

> 凡外任官员所带奴仆，督抚限五十人、藩臬限四十人，道府限三十人，同知、通判、州县限二十人、州同县丞以下限十人，所带仆妇女婢亦不得过此数。至旗员任边疆之事，非汉官可比旗下，督抚家口不得过五百名。其司道以下等官，视汉官所带家口，准加一倍。如违定数多带者，降一级调用。请着为令。其见在各省官员或多带家口者，文到日，限三月内发回原籍。从之。[②]

这条材料显示汉官拥有奴仆的数量在康熙四十一年前是有限的。该年以后按规定，外任满、汉军大员可拥有数百家人，是同级汉官的十倍。另外，汉人为旗人奴仆是很常见的，而“凡八旗满洲蒙古家人不许卖给汉军民人”，尽管“旗下家人将诱来人口藏在家贩卖”是被禁止的，旗人也不准买卖或典卖为奴人犯给外地旗人，[③] 但“旗下人买民”，“无论地方”，只要“着用正印官印信”，即“准买”。[④] 至于蒙古人，相关规定显示，“蒙古等买内地民人出边者永远禁止”，[⑤] 蒙古人不准“互相诱买”，不准“诱买内地之人”，也不准将蒙古人“卖与内地旗人”。[⑥]

除了这些人口买卖的族群性限制，满人还通过《大清律例》限制普通

---

① 中国第一历史档案馆编《清实录·清圣祖仁皇帝实录》卷二〇八，中华书局，1985，第114页。

② 中国第一历史档案馆编《清实录·清圣祖仁皇帝实录》卷二〇八，中华书局，1985，第118~119页。

③ “发遣赏给各省驻防兵丁为奴人犯，除照例不准赎身及不准典卖与别境旗人外，其实有应卖事故欲行典卖者，报明该管官酌量准其典卖与本处旗人为奴。如遇有逃走为匪等事，即将典卖之人照例治罪，原主不坐。如卖与民人并别境旗人为奴者，杖一百，追价入官。”《大清律例·户律·户役·人户以籍为定》，郑秦、田涛校点，法律出版社，1999，第175页。

④ 《钦定吏部则例·户口》卷十八，第97页。

⑤ （清）李宗昉等修《钦定理藩院则例·边禁》卷三十四，海南出版社，2000，第134页。

⑥ （清）李宗昉等修《钦定理藩院则例·略卖略买》卷四十一，海南出版社，2000，第190b~192a页。

汉人与民人，原则上规定民人不准蓄奴，① 不准买卖妻妾、亲属、子孙，② 不准收留、买卖迷失儿童与他人逃亡奴婢，③ 不准诱拐或买卖良人为奴。④ 可见清朝蓄奴的基本原则是，除了四种法定奴源——战俘、罪犯、自愿卖身及卖家人为奴者、奴之后代外，严禁将良民变为奴婢。然而各类相关例文却同时显示出与上述原则相冲突的地方。特别是法律允许自愿卖身或卖家人为奴的情况存在，使得人口买卖事实上是合法的。而有清一代人口合法交易也一直是通过两种方式实现的：一是通过红契与经户部注册的官法认可的方式；二是通过白契，即买卖双方自愿成交并有中人作保的民间契约方式。雍正以后，官方为了有效介入人口买卖市场的管理并增加税收，加强了红契的合法地位。但实际情况是，这种半合法的人口市场的存在使私下的人口交易十分活跃，而且买卖双方都想逃避政府的管理。尤其在南方各地，庶民拥有奴婢的情况十分普遍。笔者所见巴县档案中乾隆朝有关奴婢的民事案件中，很多拥有奴婢者都非达官贵人，有生员，也有孤寡残障人士。⑤

正是这种严格禁止蓄奴与允许自愿为奴的法律空间造成了清廷打击苗疆人口贩卖的失控局面。雍正改土归流政策的推行，在苗疆遭遇到的，一

① “若庶民之家存养良家男女为奴婢者，杖一百，即放从良。”《大清律例·户律·户役·立嫡子违法》，郑秦、田涛校点，法律出版社，1999，第179页。

② “其［和略］卖妻为婢，及卖大功以下［尊卑］亲为奴婢者，各从凡人和略法。”《大清律例·刑律·贼盗·略人略卖人》，郑秦、田涛校点，法律出版社，1999，第405页。“若略卖子孙为奴婢者，杖八十。弟妹、及侄、侄孙、外孙，若己之妾、子孙之妇者，杖八十、徒二年。［略卖］子孙之妾，减二等。同堂弟妹、堂侄，及侄孙者，杖九十、徒二年半。和卖者，减［略卖］一等。未卖者，又减［已卖］一等。被卖卑幼［虽和同以听从家长］不坐，给亲完聚。”《大清律例·刑律·贼盗·略人略卖人》，郑秦、田涛校点，法律出版社，1999，第405页。

③ “凡收留良人家迷失［道路、乡贯］子女，不送官司，而卖为奴婢者，杖一百、徒三年；为妻妾子孙者，杖九十、徒二年半。若得迷失奴婢而卖者，各减良人罪一等。被卖之人不坐，给亲完聚。”《大清律例·户律·户役·收留迷失子女》，郑秦、田涛校点，法律出版社，1999，第180页。

④ “凡设方略而诱取良人，［为奴婢］，及略卖良人，［与人］为奴婢者，皆［不分首从，未卖］杖一百、流三千里；为妻妾、子孙者，［造意］，杖一百、徒三年。因［诱卖不从］，而伤［被略之］人者，绞［监候］。杀人者，斩［监候］。［为从，各减一等］。被略之人不坐，给亲完聚。”《大清律例·刑律·贼盗·略人略卖人》，郑秦、田涛校点，法律出版社，1999，第404~405页。

⑤ 四川档案馆编《清代巴县档案汇编·乾隆卷》，“奴婢”，档案出版社，1991，第504~517页。

方面是要打击遍及各地的跨省人口贩卖网络，另一方面是镇压不断引发的苗人反叛。地方大员面对此两难情况采取了实用主义的解决方法，一方面严格控制汉人人贩子的“非法”介入，另一方面却放宽了买卖贫穷或被俘苗民的“合法”条件。

雍正二年，云贵总督高其倬就建议将苗疆的人口贩卖部分合法化，以便政府加以管理：“黔省境连川楚，奸人勾结，略贩人口为害……客民有买贫民子女者，报官用印不得至四五人，违者，照典贩例科断。”① 此项建议为雍正皇帝采纳，虽未见于雍正三年修订的《大清律集解附例》，但以更详备的方式纂入了乾隆五年修订的《大清律例》：

> 凡外省民人有买贵州穷民子女者，令报明地方官用印准买，但一人不许买至四五人，带往外省仍令各州、县约立官媒。凡买卖男妇人口，凭官媒询明来历，定价立契，开载姓名、住址、男女、年庚，送官钤印。该地方官豫给循环印簿，将经手买卖之人登簿，按月缴换稽查。倘契中无官媒花押，及数过三人者，即究其略卖之罪。倘官媒通同棍徒兴贩，及不送官印契者，俱照例治罪。至来历分明，而官媒措索，许即告官惩治。如地方官不行查明，将苗民男、妇用印卖与川贩者，照例议处。至印卖苗口以后给与路照，填注姓名、年貌，关汛员弁验明放行。如有兵役留难勒索，及受贿纵放者，俱照律治罪，该管员弁分别议处。②

然而，在立法规范外省民人到贵州进行合法人口买卖的同时，清廷持续展开了对苗疆非法人口贩卖的军事打击。雍正三年，康熙朝拟定的下述条例获准继续适用：“贵州地方有外省流棍勾通本地玩法之徒，将民间子女拐去四川、湖、广贩卖，甚将荒村居住之人硬行绑去贩卖，为首者照聚众抢夺路行妇女例立斩。在犯事地方正法。为从者，俱拟绞监候。”③ 十一年后，该条例与另一针对各种窝藏伙同贩卖者的条例获准同时在贵州、云

① 任可澄、杨恩元等编《贵州通志·前事志》第3册，贵州人民出版社，1988，第177页。

② 《大清律例·刑律·贼盗·略人略卖人》，郑秦、田涛校点，法律出版社，1999，第407页。

③ （清）吴坛：《略人略卖人条已删条文》，《大清律例通考校注》，马建石、杨育裳点校，中国政法大学出版社，1992，第754页。

南与四川适用：

> 凡窝隐川贩，果有指引捆拐藏匿递卖确据者，审实，照开窑为首例，同川贩首犯皆斩立决，在犯事地方正法。其无指引捆拐递卖情事，但窝隐、护送、分赃者……无论人数多寡，为首者，杖一百、流三千里；为从，杖一百、徒三年。其邻佑知而不首者，杖一百。[①]

显然在这些立法语境中，官方承认的合法人口买卖与官方打击的非法人口兴贩同时并存。这种并存状况事实上反映了清廷整饬苗疆人口买卖政策的双重性与矛盾性，那就是以强力取缔非法的苗疆人口贩卖网络并以法律的形式成为掌控这个买卖的合法主人。不过，这种情形并非出于改革的原意，而是对苗疆用兵产生的失控局面而导致的权宜之果。

雍正改革引发的苗民反抗使清廷对苗疆展开了长达七年的用兵。这些军事行动的一个直接后果就是将大批被俘的苗民变成了奴隶。仅以乾隆元年（1736）十月牛皮大箐一役的情况为例，就可体会苗民为奴的规模：

> 统计各路临阵斩杀，割有首级、耳级验实者，共一万七千六百七十余名。临阵生擒并顺苗擒献赎罪者，共二万五千二百二十余名，内审系妄称名号或伪属官职首恶要犯，应解省质审结案者，共四百余名口，审明实系拒敌官兵、烧劫村寨、法无可贷，即在军营枭示者，共一万一千一百三十余名。所获逆苗家口，审有稍可矜疑者，即行释放安插外，实系逆犯家属，例应充赏为奴者，共一万三千六百余名口。[②]

将一万三千六百余名战俘充赏为奴，表面上是战绩可嘉，处理起来却问题多多。一是无法将这些苗民分发给旗人为奴，二是分给汉官为奴也因数量过大而无法实现，怎么办？新任贵州总督张广泗在乾隆元年六月就有过专折建议。他首先考虑的是法律程序的适用与否问题。他认为对苗疆用兵时间长，俘获人口过多，按照例行解送到省十分困难，将俘虏留滞军营

---

① 《大清律例·刑律·贼盗·略人略卖人》，郑秦、田涛校点，法律出版社，1999，第407～408页。

② 《张广泗奏军务全竣酌撤官兵折》（乾隆元年十月二十八日），中国第一历史档案馆、中国人民大学清史所、贵州省档案馆编《清代前期苗民起义档案史料汇编》，光明日报出版社，1987，第210页。

之中又会招致其他实际问题，如俘虏口粮紧张、军中士气低落及人贩子云集等：

> 查从前滇黔用兵，如乌蒙、台拱等案内，凡攻克逆寨，俘获苗男妇女，除审系首逆家属，仍解省归案审结，照律定拟，解部给付功臣之家为奴外，其附从叛逆之家属，为数众多，若俱行解部，长途跋涉，必致多有损毙，因即在军营分赏有功弁兵，以示鼓励。但从前用兵，未有如是之久，即所获逆犯家属，亦鲜有如是之多者。军中多留妇女，士气为之不扬，携带既属艰难，口粮不敷兼赡，而且招引川贩棍徒，成群出入营伍，以军营严肃之地，竟为市廛兴贩之场。①

为了避免这些问题，他建议将战俘分赏给有功士兵，但因操作上的实际不可行性又不得不放弃此方案：

> 查各省兵丁素封者少，而贫乏者多，此项分赏人口，原不能自行留养，亦系转售于人。在本省各营弁兵，尚可责令携归本汛，从容售卖，其远来兵弁，继难强其相挈，跋涉同归。即使弁兵等情愿带领同行，而沿途男女夹杂，既失军容，甚非体统。况将来一有旋师之信，势必急遽求售，复至贩棍货买，凌辱作践，深堪悯恻。与其令兵丁等博领赏之虚名，而反添实累，不若令地方官预为代筹其事，使奋勇官兵，既有实济，而逆苗家属，又得生全之为便利也。②

他认为最好的办法是交给条件符合的地方官员代理战俘的转卖事项，以卖得的收益嘉奖兵丁。由于战俘规模日益扩大，他不仅考虑到贵州本省可以买卖安插战俘的区域，也考虑到邻省便于买卖安插的地点。

> 臣再四思维，查黔省上游如遵义、贵阳、安顺、大定等府所属各

① 《张广泗奏将苗民家属安插内地折》（乾隆元年六月十五日），中国第一历史档案馆、中国人民大学清史所、贵州省档案馆编《清代前期苗民起义档案史料汇编》，光明日报出版社，1987，第182页。

② 《张广泗奏将苗民家属安插内地折》（乾隆元年六月十五日），中国第一历史档案馆、中国人民大学清史所、贵州省档案馆编《清代前期苗民起义档案史料汇编》，光明日报出版社，1987，第183页。

地方，俱系倮罗、仲家等夷人，种类既不相同，相距旧巢又远。臣会商督臣尹继善，将所获逆苗家属，分发黔省上游各府州县，沿途支给口粮，解到之后，交该文武官会同查点，选择谨密地方，拨人小心看守，示谕土著人民及本营兵丁内有情愿收领者，或为子女，或为妻小，或留养服役，听其量缴身价，不必定索厚值，总不许卖与川贩人等……乃自搜剿牛皮大箐之后，俘获日益众多，本省上游各府州县，每处多至一二百名，难以再为发往，不得不分发邻省郡县……惟有湖南辰沅一带，贴近贵州镇远地方，由镇远雇觅粮运回空船只，顺流而下，最为捷便。①

虽然张广泗在奏折中没有明确说明这些苗人战俘的标价，但价卖战俘的想法是明确的：

其审系实在逆苗家属，即于赏需项下动支帑银，现行给赏，各按年岁之大小，以定分赏之等差。仍将各逆属分发该地方官查明办理，俟事竣统计给赏之数，于所售价值内扣留还项。如此则土兵人等得受现赏，自必益加鼓励，而逆苗家口亦皆得保全矣。②

不言而喻，贵州与湖南部分地区的地方政府从此充当了变卖苗民战俘的主角。同年十月十二日湖南巡抚许容的奏折表明，张广泗的建议随后成为“黔省剿苗之例”而在湖南得以效仿，而且还透露了变卖苗民战俘的官方定价：

九月十八日奉署抚院批，据协办监纪事务长宝道马灵阿呈详，拿获逆苗家口甚多，地方官监狱窄狭，不但难于收管，且恐疲毙，应请援照黔省剿苗之例，就近分发长宝、辰沅等处变卖充赏缘由……惟是近日军营报获各逆苗家口甚多，且大兵现在并力搜箐，而将来擒获之逆属谅复不少。若必俟结案后始行定拟分赏佥解，诚有如该道所云，

---

① 《张广泗奏将苗民家属安插内地折》，中国第一历史档案馆、中国人民大学清史所、贵州省档案馆编《清代前期苗民起义档案史料汇编》，光明日报出版社，1987，第183～184页。

② 《张广泗奏将苗民家属安插内地折》，中国第一历史档案馆、中国人民大学清史所、贵州省档案馆编《清代前期苗民起义档案史料汇编》，光明日报出版社，1987，第184页。

> 不惟人犯众多，监狱窄狭，难于收管，且拥挤一处，久羁囹圄，难免瘐毙。查从前蒲寅山案内各犯家口，钦奉上谕，着照黔省之例，变卖分赏……
>
> 至变卖价值，亦照黔省之例，苗女苗女孩三岁至五岁者，价银一两。六岁至十一岁者，价银二两。十二岁至十六岁者，价银三两。十七岁至三十岁者，价银五两，三十以上至四十岁者，价银二两，四十岁以上老弱，及一二岁乳哺者，价银五钱。饬令各属按照年岁分别定价变卖，并禁不许奸棍兴贩转卖。其所缴身价，令各州县随时报明，俟办理完毕，统计所获价值，由该管本府汇报候文取解，分赏奋勇兵丁。如此庶附从叛逆之家属，不致淹毙狱底，而奋勇兵弁亦得均沾实惠矣。[①]

这种官府与军队直接参与的苗人战俘之买卖活动使依法控制苗疆人口兴贩问题变得十分暧昧。它不仅无助于刹住泛滥于贵州省的人口兴贩之风，而且扩大了此风的范围。1751年，雍正朝针对贵州的这项条例进行修订，其适用范围扩展至云南与四川，而且量刑进一步加重：

> 凡贵州地方有外来流棍勾通本地棍徒，将荒村居住民苗人户杀害人命，掳其妇人子女，计图贩卖者，不论已卖未卖，曾否出境，俱照强盗得财律，不分首从，皆斩枭示。其有迫胁同行并在场未经下手，情尚可原者，于疏内声明，减为斩监候，请旨定夺。至杀一家三人以上者，仍从复位拟，其用威力强行绑去及设方略诱往四川贩卖，不论已卖未卖，曾否出境，为首者，拟斩立决；为从者，拟绞监候；其有将被拐之人伤害致死者，除为首斩决外，为从者，拟斩监候。若审无威力捆缚及设计强卖，实系和同诱拐往川者，不论已卖未卖，但起行在途，为首者，拟绞监候；为从者，杖一百，流三千里；被诱之人，仍照例拟徒；其窝隐川贩在家，果有指引杀人、捆掳及勾通略诱和诱子女藏匿、递卖者，审实各与首犯罪同，其无指引勾串等情，但窝随

① 《许容奏变卖滋事苗众家口折》（乾隆五年十月十二日），中国第一历史档案馆、中国人民大学清史所、贵州省档案馆编《清代前期苗民起义档案史料汇编》，光明日报出版社，1987，第429～430页。

护送分赃，与仅知情窝留，而未分赃者，仍照旧例分别定拟。云南、四川所属地方，如有拐贩捆掳等犯，亦照贵州之例，行其一年限内拏获兴贩棍徒，并不能拏获之文武员弁，均按人数，分别议叙议处。①

综上所述，打击苗疆人口贩卖的行动至少在三个方面使原有的法律原则失效，显示出清廷在人口买卖原则上的失控。一是对合法蓄奴者身份之规范的失控，因为大量被俘苗人被变卖之后变成法律禁止的庶民家中的奴婢。二是奴婢来源的失控，大规模战俘进入人口市场，使得同时进入市场的奴婢来源的详细甄别出现困难，法律禁止的买良为贱的情况难免伴随战俘市场化的情况出现。三是作为卖身必要条件的自愿原则失效。尽管被俘苗人谈不上什么自愿原则，但转卖手续中是否也要签卖身契？如何签的？是否也有自愿内容包含在契约内容之中？笔者目前没有看到相关苗人买卖契约材料。而契约阙如与本人不情愿两项，原则上都属于不合法的买卖，属于《大清律例》规定的犯罪行为。显然，苗俘进入市场，势必导致出现买卖双方共同违法进行交易的灰色地带，惩罚性奴源与自愿卖身为奴在这里混为一体，冲击的既是市场也是立法原则。

结　论

18 世纪清朝对苗疆的征服，虽然伴随着对部分苗人习惯法的承认，但整个过程体现的是将苗疆彻底纳入大清国法的强制性过程。为了打击苗疆的暴力犯罪，清廷进行了长达一个世纪不间断的对苗人的征伐。征伐主要以惩治苗疆的三类重罪为由，即“聚众抢夺”、“捉人勒索”及跨省人口兴贩。

如果说前两项犯罪基本限制在苗疆境内，而且属于苗人内部的仇杀循环，那么第三类行为就超出了苗人间的恩怨情仇，也超出了苗疆地界，它直接影响的是清王朝在整个西南地区的经济利益与统治秩序。在整饬这一苗疆大患中，清朝立法者面对的双重难题是，既要保证旗人与各级官员的

① 《大清律例·刑律·贼盗·略人略卖人·条例》，http://lsc.chineselegalculture.org/eC/HD-SLXB/2.6.17.286.0。

蓄奴特权，又要严格限制普通汉人拥有奴婢的可能性；既要打击苗疆有组织的人口贩卖，又要使政府参与的苗俘人口转卖行为变得合法。其结果是让非法从事人口兴贩活动的汉人合法进入了兴贩苗俘的市场。

清廷对苗疆的人口兴贩之整饬充满政治与法律的悖论。其结果是乾隆朝以后，西南地区的人口贩卖问题非但没有得到解决，而且愈演愈烈，导致要求解决新问题的条例不断出台。但有一点值得注意，嘉庆以后，新条例的苗疆色彩逐渐减弱，而其地域性或省级特点逐渐凸显，也就是说苗疆被渐渐视为汉地的一部分，在这一点上，清廷的最初设想没有完全落空。

民国监察院：从独立监察机关到“半个议院”

聂　鑫*

摘　要：南京国民政府时期的监察院是颇具特色的独立监察机关，它直接源于孙中山的五权宪法思想。在近代中国的政制试验田里，基于中国传统的独立监察制度和源自西方的议会监察制度互相竞争。经过民国初年的探索与南京国民政府“训政”时期监察院的实践，1946年《中华民国宪法》将美国式的参议院制度与中国传统监察制度熔于一炉，使得监察院无议会之名，却有议会之实，或可称之为“半个议院”。研究会通中国独立监察传统与西方议会制度的民国监察院，至今仍有一定参考价值。

关键词：五权宪法　议会监察　独立监察　“半个议院”

南京国民政府时期的监察院是颇具中国特色的机关，作为当时宪法性文件专章规定的宪法机关，它是南京国民政府中央五院（立法、行政、司法、考试、监察）之一，它独立行使与西方传统三权（立法、行政、司法）并立的重要职权——监察权。监察院具体的组织与职权在南京国民政府的各个时期①也有所不同。

政府官员作为主权者②的代理人行使其管理职能时都会产生“代理成本”（Agency Costs）的问题，因为官员在行使职权过程中可能违法失职，甚至为自身利益而滥权，对于官吏的监察便成为世界各国共同的需要。为

*　聂鑫，清华大学法学院教授。

①　主要是1927年南京国民政府成立后的所谓“训政”时期和1947年施行《中华民国宪法》之后的两个时期。

②　不管这个主权者是专制时代的君主还是民主时代的人民。

此，中国古代创设了御史制度，由独立于其他政府部门的专职监察机关[①]代表天子监督百官，是为独立监察/专职机关监察；而现代西方则是通过民选的议会来监督政府其他部门（人民则通过定期选举监督议会），是为议会监察。近代中国在效法西方、建立近代化的政府体制的过程中如何面对中国的独立监察传统与西方的议会监察制度的矛盾，相应地如何处理独立监察机关与议会的机构设置与职权冲突，更进一步说，议会与独立监察机关能否并存，这些是贯穿整个民国监察制度史的重大问题。

在近代中国的政制试验田里，基于中国传统的独立监察制度和源自西方的议会监察制度互相竞争。在北京国民政府（北洋政府）时期，独立监察制度与议会监察制度（包括整个议会制度）势不两立、非此即彼：在其中大部分时间里是源自西方的议会监察制度压倒、否定了中国传统的独立监察制度；只在袁世凯专权时期有两年多是有独立监察机关（肃政厅）而无国会。[②] 而南京国民政府时期的独立监察制度与议会制度则没有那么势不两立：在南京国民政府"训政"时期，基于中国传统的独立监察机关（监察院）与习自西方的议会（立法院）并行不悖、各司其职，监察权归于监察院，议会则专注于立法等事务；1946年制定的《中华民国宪法》则最终冶中西两种监察制度于一炉，监察院作为独立监察机关兼有美式参议院的特性。

作为独立监察机关的监察院，在组织结构上是否与近代化/现代化的政府体制（首先是议会制度）相和谐，而其存在的现实价值（功能）又如何，这便是本文力图探讨的主要问题。

关于民国监察院，大陆已有不少研究成果。但目前的研究主要集中于史料的梳理与制度的描述，很少探讨监察制度的内在矛盾，也即独立监察制度与议会监察制度、中国传统与西方政体架构的冲突问题。本文便是探讨其内在矛盾的一次尝试。

---

① 御史台，明清后改称"都察院"。

② 或者说是否定了习自西方的国会体制，同时复辟了中国传统的独立监察机关。袁世凯于1914年1月10日解散国会，同年5月，袁氏发布总统教令，在中央设立独立监察机关——肃政厅，它直接对大总统（袁氏本人）负责，类似中国古代的御史系统直接听命于皇帝，而"肃政"之名更可追溯到后周的"肃政台"（即御史台）。肃政厅虽设于平政院之内，但它独立行使职权，不受平政院之监督与指挥。袁世凯倒台后，1916年8月国会重开，而颇有袁氏色彩的肃政厅于1917年被裁撤，又恢复了国会监察的体制。

一　监察院的由来与制度变迁

（一）孙中山五权宪法理论中的监察权

南京国民政府监察院的创设乃是基于孙中山的宪法思想，如果不是孙中山的鼓吹与坚持，中国传统的监察制度（包括考试制度）恐怕很难在近代复兴。

1. 监察机关的独立

孙中山主张监察独立的理由有二：“第一，是比较研究外国民主政治制度后的创见；第二，对于古代监察制度价值与理想性的肯定。”① 早在辛亥革命之前六年，孙中山在东京《民报》周年纪念会上的演讲“三民主义与中国民族之前途”，就提出设立独立于国会之外的监察权（和考试权）等五权宪法构想。他认为监察机关是各国皆必有的，在中华民国宪法中这个机关注定要独立：

> 中国从古以来，本有御史台主持风宪，然亦不过君主的奴隶，没有中用的道理。就是现在立宪各国，没有不是立法机关兼有监督的权限。那权限虽有强有弱，总是不能独立，因此生出无数弊病。比方美国纠察权归议院掌握，往往擅用此权，挟制行政机关，使他不得不俯首听命。因此常常成为议院专制……况且，从心理上说，裁判任命的机关，已经独立，裁判官吏的机关，却在别的机关之下，这也是论理上说不过去的。故此机关也要独立。②

孙中山的演讲批评中国古代御史不过是君主的鹰犬，监察功能不佳，同时也指责欧美国会监察体制下的“议会专制”，并由此推导出监察权（监察机关）必须独立。孙中山的以上论述也并非无懈可击，国会是否一定会滥用监察权以挟制行政机关，造成议会专制？以美国为例，国会是很少使用弹劾权的，但是也不能因此否定议会专权的可能。当时的法国（第

① 陈新民：《中华民国宪法释论》，台北，2001 年自刊，第 713 页。

② 参见“五权宪法学会”编《五权宪法文献辑要》，（台北）帕米尔书店，1963，第 3 页。

三共和国时期）便是议会专权、行政无能，由于政党的分裂与倾轧，屡屡发生倒阁，政局长期不稳，政府效能无法实现。

2. 五权政府中的监察院

在上述演讲中，孙中山对中国传统监察制度尚持保留态度，说御史台不过是“君主的奴隶”；而在其《三民主义》之“民权主义”第六讲中，孙中山则更加理想化了中国传统。把监察权（和考试权）作为中国几千年来独立于皇权的权力，认为这是中国传统的“三权分立”，应用其将美国式的三权分立改造为五权分立：

> 美国独立之后便实行三权分立，后来得了很好的成绩，各国便都学习美国的办法。不过外国从前只有三权分立，我们为什么要五权分立呢？其余两个权从什么地方来的呢？这两个权是中国固有的东西。中国古时举行考试和监察独立制度，也有很好的成绩。……就是中国的专制政府从前也可以说是三权分立的……中国在专制政府的时候，关于考试权和监察权，皇帝还没有垄断，所以分开政府的大权，便可以说外国是三权分立，中国也是三权分立。……我们现在要集合中外的精华，防止一切的流弊，便要采用外国的行政权、立法权、司法权，加入中国的考试权和监察权，连成一个很好的完璧，造成一个五权分立的政府。像这样的政府，才是世界上最良善的政府。[①]

关于立法、行政、司法、考试、监察五权的关系，孙中山设想的不是三权分立之下的分权制衡关系，而是分工合作关系（“五权分立、彼此相维”）。五权政府是一个“万能政府”，它避免了三权政府彼此的倾轧与事务的拖沓；而节制这个“万能政府”的则是代表“全民政治”的国民大会。孙中山的理想是造就一个“人民有权，政府有能”的良善政府，最大限度地兼顾民主与效能。尽管孙中山强调五权之间的关系是合作而非制衡，但不可否认的是，监察权本身便是对其他四权的一种制衡。

3. 监察机关的组成

关于监察机关的组成，孙中山的构想是“监察委员文官化”。他称行使监察权之人员为“监察官”，他们也有高低官等之分，并且必须经过国家统一考

---

① 孙中山：《三民主义》，三民书局，1988，第 173～174 页。

试。中国古代监察官僚体系与其他行政官僚体系类似，历代御史、谏官往往需要经过科举考试的选拔，孙中山的构想大约也受到中国传统的影响。[①]

辛亥革命之后，孙中山的宪法理论并不为人们所青睐。民初制宪者眼中、心中的榜样是美国的总统制或欧洲的内阁制，甚至君主立宪制，很少有人心仪孙中山中西合璧的五权宪法。民国元年，孙中山曾以临时大总统身份提出一个临时政府组织大纲修正案，其中隐含了考试、监察两权独立之意：“临时大总统除典试院、察吏院、审计院、平政院之官职及考试惩戒事项外，得制定文武官制官规。”[②] 但这个提案未被参议院接受。终北洋政府之世，除短命的肃政厅外，监察权并未脱离国会而独立。直到1927年南京国民政府成立后，孙中山的五权宪法思想方由理念变为制度现实，监察院体制才真正在中央得以确立。[③]

（二）“训政”时期的监察院

1928年10月3日，南京国民政府颁布《（修正）国民政府组织法》[④]，确立了五权宪法的中央政府体制，同年11月据此颁布修正之《监察院组织法》，规定监察院职权为弹劾与审计两项，而后者由监察院下属审计部掌理。南京国民政府之所以在党国体制下确定“总理遗教”为最高指导思想，根据孙中山手书《国民政府建国大纲》建立行政、立法、司法、考试、监察五院体制，[⑤] 这一方面是基于孙中山在国民党内无可取代的权威，

---

① 参见陈新民《中华民国宪法释论》，台北，2001年自刊，第718页。

② 转引自常泽民《中国现代监察制度》，台湾商务印书馆，1979，第410页。

③ 1925年8月1日，根据孙中山的思想，广州国民政府成立“军政”时期之监察院。但该监察院职权甚广，不仅限于监察权。“军政”时期监察院的组织及职权可参监察院实录编辑委员会编《国民政府监察院实录（一）》，台北“监察院秘书处”，1981，第30～31页。而广州国民政府并未建立五院体制，更重要的是该政府本身也不是全国性的政权（当时的“合法”政权仍是北洋政府），所以本文略过了这一时期的监察院。

④ 在1947年施行《中华民国宪法》之前的近20年时间里，《国民政府组织法》是南京国民政府在政府组织方面首先的宪法性文件。1931年公布的《中华民国训政时期约法》在政府组织方面则言之不详。

⑤ 1924年1月，《国民党第一次全国代表大会宣言》宣誓国民政府中央政制应“以孙先生所创之五权分立为原则”。同年4月孙中山亲定《国民政府建国大纲》，共25条，清楚地规定了三民主义、五权宪法等建国方略。1929年国民党第三次全国代表大会通过了“确定总理遗教为训政时期中华民国最高根本法决议”。1931年《中华民国训政时期约法》第28条规定：“训政时期之政治纲领及其设施，依建国大纲之规定。”

更重要的是，蒋介石在党内政治斗争中需要借助“总理遗教”的大旗以确立其“正统”地位。监察院便是在这样的背景下由理论变为现实。

从1928年底到1931年初是监察院的筹备期，这段时间的主要工作是监察制度的研究与相关法规的拟定。其间对于人民的申诉，由监察院秘书处收受，根据性质分别转达相关机关处理或者留待监察院正式成立后处理。经过两年多的筹备，“训政”时期的监察院于1931年2月2日正式成立，首任院长为于右任。① 同月，国民政府改原来的审计院为审计部，隶属监察院。根据1928年《国民政府组织法》，监察院设院长、副院长各一人，院长因故不能执行职务时，由副院长代理（第42条）；监察院设委员19~29人，由监察院长提请国民政府任命（第43条）；监察会议以监察委员组织，以监察院院长为会议主席（第44条）。② 监察院成立后，因为案件日多、人员不足，国民政府又多次修正《国民政府组织法》，以增加监察委员名额。

“训政”时期的监察委员，与孙中山学说中经过考试选拔的“监察官”不同，也并非经选举产生。关于其任用资格并无法律明文规定，但实际出任此职的，多为有一定社会地位与名望的“硕学通儒”。监察委员职等为简任官，这在国民政府的官等中与部长同列，中国历代的普通监察官一向是“位卑权重”，从未获得如此高的等级。国民政府还颁布了《监察委员保障法》，对监察委员的职位、言论、人身自由与安全予以充分保障。③ 关于监察委员的任期，在“训政”时期法律并无明文规定，实际上大都终生任职。监察委员不得兼任其他公职，并厉行自律，在1932年1月22日该院第18次会议上，还决议通过监察院人员概不得为他人写介绍书信请托。关于监察委员的个人素质，有学者通过研究指出，他们“可谓是国民政府的政治精英和文化精英，在一定程度上为监察工作提供了人员保证”，其

① 国民政府曾于1928年和1929年先后任命蔡元培和赵戴文为监察院院长，但二人均拒不就任，导致监察院迟迟不能成立。

② 1928年《国民政府组织法》相关条文可参见夏新华等整理《近代中国宪政历程：史料荟萃》，中国政法大学出版社，2004，第788页。

③ 《监察委员保障法》规定：监察委员行使职权时所发表之言论，对外不负责任；非经监察委员本人同意，不得随意调换其工作；监察委员除非被开除党籍（“训政”时期的监察委员均为国民党党员）或受刑事处分，不得免职、停职或罚俸；监察委员除现行犯外，非经监察院同意，不受逮捕、拘禁。

根据是对于当时国民政府监察委员的年龄、学历、学科、经历、籍贯等所作的量化分析：当时，监察委员所受教育程度很高（有出国留学经历的占41%，没受过大学教育的只占1%）、阅历丰富、素质较高；其群体有较合理的年龄与学科结构；区域结构分布广泛，有一定的代表性。①

监察院实行委员制，一切监察程序均由监察委员自主，监察院院长（副院长）只是综理全院事务，不亲自参与、干涉弹劾业务。依前述《国民政府组织法》第44条，监察院会议由监察院院长、副院长、全体监察委员参加，监察院提出各种法律案或法律修正案，均须监察院会议议决。而监察院会议及处务规则，由监察院自定之（《监察院组织法》第13条）。

根据1933年国民政府修正公布之《监察院组织法》第6条，“训政”时期还在地方设立了中央派出监察机关（监察使署）以巡回监察，其长官为监察使，“监察区及监察使巡回监察规程，由监察院定之”。② 监察院会议议决通过将全国划分为十四个监察区，嗣后又改为十六个监察区。1935年6月，苏、皖赣、湘鄂、冀、豫鲁及甘宁青等七个监察区之监察使署先后成立。1936年4月，国民政府公布《监察使署组织条例》，旋准监察院所请，于各监察区设置监察使署。监察使承监察院院长之命，综理全署事务，监察地方、行使弹劾之权。监察使得由监察委员兼任，任期两年，可由监察院调往他区巡回监察。监察区涵盖两省以上者，监察使署则于各省适当地点设立办事处。行署的主要任务是巡查、视察和调查。

（三）监察院制度的变化

1.“五五宪草”关于监察院的设计

“训政”之始的监察院（包括整个五院）体制都是国民党自说自话，而孙中山的五权宪法学说也逐渐被神化为国民党的最高意识形态，到了《中华民国宪法草案》（“五五宪草”）起草的时候，党外的人士才有了参与国是讨论的机会。当时有两个极端的意见，一方承民初制宪者之余音，认为孙中山五权宪法学说不符合欧美宪政通例，监察权还是应该由民意代

---

① 参见刘云虹、李青玉《政治经营与权力监督——1931～1949年国民政府监察委员组成分析》，《东南大学学报》（哲学社会科学版）2006年第3期。

② 《监察院组织法》相关条文可参见夏新华等整理《近代中国宪政历程：史料荟萃》，中国政法大学出版社，2004，第860页。

表（议员）掌理；另一方则认为监察院之设乃伟大的创举，当前的问题不是恢复五权为三权，而是监察院职权太小，监察院不仅应掌理弹劾权，还应将弹劾案的审判权划归监察院。[①] “五五宪草”设计的监察院，对“训政”时期的监察院制度作了较大改动。它实际上折中了辩论双方的意见，一方面将监察委员“国会议员化”，另一方面又赋予了监察院更大的权力。

首先，监察委员的选任与任期发生了变化。“监察委员由各省、蒙古、西藏及侨居国外国民所选出之国民代表、各预选二人、提请国民大会选举之、其人选不以国民代表为限。”（“五五宪草”第90条）其理由是“参议院有监察全国公务员之责任，故监察委员之选举、应顾及地域之分配”。“监察委员任期三年、连选得连任。”（“五五宪草”第91条）其理由是“监察委员任职三年，成绩如何，已可认定，称职者固可连选连任、不称职者亦可藉此改选、且国民大会每三年召集一次，改选亦甚便利”。[②] 监察委员由各省、地方及侨居国外的国民间接推举（由国民选出的国民大会代表推选），每省2人，并由国民大会复决，这明显是仿行美国参议员由每州选举2人的制度；而有关任期的规定也使监察委员变得更像议员了，是为监察院参议院化（国会化）之始。

其次，在宪法草案的审议过程中，有人提出监察院应拥有西方国会的质询权。宪法草案审议委员在讨论中俨然将监察院质询与立法院质询并列，并为监察院的质询权划定了范围：“在未弹劾前，监察院可向各部会提出质询。如认为答复圆满，则毋须弹劾。故监察院向各院部会提出质询，系辅助弹劾案之行使。”最终于宪法草案增加了一条：“监察院为行使监察权，得依法向各院、各部、各委员会提出质询。”（“五五宪草”第88条）[③] 这样监察院变得更像议会了。

最后，监察院除了弹劾、审计权之外，又增加了惩戒权。之前隶属于司法院的公务员惩戒权转由监察院掌理（总统，立法、行政、司法、考试四院院长、副院长的弹劾案由国民大会审理）。也就是说，监察院集公务员弹劾与审查处理之权于一身。其理由是：“惩戒与弹劾相需为用，有如

---

① 参见高一涵《宪法上监察权的问题》，载俞仲久编，吴经熊校《宪法文选》，上海法学编译社，1936，第48～55页。

② 立法院宪法草案宣传委员会编《中华民国宪法草案说明书》，正中书局，1940，第59页。

③ 参见吴经熊、黄公觉《中国制宪史》，商务印书馆，1937，第545～546页。

法院之检察与审判关系，故惩戒以归监察院掌理为宜。”[①] 其实，南京国民政府虽然实行检、审合署，裁撤地方各级检察厅，将检察官配置于各级法院，于最高法院内设检察署，但检察权与审判权仍然是各自独立的，检察官与法官分属不同的系统，这与委员制的监察院兼掌弹劾与惩戒权大不相同。由同一个机关同时行使弹劾与惩戒之权，监察院获得了不受控制的权力，但“五五宪草”并未实行，无法印证其弊。

2. 政协协议与“政协宪草”对监察院的定位

抗战期间的两次宪政运动对“五五宪草”中监察院的部分均未特别关注，直至政协协议，监察院的定位才又发生重大变化，监察院从组织、职权上基本参议院化，只是同时仍行使监察权。根据1946年政治协商会议关于宪法草案达成的十二原则第三项，“监察院为国家最高监察机关，由各省级议会及各民族自治区议会选举之。其职权为行使同意、弹劾及监察权。（同意权指司法院院长、副院长、大法官及考试院院长、副院长、委员等，由总统提名，监察院同意任命。）”[②] 据此制定的“政协宪草”规定：“监察院为国家最高监察机关，行使同意、弹劾及监察权。”（第96条）“监察院由各省、市议会以民族自治区议会选举之。”（第97条）“监察院设院长、副院长各一人，由监察委员互选之。”（第98条）

监察委员由地方选举产生，监察委员对于司法院院长、副院长、大法官及考试院院长、副院长、委员的任命行使同意权，[③] 监察院院长、副院长由监察委员互选，所有这一切都符合美式参议院的样板。至此，监察院不再是一个单纯的监察机关，它基本上参议院化（国会化）了。关于监察院的监察权，“政协宪草”言之不详，其规定的监察院职权为同意、弹劾、监察三项，弹劾并不包括于监察之中，以此推论，在“政协宪草”中，监察院仍保留了“五五宪草”赋予其的惩戒（审理）权（在“政协宪草”司法一章中，司法院掌理权限也未包括公务员惩戒权）。

3. 1946年《中华民国宪法》的“最终”结论

在1946年制宪国大（第四审查委员会）对宪法草案的分组审查过程

---

① 立法院宪法草案宣传委员会编《中华民国宪法草案说明书》，正中书局，1940，第58页。

② 政协十二原则可参见夏新华等整理《近代中国宪政历程：史料荟萃》，中国政法大学出版社，2004，第1092页。

③ 至于对行政院院长的同意权，则由立法院行使。

中，关于监察院有两大争议。其一是监察院是否应当行使同意权，不少人认为同意权应由一个机关（立法院）行使，而非分由两机关（立法院与监察院）行使，这也有利于减少监察院的政治性，维持监察机关之超然地位。第二大争议是惩戒权究竟应交给监察院还是司法院。[①] 如果说惩戒权的归属争议是技术性争议的话，监察院是否应当行使同意权则是政治性的争议。当时的情况是国民党希望维持中央集权的单一制政体，其他党派希望打破国民党一党专政的垄断，实行联邦制的地方自治。而由地方选举产生的监察委员对中央官员行使同意权，意味着地方力量对中央政府统治的介入，这是国民党所不愿意接受的，但是其他党派积极希望促成的。双方在争论中关心的不再是监察职权本身，而是监察院能否代表地方影响中央人事决策的问题。在这里，监察院首先是参议院，其次才是监察机关，其组织、功能首先服务于参议院的角色，而非监察机关的角色。

国民党为了宪法的顺利通过，最终对其他党派作了让步。经过制宪国大综合审查委员会的修正，监察院保留了同意权，但惩戒权则交由司法院掌理。[②] 根据 1946 年《中华民国宪法》，“监察院为国家最高监察机关，行使同意、弹劾、纠举及审计权”（第 90 条）。[③] “监察院设监察委员，由各省议会、蒙古西藏地方议会、及华侨团体选举之。”监察委员名额分配为：每省 5 名，直辖市 2 名，蒙古、西藏、华侨各 8 名（第 91 条）。“监察委员任期为六年连选得连任。”（第 93 条）[④] 从监察院监察委员的选举及其行使同意权的规定来看，监察院为类参议院的机构。监察院职权扩充后，不再仅仅行使消极的弹劾权，而是积极担负起监督政府一般政策的责任了；同意权的行使更增加了监察院的政治性色彩，使之不复为单纯的、相对中立的监察机关。

---

① “国民大会秘书处”编《中华民国宪法之制定》，台北，1961 年自刊，第 47 页。

② 国大相关审查报告参“国民大会秘书处”编《中华民国宪法之制定》，台北，1961 年自刊，第 96 ~ 101 页。

③ 在宪法条文规定之外，监察院还拥有监试权与巡回监察权，前者是监督公务人员考试之权，后者是由监察院在全国分区巡察的权力。

④ 宪法同时规定立法院立法委员任期为 3 年（第 65 条），与监察委员任期相对照，明显是模仿美国众议员任期短而参议员任期长的模式。

（四）监察院的监察职权[①]及其运作

1. 职权

监察院的监察职权主要有三：弹劾权、纠举权、调查权。调查权乃监察院行使纠举、弹劾等权力的前提，它规定于《监察院组织法》第3条：“监察院为行使职权，向各官署及其他公共机关查询或者调查档案册籍，遇有疑问时，该主管人员应负责为详实之答复。”纠举权与弹劾权有类似之处，可以说是简化手续的弹劾。在“训政”时期，监察院成立之初并无纠举制度，到了抗战时期，为适应非常时期的需要，以迅速达成监察的目的，监察院拟定《非常时期监察权行使暂行办法》创设了这一权限。1946年《中华民国宪法》又将监察院于抗战期间为便宜行事而创设的纠举权正式入宪，成为与弹劾权并列的宪法职权之一。纠举之理由在于案件具有紧急性，旨在巡视惩办和救济。纠举由监察委员或地方监察使一人为之，不须连署，更不必交付审查，“充分发挥古代御史单独纠弹之精神”。[②]

2. 运作程序

监察院行使弹劾权的程序分为四阶段：提出、审查、移送、公布。

（1）提出

弹劾案之提案权属于监察委员，监察委员和各区监察使得单独提出弹劾案。监察院院长对于任何弹劾案均不得指使或干涉；弹劾案提出后，不得撤回（《弹劾法》第4、8、9、11条）。弹劾案提出的依据可是人民申诉（《弹劾法》第13条）、各部会或地方最高行政长官送请审查（《公务员惩戒法》第11条）、审计部呈控（《审计法》第15条）、报章杂志揭批（如同古代御史之“风闻弹事”）或监察委员自行调查。

（2）审查

根据《弹劾法》第5条，弹劾案提出后，由提案委员之外的监察委员三人审查，若多数认为应付惩戒，弹劾案即成立。若多数认为不应惩戒，而提案委员有异议，则将弹劾案交付另外五名委员审查，做终局之决定。审查弹劾案的委员最初由监察院院长指定，后改为由全体监察委员按序轮

① 至于同意权和由审计部掌理的审计权在此处则略去不论。

② 常泽民：《中国现代监察制度》，台湾商务印书馆，1979，第166页。

流担任，有回避情节者除外。

（3）移送

弹劾案审查成立后，即由监察院移交有关惩戒机关审理。关于弹劾案的惩戒机关，审理选任政务官及监察委员者为国民党中央党部监察委员会；审理选任以外的政务官者为国民政府政务官惩戒委员会；审理全国荐任以上及中央机关委任公务员者为隶属于司法院的中央公务员惩戒委员会；审理地方政府委任公务员者为各省或院辖市之地方公务员惩戒委员会；审理少将以上军事长官者为中央军事长官惩戒委员会；审理普通军官佐者为军政部或海军部。① 关于弹劾案之审理程序，除政务官与军事长官的审理另有规定外，均按《公务员惩戒法》规定为之。监察院移送之弹劾案，经惩戒机关审理认为确实者，得为以下处分：免职、降级、减俸、记过、申诫。对于涉及犯罪的，移送法院审判。

（4）公布

弹劾案在监察院未经移付惩戒机关之前，应行保密；对于移付之后，监察院可否公布的问题则存在争议。1931年6月监察院第十一次会议上，监察委员田炯锦提议，弹劾案移付后，如果原弹劾人认为应即行公布的，秘书处应将该案公布。该提议获得院会通过。此后，弹劾人及监察院为了引起国人注意，形成反对被弹劾人的舆论，常常于弹劾案移付惩戒机关后将弹劾文在报章上予以公开，这对国民党当局形成很大的舆论压力。1934年，国民党中央政治局会议决定限制监察院的公布权，监察院院长于右任为此愤而辞职返乡，以示抗议。不久之后，上述限制决议就被取消。②

至于纠举权的行使程序，根据《非常时期监察权行使暂行办法》第2条规定：“监察委员或监察使对于公务人员违法或失职行为，认为应速去职或其他急速处分者，得以书面纠举。”纠举案须交由监察院院长审核，再向被纠举人主管长官或上级长官提出；监察使于监察区内行使纠举权，于呈报监察院的同时直接向被纠举人主管长官或上级长官提出。纠举案提交给被纠举人主管长官或上级长官后，相关长官须立即决定裁撤或给予其

① 参见《监察院公报》第21期所载《惩戒机关一览表》及《军事长官惩戒委员会会务规程》。

② 以上史实参见常泽民《中国现代监察制度》，台湾商务印书馆，1979，第159～160页。

他处分；如认为不应处分的，应说明理由并立刻回复。若相关长官在收到纠举案一个月内不处分也不说明理由，或虽回复却缺乏正当理由的，监察院可以不经一般弹劾案的审查程序直接将该纠举案转为弹劾案，移付惩戒机关。上述相关长官于被弹劾人受惩戒时，应同负责任。

3. 实效

监察院成立之初，社会上关于监察职权行使的实效有两种观点。一派认为在国民政府的黑暗统治下，监察院只是政治的点缀，无法真正发挥实效，监察委员只能小打小闹地抓些小赃官，而不敢撼动当权派。这派的代表人物是蔡元培，作为国民党内的元老，他被任命为首任监察院院长，可他坚决不肯就任，还说“监察制度在民主国家，发挥过相当作用，可是在豺狼当道安问狐狸的局面下，有什么可为呢?”另一派则以监察院院长于右任为代表，以“明知其不可为而为之”的精神，兢兢业业地努力，在独裁者的压力下“假戏真做”，也取得了一定的成绩。于右任是在国民政府先后任命的两位院长（蔡元培和赵戴文）均不肯就任，监察院迟迟不能组建的情况下就任监察院院长的，直到1949年国民政府垮台，他一直担任监察院院长。于右任就任后积极创建监察机构、制定监察制度、清理多年积案，他还提名了不少仗义执言的人担任监察委员以行使弹劾权、监督各级官吏。监察院设立之初就弹劾了两名县长，社会上赞赏之余也有“监察院只拍苍蝇不打老虎”的舆论。于右任则表示说：“一个苍蝇，一个老虎，只要它有害于人，监察院都给它以平等待遇。”这表达了他察小吏也察大官的决心。① 就在之后的1933年，监察院真的打了一批“老虎”，当年被弹劾的省主席就有6名，他们分别受到申诫、撤职和送交刑事机关查处的处分。事实上，监察院先后弹劾过不少权贵。例如1932年行政院院长汪精卫与日本签订了卖国的《淞沪停战协定》，监察院以未依据法定程序将协定送立法院审议便与日本人签约为由弹劾汪氏。监察院还曾弹劾司法院院长居正利用职权贪污失职和立法院院长孙科违法失职。② 1947年2月，因为当时的行政院院长宋子文和中央银行行长贝祖贻制定黄金政策不当，导

① 以上蔡元培和于右任的言论参见徐矛《于右任与监察院——国民政府五院制度掇要之二》，《民国春秋》1994年第2期。

② 相关史实可参见孙学敏《南京政府监察权的行使及其评价》，《辽宁大学学报》（哲学社会科学版）2005年第6期。

致震撼全国的“黄金风潮”，监察院对宋子文和贝祖贻提起弹劾，宋子文在弹劾书提出的前一天即辞职，贝祖贻则受到相应处分。[①] 此外，监察院还弹劾过外交部部长王正廷、铁道部部长顾孟余、东北边防司令张学良，更弹劾过多名次长、省主席、省府委员、军团司令、军长等要员。

从数据上看，从1931年监察院开始行使职权至1936年6月，监察院共成立弹劾案件727件，弹劾官员1337人（其中军人27名），这其中又包括了选任官[②]1名，特任官15名。[③] 从1937年到1947年12月25日《中华民国宪法》施行之前，监察院总计弹劾1524人（其中军人110名），其中包括选任官1名，特任官9名，将官18名。[④] 从1948年到1949年，监察院共成立弹劾案71件，弹劾官员115人，其中包括弹劾“东北剿总司令”卫立煌使其失职。[⑤] 综合以上数据，南京国民政府时期监察院成立之弹劾案可谓不少，而且弹劾了不少要员，包括两名行政院院长（汪精卫和宋子文），以及多名部长、省主席和军队的将官。就数据而言，监察院确实做到了于右任所谓的“既打老虎又打苍蝇”。

当然，监察院提出弹劾并不等于被弹劾者事实上受到了惩戒，惩戒权属于惩戒机关，而非监察院。事实上，在蒋介石独裁统治以及整个国民政府贪腐的大气候之下，很多弹劾案常常不了了之，其中特别是“打老虎”的大案往往困难重重。例如，1932年监察院弹劾汪精卫卖国，汪精卫便以辞职相要挟，在蒋介石的干涉下，该案最后不了了之。1933年，监察院弹劾汪精卫的亲信铁道部部长顾孟余在向外国购买铁路设备时有丧权舞弊行为，并向社会公布了案情。顾孟余不但未受到惩戒，汪精卫还通过国民党中央政治会议常会作出决议，通过了对《弹劾法》的补充办法，限制监察院公布案情的权力，以打击报复监察院。在这两个事件中，监察院院长于

① 该案史实参见徐矛《于右任与监察院——国民政府五院制度掇要之二》，《民国春秋》1994年第2期。

② 根据国民政府官制，五院院长和总统为选任官，部长为特任官。

③ 统计数字参见钱端升等《民国政制史》上册，上海世纪出版集团、上海人民出版社，2008，第279页。

④ 统计数字参见傅启学等《中华民国监察院之研究》，台北，1956年自刊，第227页，转引自常泽民《中国现代监察制度》，台湾商务印书馆，1979，第144页。

⑤ 参见陶百川《比较监察制度》，三民书局，1978，第456～458页，统计数字根据该书提供数据计算而得。

右任都以辞职相抗议，但收效甚微。尽管对监察院公布案情的限制后来取消了，但汪精卫和顾孟余都逃脱了惩戒，弹劾的目的没有达到。[①] 有不少人据此认为监察院只有弹劾权而无惩戒权，无法真正达到监察的效果，所以应将惩戒权也划归监察院，南京国民政府时期和今天都有这样的意见。[②] 而正如上文所述，“五五宪草”时期的确也尝试在宪法上做这样的职权调整，但1946年最后通过的《中华民国宪法》依然维持了弹劾权与惩戒权分离的原状。其中的原因可能有两点。其一，在现代司法的分权原则之下，起诉与审判权必须分离，否则很容易造成裁判者的专制。监察权其实是一种类司法的权力，也应遵循这一分权原则，将弹劾权与惩戒权（审理判决弹劾案的权力）分离，可以避免监察院的专制独裁。赞成弹劾权与惩戒权合一的观点只看到了弹劾案交付惩戒机关后不了了之的弊端，而忽视了集弹劾权与惩戒权于一身的监察院容易造成冤案的危险，毕竟监察官不是圣人，他们可能会偏听偏信、判断失误，甚至党同伐异。其二，在任何时代的任何国家，监察官并非最高主权者，在中国古代，最后的裁决者是皇帝，在现代民主社会，最后的裁决者应是人民（或者由人民选举产生的权力机关）。纵使监察院集弹劾权与惩戒权于一身，它事实上仍然受制于“高权者”，因为它既不掌握军权也不掌握财权。在国民政府之下，（假设掌握了惩戒权的）监察院如果就弹劾案作出违背最高统治者意志的判决，该裁决将很可能无法执行，监察院本身甚至有遭到当权者报复的危险，上述顾孟余案中汪精卫的报复就是一个例子。

其实独立监察机关与源自西方的议会一样，其运作的好坏不仅取决于该机关自身的制度与人员素质，还受制于一国总体的政治文化背景。在蒋介石独裁统治、吏治不佳的大背景下，监察院的监察效果必然受到很大的制约，但是我们不能忽略监察院所作出的成绩（它毕竟弹劾了大量官吏，使其中不少人受到惩戒，也造成了一定的社会影响），更不能因此否定独立监察机关的“存在合理性”。

① 汪精卫和顾孟余弹劾案参见徐矛《于右任与监察院——国民政府五院制度掇要之二》，《民国春秋》1994年第2期。

② 参见高一涵《宪法上监察权的问题》，载俞仲久编，吴经熊校《宪法文选》，上海法学编译社，1936；张本顺《训政时期南京国民政府监察权力运作低效之原因探析》，《开封大学学报》2002年第2期。

二　监察院在近代中国的“存在合理性”

尽管对“存在即合理”这句话不可全信，但既然一个机关、一种制度在中国几千年长期存在，在国外也有类似的成功案例，我们便不得不认真对待之、研究之，而不能断然否定独立监察机关（制度），斩断其与历史、社会的联系。

（一）中国的独立监察传统

中国的监察制度源远流长，尧舜时代便有贵族民主监察制度，与西方古代贵族民主制度有类似之处。但中国特色的传统监察制度，则是萌芽于夏商周、成于秦、大行于汉、绵延于后世的御史和谏官制度。御史代表君主监督百官、巡查全国、整饬法纪，以巩固君权为根本目的；谏官（言官）的职责则是规谏帝王的德行和施政，以矫正朝政阙失。御史“所察者为法律问题”；而谏官矫正朝政阙失，“所察者则为政治问题”，这与西方现代议会制度有类似之处，尽管其本质迥异。[①] 总的来说，古代中国独立监察制度在世界上独树一帜，御史纠弹官邪、谏官规正君主，在一定程度上替代了近代以来西方国会监督政府的职能，为我国两千年帝制下之闪光点。但是，随着君主集权的一步步深化，台、谏渐趋合一，监察官只察小奸小恶，不敢“打老虎”，更不能“逆龙鳞”，反倒在一定程度上沦为君主的鹰犬与政治斗争中的打手，是为监察制度之沉沦，究其缘由，数千年的君主专制是其根本原因。专制的帝王必然不能容忍臣下对其绝对权威的侵犯，所以谏官制度渐趋消亡，谏官也为御史系统所合并；而作为君主鹰犬的御史也不能独善其身，最终成为权臣的附庸与党争的罪魁。[②]

尽管中国古代独立监察制度在君主专制之下逐渐丧失活力，但并不能因此否定其存在价值。在推翻君主专制之后，监察制度这一老干新枝完全可能去除其受制于独裁者的弊病，进一步发挥传统固有的独立监察效用。

---

① 参见萨孟武《中国社会政治史（三）》，三民书局，1995，第 291 ~ 293 页。谏官与议会之不同在于谏官由君主任命、受制于君主，而议会由人民选举产生，代表人民监督政府。

② 甚至有人总结说，明朝“半亡于言官”。参见萨孟武《中国社会政治史（四）》，三民书局，2003，第 440 页。

（二）西方的相关经验——瑞典的议会监察专员制度

欧美议会的监察权，特别是弹劾权等硬性权力往往是备而不用的，议会最主要的职能还是立法。一般情况下，议会通过立法权的行使已足以制衡行政权，如果再常常挥舞弹劾的大棒，就会形成议会专制，这样立法部门与行政部门都无法正常运作。以美国为例，其立国200多年来只有13件弹劾案，而其中获参议院通过的仅有4件。如何才能更适宜地行使监察权？瑞典的（议会）监察专员（Ombudsman，也有人译作“监察长”）制度提供了一个全新的选择。它几乎是最为外人所知的瑞典制度，“Ombudsman”这个词本身作为外来语也丰富了英语的词汇。“最早设立议会监察专员的意图是：要建立一项独立于政府的、监督政府官员履行职责的制度。”① 关于监察专员行使职权的方式，传统上其是扮演公诉人的角色，一旦发现其监督的官员行为不轨，可向法院提起公诉。如果官员的违法范围属于纪律处分的范围，监察专员可向有权作出纪律处分的公权机关提出报告而非起诉。对于被认定有犯罪行为或多次渎职行为的官员，如果监察专员认为应解除或暂时剥夺其公职，则可向有权处罚机关提出报告；如果监察专员不满有关机关的决定，还可将该案提交法院要求改判。②

瑞典的议会监察制度在20世纪上半叶先后移植芬兰、丹麦和挪威等北欧国家，后来逐渐发展成一种北欧的“出口产品”。目前，全世界约有60个国家设有与瑞典议会监察专员职能接近的职位。作为与中国传统监察制度最为接近的西方监察制度，它对于民国监察院的创设也有一定的正面影响。

1978年，国际监察专员组织（International Ombudsman Institute，IOI）成立。目前已有超过110个国家或地区成为该组织会员，它们均采行独立监察制度。尽管各国（地区）监察机关的名称、组织及职权有所差异，但其基本特点均在于监察机关独立行使职权，以避免权力专制与腐化。“监察权是否得以伸张，其超然独立之特性为首要之条件，多年来世界各国，为求能独立与超然行使监察权，亟思将其排除于国会影响之外，在人选产

---

① 参见〔瑞〕本特·维斯兰德尔《瑞典的议会监察专员》，程洁译，清华大学出版社，2001，第3~6页。

② 参见〔瑞〕本特·维斯兰德尔《瑞典的议会监察专员》，程洁译，清华大学出版社，2001，第26~27页。

生方面，容有国会之适度参与，然在监察权之运作上，无不竭尽心力，脱离国会之干预，北欧国家监察权之运作，采用独立于行政、司法、立法以外的设计，即在避免监察权力之行使受到掣肘。”①

（三）近代中国的现实需要

从孙中山五权宪法理论提出直至今日，反对设立监察院（同时也是反对孙中山五权宪法理论）的声音不绝于耳，其主要的理由便是中西政治传统完全相左、独立监察机关与议会制度根本不能相容，将中国传统独立监察机关与西方传统的三权政府体制嫁接可谓不伦不类。于是有人说“三权已足，五权不够”（唐德刚语），也有人称“五权宪法”为“龙的宪法”（李鸿禧语，意为五权宪法乃画蛇添足）。但事实上并非如此。

惩处、遏制官员腐败，实现政治清明是中国古代政府十分重视的问题，与之相应的独立监察制度也有数千年的历史。辛亥革命之后的近代中国政府引进了西方的议会监察制度，人们同时也对中国传统的监察制度念念不忘。不管是北洋时期的肃政厅（属平政院），还是基于孙中山五权宪法学说的监察院，都是对中国古代独立监察制度的回归。贯穿整个民国监察制度史的一大矛盾便是如何平衡中国传统监察制度与源自西方的议会监察制度，也即处理监察机关与议会的机构设置与职权冲突。

近代中国的监察制度经历了一个从中西截然对立、非中即西到亦中亦西、中西融合的过程，“西化”也好，“融汇中西”也好，都有一个“过犹不及”的问题。辛亥革命之后草创的中华民国全面学习了西方的现代政治制度，建立了新式的立法、行政、司法机关，监察职权起初也依照西方议会监察的传统交由议会行使，废除了中国传统的独立监察制度。可是北洋时期的国会功能不彰、监察不力，而中国独立监察制度又影响深远，在袁世凯当权的时期就发生了传统御史制度（肃政厅）的复辟。北洋时期照搬西方议会民主宪政的模式非常不成功，继之而起的南京国民政府遵循孙中山的五权宪法学说，将西方传统的“三权”加上中国传统的“两权”（监察、考试），五权（五院）并立，监察院与立法院各司其权，独立监察机关与现代立法机关和谐并存，政府体制亦中亦西。而1946年制定的《中华民国宪法》最后定

① 参见《监察院报告书》，台北，自刊，2007，第9~10页。

位的监察院，则是冶中西监察制度于一炉。监察院除行使监察职能外，同时拥有了美式参议院的职权，其组成也类似美国参议院。

由于中国历史悠久的御史台独立监察传统，我们往往容易忽略孙中山五权宪法所规划的监察院的现代国会色彩。在欧美议会传统下，对于官员的监察权（包括弹劾权）是议会的重要权力之一。可是，北京政府时期的国会议员完全没有“相忍为国”的意识，倒阁乃至非法决议拘捕内阁成员都是家常便饭。“愚为中国内阁更迭史毕，不禁废书而三叹曰，近时政象，何与有明崇祯亡国之时，同一辙耶。崇祯十七年间，更易宰相，多至五十余人，今自宣统三年迄今，为时仅十四稔，而内交更迭，已达三十七次。……政治败坏若斯，时局糜烂日甚，国内贤达才智之士，复相率独善其身，不愿侈谈国事。”[①] 崇祯年间内阁及朝廷政策的反复无常与御史、谏官“深文弹劾”、打击异己有很大的关系，故而有人说“明祚之亡，言官要负一半责任”；[②] 我们同样可以说，民国北京政府政治的败坏，“只会捣乱”的国会也要承担一半的责任。以民国北京国会之经验（教训），孙中山将弹劾监督权从立法机关中分离出来，交给监察院，不欲立法机关“如虎添翼”，可说是有先见之明。以“总理遗教”为基本指导思想的南京国民政府成立后，包括监察院在内的五院也相继成立。在监察院成立的同月，国民政府改原来的审计院为审计部，隶属监察院，由此在组织上实现了审计权独立于立法、行政机关。到20世纪30年代“五五宪草”起草的时候，有不少人认为监察权还是应该由民意代表（议员）掌理。[③]“五五宪草”相应地对“训政”时期的监察院体制作了较大改动，将监察委员“国会议员化”。到1946年《中华民国宪法》拟定时，监察院不仅在监察委员的选任方式上更加参议院化，[④] 监察委员任期6年与立法委员任期3年相较长了一倍，这也凸显了监察院的参议院特性。更重要的是，监察院作为

① 谢斌：《民国政党史》，章伯峰整理，中华书局，2011，第164页。

② 参见萨孟武《中国社会政治史》第4册，三民书局，1975，第440页。

③ 参见高一涵《宪法上监察权的问题》，载俞仲久编，吴经熊校《宪法文选》，上海法学编译社，1936，第48~55页。

④ 根据1946年宪法第91条：“监察院设监察委员，由各省、市议会，蒙古、西藏地方议会及华侨团体选举之。其名额分配依下列之规定：一、每省五人；二、每直辖市二人；三、蒙古各盟旗共八人；四、西藏八人；五、侨居国外之国民八人。”法条参见夏新华等整理《近代中国宪政历程：史料荟萃》，中国政法大学出版社，2004，第1111页。

国会第二院，除了传统的监察权外，开始如民国初年王宠惠的规划[①]一般，对于重要独立机关的组成人员——如掌理司法权与宪法、法律解释权的司法院院长、副院长、大法官，以及掌理公务员考试及人事行政权的考试院院长、副院长、考试委员——行使人事同意权，这些都是当然的国会权力。由地方选举产生的监察委员对于中央官员行使同意权，意味着地方力量对于中央政府统治的介入。由此，监察院充分参议院化，它首先是参议院，其次才是监察机关；其组织、功能首先服务于参议院的角色，而非监察机关的角色。当然，对参议院化的监察院来说，其作为国会的权力仍无法与立法院相提并论，只能算是阿克曼所谓的“半个议院”。[②]

结　论

诚如王伯琦先生所说：“一个民族应当有他的自尊心，哪里肯说自己样样不如他人呢?”[③] 就制宪而言，近代中国固然是后来者；但宪制的规划本来就没有包打天下的、永恒的理想范式，作为“后学”的中国制宪者未必不能在选择性移植西方制度的同时，结合中国实际有所创造。就国会两院制与国会监督问题而言，时至今日，在西方世界并没有统一的答案，甚至可说是矛盾重重。近代中国在中西结合的五权宪法新范式下，以立法院为首要的议院，以监察院作为准参议院，并辅以国民大会作为准公民投票机制制约议会主权；这与后世阿克曼提出的“一个半议院”方案不谋而合。与此同时，制宪者在单一制国家结构的基础上，通过“一个半议院”的模式兼容了联邦制国家参议院的因子，这也是一种有益的尝试。

关于监察院的争论，从根本上说是中国现代化过程中如何对待传统文化与西方文化的问题。主张废除监察院（独立监察机关）的根本态度是中西政治文化传统完全不能相容，独立监察机关代表着落后、专制的皇权政治的遗产，对其应当加以摒弃。但事实上，中国传统的独立监察制度有其

① 参见王宠惠《中华民国宪法刍议》，王宠惠著，张仁善编《王宠惠法学文集》，法律出版社，2008，第 16 ~ 17 页。

② 参见 Bruce Ackerman，“The New Separation of Powers，” *Harvard Law Review*，Vol. 113，No. 3（Jan.，2000），pp. 633 – 729。

③ 王伯琦：《近代法律思潮与中国固有文化》，清华大学出版社，2005，第 62 页。

闪光点，西方议会制度与其完全可能并行不悖，瑞典监察专员制度的实践及其在世界范围内的广泛实践也证明了这一点。更何况独立监察传统已经深深植根于中国的政治文化之中，独立监察机关在中国政治体制中有其历史惯性。从历史看，除短暂的北洋时期之外，独立监察机关（制度）始终保持了旺盛的生命力。

监察院的弊端与功能不彰并不构成废除独立监察制度的理由。弊端可以通过制度改革来革除，[①] 监察功能更可以通过技术性的手段加以提升。更何况，监察功能（不管是独立机关监察还是国会监察）的发挥受到政治社会大环境的制约，仅靠监察机关而无民主法制不可能保障政治的清明。我们没必要过高估计监察机关的能量，也不能把吏治的好坏完全归因于监察制度（机关）本身。民国监察院在监督官员违法失职方面取得了一定成绩。其具体制度，比如监察委员的选任与职务保障、监察机关的内部运作、分区巡回监察制度等方面，也包括其历次体制变革的利弊得失，至今仍有一定的参考价值。

---

① 具体制度包括监察官的选任、监察机关的职权与内部机构设置、地方巡查制度等。

法律文化

中国古代法官职业道德探源与启示

王　立*

摘　要： 中国传统文化对道德的重视远超其他文明，无论是作为中国本土文化滋养形成的儒道两家文化以及经本土化之后的佛教文化，其德行教化养成都极具共性。教养就是学养，教与学的内容、范围、核心及行为准则紧密结合仁义道德展开。“学而优则仕”，荐选官员、九品中正制取任考核官员，以及科举任官，无一不把道德养成列为重中之重。中国吏治文化与士人文化同源一体，“学”为致优之途，“优”为入仕之途，故而官场道德养成文化实质上是围绕“修身立德成仁致仁”演绎开来的，修身、正己、成仁就是立德，也是传统中国处事治世、为官理政之本。

关键词： 中国古代法官　职业道德　传统文化

为担当国家司法职业使命，履行国家司法审判职能，解决社会矛盾和纠纷，维护社会公序良俗，法官必须具备高尚的职业道德，德才兼备，以德统才。司法职能越职业化就越专业化，越专业化就越要加强法官职业道德建设，以确保司法审判的职业发展方向、职业权威形象、职业社会影响，巩固司法审判的社会公信力。在中国古代社会，无论审判作为官员的社会治理职能，还是法官作为官员的组成部分，中国历朝历代都十分重视官员职业道德建设，并积累了丰富经验，创造了大量制度，形成了体系机制，设立了系统规范，成为中华优秀传统文化的重要组成部分。这笔宝贵的职业道德财富，对新时代法官职业道德建设和中国特色社会主义道德文化制度建设具有很高的参考价值。

* 王立，国家法官学院教授。

在中国古代，传统文化对道德的重视远超其他文明，无论是作为文化源头的易经文化，还是长期影响朝野两端的道儒两家文化以及本土化的佛教，其德行教化养成都是极具共性的。教养就是学养，而教与学的内容、范围、核心及行为准则总概不离仁义道德。“学而优则仕”，荐选官员、九品中正制取任考核官员，以及科举任官，无一不把道德养成列为重中之重。中国吏治文化与士人文化同源一体，“学”为致优之途，“优”为入仕之途，故而官场道德养成文化实质上是围绕“修身立德成仁致仁”演绎开来的，修身、正己、成仁就是立德，也是中国古人处事治世、为官理政之本。

一　中国古代法官职能形态与职能道德养成

德治形态下的中国古代法官职能道德。中国古代国家治理形态总体而言属于德治形态。在治国思想上表现为以德为体，礼主刑用；在吏治架构上表现为诸职合官，一官多能；在制度设计上表现为诸法合体，德主刑辅。放在职业的语境下，教化、立法、行政、司法均不属独立的职业，只是“官”的职能之一，一体简约为“官”的职能总合，也就是说，只有“官”才能独立构成职业，教化、立法、行政、司法都只是官的具体职能。现今所言法官职业道德，在古代中国，不仅深刻地根植于“官”的职业道德之中，而且基于“官”这个职业理事断案的主要职能而表现为“官”的职业道德主要内容。当官理事断案的官德，就是纳法官职能入“官”而形成的法官职能道德，也就是现今意义上的法官职业道德。

中国古代法官的职能形态与职能道德。由于在长期的奴隶制、封建制的政权构想与政治架构设计中司法审判功能寓于行政职责之中，形成行政、司法合体的“复合式”政权职能机制，法官作为独立的职业不复存在，但审判职责仍然十分强大，甚至是一些地方治理的重要职能乃至主要职能。在世俗甚至士人看来，人们提到“衙门”，首先想到的不是别的，而是“告状”、“打官司”；提到地方官员，首先想到的是“理狱”、“判案”；提到好官，首先想到的是“青天”。可见在那样的时代，法官职业形态为审判职能形态所取代，并与行政职能一起共同构成“官”这个特殊的职业，故而，官德，即“官”的职业道德，是由行政职业道德和法官职业道德“复合”而成，合二为一。这个时代的特性决定了中国古代经历了一个漫长的官德即行政职业道德和法官职业道德的建设发展时期。严格地讲，法官职业道德早期表现为审判职能道德，行政职业道德同样也相应地表现为行政功能道德，由“复合”而成的两大职能道德共同造就了仕途品德——官德。

在古代中国的架构中，没有专门的法官职业，法官的职责由行政官员来履行，这也就是我们常说的行政官员兼理司法。因此，对于行政官员职业素养、业务水平的要求，无不体现着古代法官职业道德的基本要求。中国古代社会长期以来对道德建设十分重视。特别是在私德与公德的辩证关系上溯源论道，探幽发微，成就斐然。《论语》、《孟子》、《大学》、《中庸》、《尚书》无不标榜德行，忠信笃敬、温良恭俭让、知止慎独、存心养性，数千年来倡行不辍。先秦以降，历朝历代都很重视吏治，对官吏职业道德要求相当严厉。

在官德中起决定作用的，一以贯之的是私德。从官德状况不难看出，法官职业道德抑或是行政职业道德，自始至终强调的就是构建在私德基础上的官德，私德是核心。一是道德修养理想建立在个人修养基础上，如“修身、齐家、治国、平天下”以“修身”为前提，“内圣外王”以“内圣”统驭“外王”。二是在礼治形态上强调“谦卑”，以遵礼守制为基点。三是在官吏选任上“尚德”，封建时代经典的“任官三制”，不管是荐选制、九品中正制，还是科举制，都遵循德才兼备、以德为先的原则。四是道德教化修养的“蓝本”皆以个人修身为第一要务，“四书”、“五经”、“六艺”、“九经”、“十三经”以及科举的“分科取士”，都把强调重点放在个人品性以及建立在个人修养基础上的认知能力和判断能力上。农耕时代，中国思想家甚至把官员私德的重要性提到治政乃至立国之要的高度，其理性认识价值显然突破了一般意义上的吏治，并且上升到了对君主私德的要求上。左丘明的“三不朽”论断也将德置于第一高位，“太上有立德，其次有立功，其次有立言。虽久不废，此之谓不朽”。[①] 司马迁提出：“国君强大，有德者昌；弱小，饰诈者亡。”[②] 进而提出治国四大方略“太上修

① 《十三经注疏·左传·襄公二十四年》，中华书局，1980 年影印版，第 1979 页。

② （汉）司马迁：《史记·天官书》，中华书局，1959，第 1351 页。

德，其次修政，其次修救，其次修禳，正下无之”，[①] 其中修德为第一要务。赵鼎后来总结出“惟以束吏恤民为务。每言不束吏，虽善政不能行。由是奸猾屏息”[②] 的论断。

古代中国历来都把“进德修业臻于至善”作为君子为人处事、做官治世的终生学问。作为中国儒家的经典著作和修德教义的“四书五经”对此有着极其丰富的阐释，对官员的职业生涯影响尤为深刻。据记载，大禹对帝舜提出“德惟善政，政在养民”。[③]《周易 · 乾卦》说：“君子终日乾乾，夕惕若厉，无咎。”[④]《大学》开宗明义就有这样一句：“大学之道，在明明德，在亲民，在止于至善。”[⑤]《尚书》中记载，先秦时代，行政官员在担任行政职务时，处理问题必须避免五过之疵，即“惟官”、“惟反”、“惟内”、“惟货”、“惟来”。[⑥] 秦朝时则认为“凡良吏明法律令，事无不能殹（也）”；[⑦] 并明确规定“凡为吏之道，必精絜（洁）正直，慎谨坚固，审悉毋（无）私，微密韱（纤）察，安静毋苛，审当赏罚”；[⑧]“吏有五善：一曰中（忠）信敬上，二曰精（清）廉毋谤，三曰举事审当，四曰喜为善行，五曰龚（恭）敬多让。五者毕至，必有大赏”。[⑨]

值得一提的是宋朝时许月卿所撰《百官箴》中的“大理箴”，其中专门阐发了法官在审理案件时应当持有的态度和做法，可以说是在历朝历代大量“官箴”中对古代官吏职业伦理，抑或是法官私德梳理总结的集大成者：

> 千载称贤，汉张廷尉，仁哉文帝，故能用之。为政在人，取人以身，移风易俗，黎民孔醇，几致刑措，岂无所自，考释之语，恶刀笔吏，曰亟疾苛察，秦是以亡，恻隐之实，过失不闻，举措击风化，不可不谨。帝善其言进，进吾仁，故其为廷尉，不以一辈子喜怒易其

---

① （汉）司马迁：《史记 · 天官书》，中华书局，1959，第 1351 页。

② （清）陈宏谋辑《五种遗规 · 从政遗规》，中国华侨出版社，2012，第 404 页。

③ 《十三经注疏 · 尚书正义》，中华书局，1980 年影印版，第 135 页。

④ 《十三经注疏 · 周易正义》，中华书局，1980 年影印版，第 15 页。

⑤ 《十三经注疏 · 礼记正义 · 大学》，中华书局，1980 年影印版，第 1673 页。

⑥ 《十三经注疏 · 尚书正义》，中华书局，1980 年影印版，第 249 页。

⑦ 《睡虎地秦墓竹简 · 语书》，文物出版社，1978，第 19 页。

⑧ 《睡虎地秦墓竹简 · 为吏之道》，文物出版社，1978，第 281 页。

⑨ 《睡虎地秦墓竹简 · 为吏之道》，文物出版社，1978，第 283 页。

平，天下无冤民，岂惟释之贤能，用释之文帝之功。张汤杜周同，彼胡能忍，武帝其原，其原帝心，尧舜率天下以仁民偃如风，桀纣率天下以暴民应如响，其所令反其所好，而民不从，未闻尧舜而喜恶来，未闻桀纣令其臣以恤刑，彼从其意，不从其令，夫子不云乎，听讼吾犹人，必也使无讼科，亦反诸心物、格知，至意诚、心正、身修、家齐、国治、天下平。尧舜好仁，天下景从，尚焉用讼，允也无刑，一念之差，上仅萌芽，下以寻丈，诛不胜诛，欲齐其末逾勤，寝卿臣司士，敢告扫除。①

二 官箴集中反映了中国古代官员私德养成状况

文人入仕几千年，官员结合自己的品德修养和断案理政经历，通过撰官箴立口碑、留美名再自然不过了。中国历史上，信史可以举出的官箴可以说是汗牛充栋，笔者以为，宋代许月卿、元代张养浩、清代汪辉祖等一干官员“良吏”结合自己的亲身经历作出的一些对官员履行法官（司法审判）职能方面的职业道德上的归纳和分析，很有价值，在今天仍然有意义。归纳起来，中国古代官员在履行法官（司法审判）职能方面的职业道德大致有以下三个方面。

（一）加强自身的修养，强固官德的私德之本

正如孔子所说：“为政在人，取人以身，修身以道，修道以仁。”② 这是古代任官的标准，也是履行法官职责应当具备的道德品质。只有身修，才能家齐，进而国治，达到天下平。

官吏的私德，通过履行司法审判职能表现在以下几个方面。

其一，爱人之仁，即要对老百姓有怜悯之心。这是审理案件必须要有的态度，只有这样才能使案件审理的结果实现法律效果和社会效果的统一。元代名臣、名列“三俊”的张养浩在其《牧民忠告》中将这一态度称

① （宋）许月卿撰，肖建新校注《百官箴校注》，安徽师范大学出版社，2015，第156～158页。

② 《十三经注疏·礼记正义·中庸》，中华书局，1980年影印版，第1629页。

为“存恕”。他对此的解释是：“人之良，孰愿为盗也，由长民者失于教养，冻馁之极，遂至于此，要非其得已也。尝潜体其然，使父饥母寒，妻子愠见，征负旁午，疹疫交攻，万死一生，朝不逮暮，于斯时也，见利而不回者，能几何人？其或因而攘窃，不原其情，辄置诸理，婴笞关木，彼固无辞，然百需丛身，孰明其不狱已哉！古人谓：‘上失其道，民散久矣。如得其情，则哀矜而勿喜。’呜呼！人能以是论囚，虽欲惨酷，亦必有所不忍矣。”① “民之有讼，如己有讼；民之流亡，如己流亡；民在缧绁，如己在缧绁；民陷水火，如己陷水火。凡民疾苦，皆如己疾苦也，虽欲因仍，可得乎？”②

清代乾嘉时期的良吏，也是学者和藏书家的汪辉祖则将这一态度总结为：“准情而用法，庶不干造物之和。”“余昔佐幕，遇犯人有婚丧事，案非重大，必属主人曲为矜恤，一全其吉，一愍共凶。多议余迂阔。比读《辍耕录》‘匠官仁慈’一条，实获我心。故法有一定，而情别千端。准情而用法，庶不干造物之和。”③ 这也符合古代儒家的任官标准：“宽则得众，信则民任焉，敏则有功，公则说。”④

其二，明察之智，即要耐心地查明案情，分明是非。张养浩提出了“察情”之论：“人不能独处，必资众以遂其生。众以相资，此讼之所从起也。故圣人作《易》以《讼》继《师》，其示警固深矣。夫善听讼者，必先察其情；欲察其情，必先审其辞。其情直，其辞直；其情曲，其辞曲。正使强直其辞，而其情则必自相矛盾，从而诘之，诚伪见矣。《周礼》以五声听狱讼，求民情，固不外乎此。然圣人谓：‘听讼，吾犹人也。必也使无讼乎！’盖听讼者折衷于已然，苟公其心，人皆可能之；无讼者救过于未然，非以德化民，何由及此？呜呼！凡牧民者，其勿恃能听讼为德也。”⑤

其三，公正之义，即办案要坚持原则，保持中立立场，不能有偏见。汪辉祖对中立立场作过深入的探讨，他提出：“办事以见解为主。呈状一

① （元）张养浩：《为政忠告・牧民忠告》，司马哲编著，中国长安出版社，2009，第 67 页。
② （元）张养浩：《为政忠告・牧民忠告》，司马哲编著，中国长安出版社，2009，第 35 页。
③ （清）汪辉祖：《官箴》，司马哲编著，中国长安出版社，2009，第 126 页。
④ 《十三经注疏・论语注疏・尧曰》，中华书局，1980 年影印版，第 2535 页。
⑤ （元）张养浩：《为政忠告・牧民忠告》，司马哲编著，中国长安出版社，2009，第 30 页。

到，要识得何处是真，何处是伪，何处是起衅情由，何处是本人破绽，又要看出此事将来作何结局，方定主意，庶有把鼻。事件初到，不可先有成心。及至办理，又不可漫无主意。盖有成心，则不能鉴空衡平，理必致偏枯。无主意，则依回友覆，事多两歧，词讼蜂起。”①

明代著名的思想家、文学家、哲学家、军事家、阳明心学创立者王阳明在其《传习录》中对办案中立立场问题也有过深入的讨论：“有一属官，因久听讲先生之学，曰：‘此学甚好，只是簿书讼狱繁难，不得为学。’先生闻之，曰：‘我何尝教尔离了簿书讼狱悬空去讲学？尔既有官司之事，便从官司的事上为学，才是真格物。如问一词讼，不可因其应对无状，起个怒心；不可因他言语圆转，生个喜心；不可恶其嘱托，加意治之；不可因其请求，屈意从之；不可因自己事务烦冗，随意苟且断之；不可因旁人谮毁罗织，随人意思处之。这许多意思皆私，只尔自知，须精细省察克治，惟恐此心有一毫偏倚，杜人是非。这便是格物、致知。簿书讼狱之间，无非实学。若离了事物为学，却是着空。’”② 王阳明从心学的角度把办案立场与官员道德紧密结合的论述，随着阳明心学传播影响至今，对近代和现当代的影响犹在。

（二）公正审理案件

在纲常礼教时代，忠义、仁爱在官员私德中居于至高无上的地位。“君使臣以礼，臣事君以忠。”③ “生，亦我所欲也，义，亦我所欲也，二者不可得兼，舍生而取义者也。”④官吏的品德修养在履行司法审判职能上体现得尤其充分。

其一，谨慎办案，重视重大疑难案件和诉讼翻译。汪辉祖对理案听审体察颇深，他分析案情的方法放在今天也可借鉴。一是重大案件要特别慎重。“办重案之法，一人治一事，及一事止数人者，权一而心暇，自可无误。或同寅会，鞫事难专断；或案关重大，牵涉多人，稍不静细即滋冤

① （清）汪辉祖：《官箴》，司马哲编著，中国长安出版社，2009，第135页。
② （明）王阳明著，邓艾民注《传习录注疏》，上海古籍出版社，2012，第193页。
③ 《十三经注疏·论语注疏·八佾》，中华书局，1980年影印版，第2468页。
④ 《十三经注疏·孟子注疏·告子章句上》，中华书局，1980年影印版，第2747页。

抑。”[①]二是疑难案件要理清端绪。“遇此等事须理清端绪，分别重轻，可以事为经者，以人纬之；可以人为经者，以事纬之。自为籍记，成算在胸，方可有条不紊，不堕书吏术中。”[②] 三是要重视不同语言的诉讼翻译问题。“其土音各别，须用通事者。一语之讹毫厘千里，尤宜慎之又慎。”[③]

其二，忠于法律，恪尽职守，耐心听审，注重对供词的审查。良吏尽职尽责的品德很容易从理案治狱上得到检验。一看是否能够及时初审。“狱问初情，人之常言也。盖狱之初发，犯者不暇藻饰，问者不暇锻炼，其情必真而易见，威以临之，虚心以诘之，十得七八矣。少萌姑息，则其劳将有百倍厥初者，故片言折狱圣人惟与乎子路，其难可知矣。”二看是否能够不拘卷宗。“在狱之囚，吏案虽成，犹当详谳也。若酷吏锻炼而成者，虽谳之，囚不敢异辞焉。须尽辟吏卒，和颜易气，开诚心以感之，或令忠厚狱卒，款曲以其情问之，如得其冤，立为辩白，不可徒拘阂吏文也。”[④] 三看能否分清诉讼双方的强弱，不听信谗言。“世俗之情，强者欺弱，富者吞贫，众者暴寡，在官者多凌无势之人。听讼之际，不可不察。”[⑤] “健讼者理或不胜，则往往诬其敌尝谤官长也。听之者当平心易气，置谤言于事外，惟核其实而遣之，庶不堕奸民计中矣。”[⑥] 四看能否全面认真地勘验尸体。“故事，承检尸之牒，则划时而行，重人命也。其或行焉而后时，时焉而不亲莅，亲焉而不精详。罪皆不轻也。其检之之式，又当遍考，筮仕者不可以不知。”[⑦]

（三）努力做到服判息讼

古代中国尚德尚和，倡导天下大同、和谐美好，对诉讼呈鄙视乃至厌恶的文化姿态，厌讼、贱讼的观念影响长达数千年之久。《易经·讼卦》

---

① （清）汪辉祖：《官箴》，司马哲编著，中国长安出版社，2009，第129页。

② （清）汪辉祖：《官箴》，司马哲编著，中国长安出版社，2009，第129页。

③ （清）汪辉祖：《官箴》，司马哲编著，中国长安出版社，2009，第129页。

④ （元）张养浩：《为政忠告·牧民忠告》，司马哲编著，中国长安出版社，2009，第68～69页。

⑤ （元）张养浩：《为政忠告·牧民忠告》，司马哲编著，中国长安出版社，2009，第33页。

⑥ （元）张养浩：《为政忠告·牧民忠告》，司马哲编著，中国长安出版社，2009，第32页。

⑦ （元）张养浩：《为政忠告·牧民忠告》，司马哲编著，中国长安出版社，2009，第69～70页。

的卦辞曰："有孚，窒惕，中吉，终凶。"[①] "舜耕历山，历山之人皆让畔；渔雷泽，雷泽上人皆让居。"[②] 古人宣扬圣王德化，遂用"让畔"称颂其德政。孔子最早提出"无讼"一语："听讼，吾犹人也，必也使无讼乎。"[③] 由于儒家文化长期占据主导地位，无讼论者长期以来一直置异己之见于"健讼"的道德洼地。

其一，努力做到无讼。无讼可以说是孔子为中国古代官员缔造的案件审理最高目标，也是地方官员审理案件达到的最佳职业标准，成为几千年来官员治理地方的金科玉律，也是那个时代在司法审判上的"中国梦"。

对这一诉讼价值目标，在古代官员职业道德认同上看几乎铁板一块，但在理案听审实践中给出"理由"的，有两种较为典型的说法。一谓"免致党和差欲"说。"词讼之应审者，什无四五。果能审理，平情明切，譬晓其人，类能悔悟，皆可随时消释。间有准理，后亲邻调处，吁请息销者。两造既归辑睦，官府当予矜全。可息便息，宁人之道，断不可执持成见，必使终讼，伤同党之和，以饱差房之欲。"[④] 另一谓"杜绝狡黠渔利"说。"起讼有原书，讼牒者是也。盖蚩蚩之氓暗于刑宪。书讼者诚能开之以枉直，而晓之以利害，鲜有不愧服，两释而退者。惟其心利于所获，含糊其是非，阳解而阴嗾，左纵而右擒，舞智弄民，不厌不已。所以厥今吏案，情伪混淆，莫之能信者，盖职乎此也。大抵一方之讼，宜择一二老成练事者使书之，月比而季考，酌其功过而加赏罚焉。若夫殴詈假质，凡不切之讼，听从宜谕遣之；谕之而不伏，乃达于官；终无悛心，律以三尺。如此则讼源可清，而民间浇薄之俗庶几乎复归于厚矣。"[⑤]

其二，亲族之讼宜缓。"亲族相讼，宜徐而不宜亟，宜宽而不宜猛。徐则或悟其非，猛则滋其恶。第下其里中开谕之，斯得礼矣。"[⑥]

漫长的农耕时代，中国古人以其独特的人生智慧和社会治理经验，在官德修养上形成了自己的体系系统，体现出其官德时代特征，为人类社会

① 《十三经注疏·周易正义·讼》，中华书局，1980 年影印版，第 24 页。
② （汉）司马迁：《史记·五帝本纪》，中华书局，1959，第 33～34 页。
③ 《十三经注疏·论语注疏·颜渊》，中华书局，1980 年影印版，第 2504 页。
④ （清）汪辉祖：《官箴》，司马哲编著，中国长安出版社，2009，第 138 页。
⑤ （元）张养浩：《为政忠告·牧民忠告》，司马哲编著，中国长安出版社，2009，第 31 页。此段文字笔者重新标点并校正。
⑥ （元）张养浩：《为政忠告·牧民忠告》，司马哲编著，中国长安出版社，2009，第 33 页。

治理贡献了宝贵的东方经验和中国特色模式。官的作用是社会治理，“为政以德”被奉为基本执政理念，“为政以德，譬如北辰，居其所而众星共之”。[①] 公、善、慎、廉，是官德的集中体现。修身立德、正己正人，是官德在治世活动中的实践范式，“政者，正也。子帅以正，孰敢不正？”[②]“其身正，不令而行；其身不正，虽令不从。”“苟正其身矣，于从政乎何有？不能正其身，如正人何？”[③] 勤政为民，尽心竭力，是官员忠义品格在处理公务上的道德信条，“以听官府之六计，弊群吏之治：一曰廉善，二曰廉能，三曰廉敬，四曰廉正，五曰廉法，六曰廉办”。[④]“内化于心，外化于行”，更是官员私德及其私德实践的善行，通过社会治理活动影响并决定“官”这个职业的道德水准和社会公德质量水平。

三　对职业道德实践的启示：私德决定职业道德的质量水平

中国古代士人充任官员特别是履行司法审判（法官）职能，以数千年的实践经验探索和践行了职业道德中公德与私德的辩证关系。构建以私德为本一以贯之于职业道德之始终的职业道德建设体系，形成集每一位官员（职业从业者）的良好私德而成就整个职业良性“自洁”的职业道德进化系统，进而依托“家国天下”与“修齐治平”两大理念带动家族、家庭及每个家庭成员道德水平的全面维系与整体提升，造就几千年来古代中国官员社会与世俗社会一体化的国家道德良性互动，并为古代中华文明持续至今提供了不竭的道德支撑力，从这个意义上讲，道德能力才是历久弥新的中华文明与影响深远的中华传统文化的核心能力。

启示一：立足时代性建设以私德为基础的职业公德体系。法官职业道德在种属关系上隶属职业道德，属于社会道德范畴。社会道德着眼于时代的社会形态，针对时代的社会问题，形成这个时代的个体或群体对待社会义务或从事社会公众利益行为所遵循的道德准则；职业道德则着眼于时代的职业形态与面向，针对时代的职业问题，形成时代的特定职业从业者对

---

① 《十三经注疏 · 论语注疏 · 为政》，中华书局，1980 年影印版，第 2461 页。
② 《十三经注疏 · 论语注疏 · 颜渊》，中华书局，1980 年影印版，第 2504 页。
③ 《十三经注疏 · 论语注疏 · 子路》，中华书局，1980 年影印版，第 2507 页。
④ 《十三经注疏 · 周礼注疏 · 天官 · 小宰》，中华书局，1980 年影印版，第 654 页。

待职业义务或从事职业活动所遵循的道德准则；法官职业道德侧重于时代的特定司法审判职业形态与面向，针对时代的特定司法审判职业问题，形成时代的特定司法审判职业从业者对待职业义务或从事职业活动所遵循的道德准则。时代性问题，向来都是包含职业道德在内的一切道德的首要问题，法官职业道德亦然。从整体上看，古代中国官员的职业道德诸能合体，这是其独特的时代性，但随着社会分工的发展，官员职业及其各种职能在专业化日益成为时代要求时，必然要适应新时代要求而形成包括法官职业在内的各个职业，职能道德上升为后续时代的职业道德，并成为职业首先的源头；从价值取向上看，古代中国仁爱主导的道德属性重在爱民，现代司法公正的道德属性则重在为民；从根本目的上看，古代中国的职业道德重在让从业者在社会治理活动中自觉忠君，而现代法官职业道德必须信守人民至上；从专业目标上看，古代中国长期以来追求“无讼”，而现代法官职业道德的专业目标应当是公正；从职业实践主体的地位和职业行为方式上看，古代中国社会官民地位不平等，司法采取行政方式予以“纠问”，而现代社会当事人诉讼地位平等，法官地位和行为方式的特点在于“裁判”。时代发展变化，时代对专业化的职业道德要求必然首先从法官个体的私德养成上反映出来，继承扬弃，与时俱进。

任何时代的道德都具有很强的体系性，相对于时代的社会道德这个公德而言，职业道德或从业者个体道德则属私德；相对于时代的职业道德这个公德而言，法官职业道德则属私德；相对于时代的法官职业道德这个公德而言，从业者法官个体道德则属私德。时代性、时代特定的职业形态与面向，直接决定时代道德水平的优劣高下，其他因素尽管也可以发挥很大甚至巨大的作用，但依旧是第二位的、辅助性的，必须通过时代性表征出来。

启示二：从全局顶层理顺以私德为基础的职业道德系统各层次的辩证关系。实事求是，放诸具体问题的推敲上就是事事求是。纵观人类社会道德实践活动，在任何时代都是体系的、系统的，都是公德与私德的博弈，也是公德与私德对立统一体系。古往今来，作为公德的社会道德，其质量与水平的优劣高下，取决于那一时代的每一个具体行业或群体的道德，即相对于时代道德这个公德而言的私德的质量优劣与水平高下。相对于社会公德，行业（或职业）道德谓为私德并非大小多寡的简单区分，而是更深刻地基于社会的资源占据与利益分配而进行的区分，民族、国家、社会、政府、行业、团体甚至部落，都存在各自的地位、尊严、荣誉和利益诉求与矛盾，因而存在群体之公与群体间之私的双重属性，从而决定了其道德的公私二元属性。一方面，属于群体（行业或职业）公德部分与社会道德这个公德高度一致，构成社会道德基础或纳入社会公德而让渡出独立存在价值，这个共同认知发挥着维系社会稳定统一而不致走向分裂或解构，甚至走向各自独立的重要作用；另一方面，属于群体间由各自地位、尊严、荣誉和利益诉求部分形成的相互对立乃至矛盾冲突的群体（行业或职业）道德部分，成为各自的私德，与社会道德这个公德产生差别，显示个性，不管是劣汰还是优长，是缺陷还是精美，都形成各自的道德特色，它们共同作用，矛盾博弈，对立但又统一，才从本质上形成一个时代独特的道德品质，从量的方面反映出这个时代的道德质量优劣高下。不仅在社会道德与群体（行业或职业）道德关系上如此，而且在群体（行业或职业）道德与个体道德关系上也是这样。因此，私德决定公德这个道理昭示了一个重要结论，即提高社会道德水平必须以提高群体（行业或职业）道德水平为前提，提高职业道德水平必须以提高从业者道德水平为前提，提高法官职业道德水平必须以提高法官个体道德水平为先决条件。以提高法官个体道德水平为枢纽和解决问题的“抓手”，才能够踏石留印、抓铁有痕，才能够善始善终、善作善成，才能够实现让人民满意的司法宗旨。

启示三：在职业道德上厘清个人与“家国天下”的关系。在几近 2000 年的先秦时期，古代中国出现了辉煌灿烂的历史文明，这一时期产生了大思想家孔子和其他诸子百家，思想自由，文化繁荣，“百家争鸣”，开创了中国历史上的第一次文化繁荣局面。这一时期也是家庭、国家产生、发展、成形的时期，人们对个人、家庭和国家关系的思考也逐渐清晰深邃。特别是周朝实行“封建制度”、“宗法制度”和“礼乐制度”，不仅用权力手段确立了“家国天下”的朝野格局，而且通过礼乐教化和制度保证使之常态化、制度化，并通过庠、序、校等各教育机构以及“私学”，对贵族子弟以至平民进行伦理教育。时代给予思想家丰富的“家国天下”思想养料，并通过诸子百家著述进化文化，造就了“家国天下”的情怀。春秋及其以后，学校教育长期以礼、乐、射、御、书、数六艺为主要内容，其中礼、乐教育旨在培养学子的道德操守，进一步深深植根“家国天下”情怀于中华传统文化源头之中。

个人教化、道德养成与“家国天下”的关系，中国古代思想文化多有阐述。被视为大道之源、群经之首的《易经》提出：“积善之家，必有余庆；积不善之家，必有余殃。臣弑其君，子弑其父，非一朝一夕之故，其所由来者渐矣。由辩之不早辩也。”[①] 并告诫“履霜，坚冰至”。[②]《大学》里讲：“一家仁，一国兴仁；一家让，一国兴让；一人贪戾，一国作乱；其机如此。”[③]“古之欲明明德于天下者，先治其国；欲治其国者，先齐其家；欲齐其家者，先修其身；欲修其身者，先正其心；欲正其心者，先诚其意；欲诚其意者，先致其知，致知在格物。物格而后知至，知至而后意诚，意诚而后心正，心正而后身修，身修而后家齐，家齐而后国治，国治而后天下平。”[④] 孟子主张：“人有恒言，皆曰：‘天下国家’。天下之本在国，国之本在家，家之本在身。”[⑤] 孔子本人更是“以天下为己任”的倡导者和忠实的实践者。他的儒家学说主张“天下为公”，讲究社会担当，强调“修己以安人”，[⑥] 即君子通过敬修德性，发挥治事安人的社会功效。那个时代不仅对官员提出很高的道德要求，更有甚者，就连天子的道德修养也有教化上的要求，“自天子以至于庶人，壹是皆以修身为本”。[⑦]

事实上，这样的标准对官员的职业道德水平很有增益。中国古代的很多官员不但留下了很好的“官声”口碑，写就了大量的“官箴”传承理案处事之道，而且更是从其诗文中抒发出浓郁的爱国赤诚与报国情怀。颇具代表性的，如战国时期楚人屈原的“身既死兮神以灵，子魂魄兮为鬼雄”，[⑧] 三国时期魏人曹植的“捐躯赴国难，视死忽如归”，[⑨] 唐代王昌龄

① 《十三经注疏·周易正义·坤》，中华书局，1980年影印版，第19页。

② 《十三经注疏·周易正义·坤》，中华书局，1980年影印版，第18页。

③ 《十三经注疏·礼记正义·大学》，中华书局，1980年影印版，第1674页。

④ 《十三经注疏·礼记正义·大学》，中华书局，1980年影印版，第1673页。

⑤ 《十三经注疏·孟子注疏·离娄章句上》，中华书局，1980年影印版，第2718页。

⑥ 《十三经注疏·论语注疏·宪问》，中华书局，1980年影印版，第2514页。

⑦ 《十三经注疏·礼记正义·大学》，中华书局，1980年影印版，第1673页。

⑧ （战国）屈原：《楚辞·国殇》，参见郑竹青、周双利主编《中国历代诗歌通典》，解放军出版社，1999，第360页。

⑨ （三国魏）曹植：《白马篇》，参见郑竹青、周双利主编《中国历代诗歌通典》，解放军出版社，1999，第823页。

的“黄沙百战穿金甲，不破楼兰终不还”，[①] 北宋范仲淹的“先天下之忧而忧，后天下之乐而乐”，明人顾炎武的“天下兴亡，匹夫有责”，清人林则徐的“苟利国家生死以，岂因祸福避趋之”[②] 等，不仅反映出他们的官品情操，也体现出他们的职业道德信条。当然，也说明古代中国人重视家风、家训、家规，其对以后入仕为官的职业生涯很有帮助。今天看来，家国情怀中，家风承上启下，贯穿个人与国家关系以及个人职业生涯的全过程，在职业道德建设中占据举足轻重的地位。

逝者如斯，一贯而下。从人类实践活动赖以存在的时间上看，过去是流过特定时间的既往时代，现在是特定时间正在展开的时代，未来是过去通过现在才能孕育生成的时代。所谓历史演进，便是时代性在时空和实践的本质上渐次展开，道德强烈的连续性更是通过其时代性反映出来。当下，我们要从历史演进的路径深处对法官职业道德的时代性进行推陈出新，牢牢抓住私德这个道德建设问题的总开关，寓私于公，正确处理私德与公德的辩证关系。其根本要义在于把握时代性，只有这样，才能不仅把握住现代，而且融会历史，贯通未来，提高法官职业道德水平。

① （唐）王昌龄：《从军行七首 · 其四》，参见俞平伯等《唐诗鉴赏辞典》，上海辞书出版社，2013，第 131 页。

② （清）林则徐：《赴戌登程口占示家人其二》，参见郑竹青、周双利主编《中国历代诗歌通典》，解放军出版社，1999，第 3947 页。

西夏刑事侦查制度考略

姜　歆*

摘　要： 西夏的刑事侦查制度包括强制措施、捕盗、取证三个方面。其强制措施运用拘传、讯问、搜查、逮捕、拘系五种；捕盗制度主要针对强盗与偷盗，由特定的巡检负责；取证主要对“命案”和“盗案”展开。在刑侦过程中，西夏法律详细规定了证据的勘验、提取和收集。通过梳理西夏的刑事侦查制度，可以分析出西夏的刑侦具有侦审合一的办案方式、强调证据的运用、奖惩缉捕和运用医学侦破刑案等特点。

关键词： 西夏　司法　侦查

西夏政权于1038年建立在我国西北，先后与宋、辽、金对峙近两个世纪。西夏建立伊始，统治者就着手法律制度的创设，到其统治中期制定出了能够代表西夏立法最高成就的法典——《天盛改旧新定律令》，简称《天盛律令》。这部法典是我国目前所知第一部用少数民族语言文字——西夏文刊印的成文法典。西夏法律制度深受中国传统法律制度的影响，以吸收、借鉴唐律为主，兼顾宋代成文法，又将自身的一些习惯法融汇其中。西夏的法律制度，是中国唐宋法制发展史上不可缺少的环节。本文主要以西夏刑事侦查制度为重点，通过探析西夏刑侦措施的制定与实施、刑侦技术的运用与完善等，试图厘清西夏的刑侦活动。

中国古代之刑侦，是为了查清犯罪和执行刑罚而进行的侦查活动。从《说文解字》和《康熙字典》对“侦”的解释来看，有卜问、探伺的意思。中国早期的刑侦与此相对，盛行“神明裁判”的侦查方法，司法官吏

* 姜歆，宁夏社会科学院法学所副研究员，主要研究方向为中国法制史、民族法学、宗教法学。

在解决较复杂的案件时，往往就用占卜、诅咒、誓约和神裁等手段以期弄清事实真相。其后的刑侦活动，司法官吏开始摆脱神裁的方式，逐步开始讯问、重视人证、现场的勘察和记录。在历代不断总结刑事侦查规律的基础上，一些刑侦手段、方式、程序等被制度化并写进成文法典之中。正如有的学者所言："中国侦查在崇拜神的同时，较早认识到人的力量，体现了华夏文明中蕴涵着的'人本主义'。"①

就西夏而言，犯罪行为被西夏的统治者视为破坏社会等级和国家秩序之举。"一方面，犯罪行为违反了犯罪人与君主或领主之间的关系，即前者对后者的忠顺义务；与此同时，犯罪行为还破坏了君主或领主对臣民的保护关系。"② 西夏司法官吏对待刑事犯罪严加追查，这是西夏的刑侦制度得以发展的现实基础。

一　强制措施

西夏司法官吏为查明犯罪事实，被允许运用强制措施。西夏的强制措施主要有拘传、讯问、搜查、逮捕、拘系五种。

（一）拘传

拘传在中国古代有其专门术语——执。执，在《说文解字》中解释为"握持也"。对人犯的握持，其本质就是以强制手段使案件相关人员到案。所以，拘传又称为"追摄"、"征摄"。西夏对于拘传的规定主要有三。

其一，拘传必须由明确的官吏来执行。西夏《天盛律令》规定：

> 诸司遣差人时，小监者注册方可行，与局分司吏引导，经承旨、习判等处，依地程远近而量之，给以期限。
>
> 往传唤、催促被告人者，近便边近，则所属军首领、迁留检校、交管、巡检、监军司等当派遣。若军首领、监军司等地边远而不近

① 丁凌华主编《中国法律制度史》，法律出版社，1999，第17页。

② 汪海燕：《刑事诉讼模式的演进》，中国公安大学出版社，2004，第62页。

便，则迁留检校、交管等当派遣。若不令近便迁留检校、交管等派遣，胡乱唤人时，有官罚马一，庶人十三杖。

诸司有所传唤、催促者，当派差人本人。倘若无本人，则当告于本司大人，置判写，另派实信人。无大人之谕文判写，局分人随意派无职者时，有官罚马一，庶人十三杖。[1]

从以上规定可知，西夏诸司所派拘传的差人要有官职，需注册，给以期限；所派执行拘传之人不符规定的要追究军首领、迁留检校、交管、巡检、监军司等官员的责任。

其二，被拘传人到案是其义务，稽缓到案予以处罚。《天盛律令》有："差人司内已派，不来而逃匿，寻而获之，稽缓自一日至二十日以内者，差人依往唤被告人稽缓法判断，二十日以上一律徒二年。"[2] 以二十日为限，过限期徒二年。

其三，节亲对拘传人犯隐匿，可从轻处罚。"诸人有罪而检举之，诸司有所寻问，前往传唤，本人虽在，然节亲人中有服九个月以上丧服之节上下自相隐匿，谓有罪人或逃往敌界，或逃隐寻而不得，或谓已亡，使出现等证词虚只关时，比他人隐有罪人之罪情减一等。"[3] 此条规定体现的是"亲亲得相隐匿"原则，来源于孔子《论语》中的"吾党之直躬者异于是：父为子隐，子为父隐。——直在其中矣"。[4]

（二）讯问

讯问是处理刑案的一个重要阶段，是西夏断案时必经的程序。讯问是对犯罪嫌疑人进行的初步审查，查清是否犯罪、证据情况等。如不构成犯罪的将其释放；构成犯罪的，为下一步的审判做好充分准备。《天盛律令》中有："盗人承招'所盗畜物中部分已于诸人处寄、卖、典当'时，当传唤其存置处之人审问。"[5] 经过讯问，即便承招仍需核实。

---

① 《天盛改旧新定律令》，史金波等译注，法律出版社，2000，第464～465页。

② 《天盛改旧新定律令》，史金波等译注，法律出版社，2000，第464页。

③ 《天盛改旧新定律令》，史金波等译注，法律出版社，2000，第329页。

④ 《论语译注》，杨伯峻译注，中华书局，2015，第200页。

⑤ 《天盛改旧新定律令》，史金波等译注，法律出版社，2000，第168页。

（三）搜查

司法人员对与案件有关的场所、人身、物品进行搜索检查，以发觉犯罪证据或犯罪嫌疑人藏匿的赃物等行为。《天盛律令》规定："诸人已行盗诈，畜、物主人已握踪迹，已到他人家处放置，不知路数，强横不让搜时……。因先强横不让搜，有官罚马一，庶人十三杖。""诸人已失畜物，盗人拿持已出，畜物主人告状上有之数中，搜盗人盗物……""诸人对负债人当催索，不还则告局分处，当以强力搜取问讯。"[①] 可知西夏司吏在搜查时，他人不得阻拦，否则予以处罚。

（四）逮捕

在刑侦中，逮捕是一种运用最广泛的强制手段。逮捕罪犯同时也是一项有难度的任务。西夏的逮捕在捕盗中规定较细，下文将展开分析，此处不作赘述。

（五）拘系

对疑犯暂时限制其人身自由，等待司法机关的调查或审判。《天盛律令》规定："诸人有罪，在拘系时不许越出牢狱及已脱罪未判断而逃避于外。倘若违律时，于前有罪上加一等。"[②] 在拘系期间，如逃避审判，将在原有罪名的基础上加一等。

通过以上对西夏刑侦中强制措施的法条梳理，能够看出西夏为了防止侦查权被滥用，对强制措施采取了必要的限制。如，所派执行拘传之人要符合规定，否则将追究军首领、巡检、监军司等官员的责任。然而，西夏对于行使刑事侦查的机关是缺少监督的。在适用强制性侦查行为和审前羁押时，刑侦机关都可以自行实施，侦查活动基本不受制约，羁押措施的适用、强制性侦查行为的实施，完全由侦查机关自行决定。在这种制度安排之下，侦查对象的权利是难以得到保障的。

---

① 《天盛改旧新定律令》，史金波等译注，法律出版社，2000，第 180、182、188 页。

② 《天盛改旧新定律令》，史金波等译注，法律出版社，2000，第 332 页。

二 捕盗

将犯罪人缉获归案，是对犯罪人实施刑罚的前提，为历代司法所重视。李悝的《法经》六篇中就有《捕法》专篇，此后各朝均有“捕亡”、“捕断”方面的法规。其中，《唐律疏议》中的《捕亡》一章，是集前代追捕逃亡者经验之大成，包括追捕者的法律责任和对各类逃亡者的刑罚处罚。宋代设立巡检司，专门负责缉捕之责。巡检一职，源于五代，设置在京师、留都、重要的州郡、边防重镇等地。巡检是朝廷派往地方的使臣，均以武臣充任，手下统有兵士，其任务是捕捉盗贼，弹压动乱。宋代统治者肯定了这种派使臣到地方捕捉贼盗的办法，并且逐步将其普及全国，最后在全国范围内建立起了一个相当严密的巡检网，巡检逐渐由差遣变成国家的正式职官，其任务也由最初的捕捉贼盗扩大到监管一系列其他有关社会治安的事务。巡检司的主要任务有四项：

第一，巡逻，巡检要按月带领士兵在其管地内巡逻；

第二，捕盗，这是巡检最重要的任务，也是对巡检考核的主要依据；

第三，缉私，对酒、盐、铁等实行禁榷，禁止百姓私自贩卖，违者严处；

第四，负有消防的职责。①

西夏的捕盗制度，正是借鉴了唐宋的相关规定而制定。

（一）派遣巡检

《天盛律令》规定：“边中监军司五州地诸府、军、郡、县等地方中所派捕盗巡检者，阁门、神策当检时，臣僚、官吏、独诱类种种中，当按职门能任、人勇武强健及地方广狭、盗诈多少计量，管事者当依次转告，应告枢密遣之。”② 从此条可以看出：

其一，西夏没有成立如宋朝独立的巡检司。西夏的巡检是由监军司来派遣，从阁门、神策、臣僚、官吏、独诱中抽调。监军司属军事部门，有

---

① 任慧华：《中国侦查史》，中国检察出版社，2004，第 19 页。

② 《天盛改旧新定律令》，史金波等译注，法律出版社，2000，第 456～457 页。

一定数量的正军与辅军。由正军与辅军任巡检带有军事成分。

其二，选派的巡检人员要具备一定的条件。巡检的基本条件有三：能任，这是对知识的要求，巡检要精明能干，懂得法律规定；勇武，这是对素质的要求，敢于与盗贼搏斗；强健，这是对体格的要求，可承担艰巨的任务。

其三，巡检人数的确定。应派巡检的人数是根据地域范围和盗诈强度来计算的。宋朝所派巡检人数一般为 10～50 人，西夏所派人数无确切记录，估计与宋相差不远。

其四，巡检派出程序。西夏巡检由监军司按要求选出，上报枢密院批准才可派出。简言之，选择权在监军司，决定权在枢密院。

（二）巡检日限

巡检派出、捕盗时，有严格的时间限制。可分为三方面的时限，以下分别论述。

（1）派出时限。西夏将盗分为强盗与偷盗，此条针对巡检派出官吏的时限，分为三日、十日两个阶段。巡检派出部门要在三日内确定都巡检，由都巡检集合其他巡检十日内到达指定局分。因派出延误管事者要受到惩处。相关的规定为："巡检人捕强盗、偷盗时，三日以内管事当派都巡检，令其于十日以内集问之时，当引导于所属司内。若彼逾所示日期，管事处派迟缓及管事人不令而延误等时，罪依以下所定判断。其中有已转捕相盗者，及为巡检、都巡检、勾管之人依次已遣，未往至于局分，半途送者缓慢等，派者勿论以延误日期。"①

（2）捕盗时限。延误强盗缉捕要比延误偷盗缉捕的处罚重，所派遣都巡检的官员延误是以十日为界，其惩罚是徒 1～2 年。西夏法律规定："派巡检人捕强盗，延误一日至五日徒一年，五日以上徒二年。捕偷盗延误者，当比前述延误强盗罪减一等。""派都巡检人捕强盗、偷盗，延误一日至十日及十日以上等罪情，与前述巡检人延误罪相同。"②

（3）延误时限。西夏捕盗的流程为监军司选出巡检后上报枢密院，枢

① 《天盛改旧新定律令》，史金波等译注，法律出版社，2000，第 456 页。

② 《天盛改旧新定律令》，史金波等译注，法律出版社，2000，第 456～457 页。

密院批准后，由监军司派往所需巡检的诸司局分，由诸司指挥捕盗。以下两条，就是针对诸司局分指挥捕盗延误的处罚。依据都巡检的处罚，以十日为界，十日以下徒一年，十日以上徒二年。“所属司人、正副人不令时，延误罪依都巡检处派人延误之罪状判断。”“送者延误时，与都巡检人延误罪相同。”①

（三）捕获罪犯的奖惩

西夏对于巡检捕获盗犯有奖有惩，其奖赏十分明确：

> 捕获死罪一至三人银三两、杂锦一匹、茶绢三中一段锦；四至六人银五两、杂锦一匹、茶绢五中二段绢；七至十人银七两、杂花锦一匹、茶绢七中三段绢；十一人以上一律加一官，银十两、杂花锦一匹、茶绢十中四段绢。
>
> 捕获长期徒刑自一至七人银三两、杂锦一匹、茶绢三中一段绢；自八至十五人银五两、杂锦一匹、茶绢五中二段绢；十六人以上一律加一官，杂锦一匹、茶绢七中三段绢。
>
> 捕获短期劳役自一至七人银一两、茶绢三中一段绢；自八至十五人银二两、锦一匹、茶绢五中二段绢；自十六至二十人银三两、坨呢一匹、茶绢五中二段绢；二十人以上一律银三两、杂锦一匹、茶绢五中二段绢。②
>
> 巡检捕有名恶盗，遣局分人往追捕而得之者，比巡检自捕得心未识盗赏赐次第当减一等予之。③

西夏对捕获盗犯的奖励从以上诸条来看，是按捕获罪犯刑罚轻重分为四个层次，即捕获死刑犯、长期徒刑罪犯、短期劳役刑犯和有名恶盗犯。在每个层次下再按照所捕人数确定奖赏。其奖赏既有物质奖励亦有级别奖励。物质奖励有银、锦、茶、绢，级别奖励为加官。

西夏在明确巡检奖赏的同时，亦对其未尽心履行巡检的事项规定了

---

① 《天盛改旧新定律令》，史金波等译注，法律出版社，2000，第457页。

② 《天盛改旧新定律令》，史金波等译注，法律出版社，2000，第457~458页。

③ 《天盛改旧新定律令》，史金波等译注，法律出版社，2000，第459页。

惩处。

（1）受贿徇情。巡检因受贿未捕或释放盗犯时，与盗犯处以相同的惩罚，受贿多则以枉法贪赃且从重论处。《天盛律令》规定："巡检实已捕盗，及或诸人告举曰盗人确在而示之，因受贿徇情而不捕、释放等者，断与盗人同。受贿多则以枉法贪赃论，与前述罪比较，从重者判断。"①

（2）懈怠住滞。西夏规定巡检的懈怠分为不负责任的懈怠与故意懈怠两种情况，对其处罚亦不同。第一种，因不负责任未巡检致使产生了盗诈，懈怠与盗诈有因果关系要处以刑罚。但也规定如巡检能及时补救抓获盗犯，可不治罪。第二种，在有人举告，且明知盗犯位置而故意懈怠时，比未巡检懈怠要加一等处罚。"捕盗巡检未巡行于所属地方而懈怠之，致家主中入盗诈、取畜物者，盗人确为他人捕得之，盗应获死时徒二年，获长期时徒一年，获六年至四年时徒六个月，获三年至一年时徒三个月，获月劳役时十三杖，杖罪者勿治罪。若盗人未得手，则当计所失畜物，依前述法判断。若虽巡行而生住滞，则有官罚马一，庶人十三杖。彼盗人为巡检自捕得之，则罪勿治。""捕盗巡检人局分地方内，诸人入为盗诈，畜物主人搜寻盗人，曰在附近某处，有告者，敢只关，而不往搜寻，为懈怠时，当比前述未巡行而生住滞之各种罪状加一等。"②

（3）侵扰索贿。巡检索贿将按枉法贪赃论处。《天盛律令》规定："巡检人侵扰本地家主、食贿时，以枉法贪赃论。"③

（4）督促不力。对于巡检勾管不尽监管职责，《天盛律令》亦有相关惩处："为巡检勾管者，无论日夜当于重地方巡行，当敦促各小巡检，所属地方不许生盗诈住滞。若违律未巡行于属地而生住滞，及虽巡行而仍出住滞等时，当比小巡检之各种罪状减一等。"④

（四）上报考核

巡检勾管要一个月上报一次巡检工作，内容为捕盗和遣送的具体情况。上报经略司或中书省、枢密院，由上报部门进行考核。《天盛律令》

---

① 《天盛改旧新定律令》，史金波等译注，法律出版社，2000，第 459 页。

② 《天盛改旧新定律令》，史金波等译注，法律出版社，2000，第 459～460 页。

③ 《天盛改旧新定律令》，史金波等译注，法律出版社，2000，第 460 页。

④ 《天盛改旧新定律令》，史金波等译注，法律出版社，2000，第 460 页。

规定："为巡检勾管者捕何盗诈、遣送何司、是何局分等，一个月一番，属经略当报于经略，不属于经略者当分别报中书、枢密。有无释放、推问、判断，其间当磨勘。"①

（五）协助义务

西夏要求对于逃跑的盗贼，无论是官员还是庶民都有协助抓获罪犯的义务。知情官吏如不及时行动要受惩处；并规定在抓捕逃跑的盗贼时，将其致伤或致死不治罪。"诸人已为盗诈时，畜物主人及喊捕者求别人帮助，于盗人逃后追赶，除先追者外，其他人见其盗追赶者，将盗人射、刺、杖、斫，盗人死伤时，追者不治罪。""诸人已为诈盗，载持畜物时，家主人有知握踪迹，则当报告，并协助掌握踪迹。""家主中持拿盗窃者时，临近家主当立即协助救护。若协助救护不及，不往报告时，城内城外一律所属大人、承旨、行巡、检视等徒一年，迁溜、检校、边管、盈能、溜首领、行监知觉，有位人等徒六个月，此外家主徒三个月。又已与盗相遇，赶及不往报告时，有官罚马一，庶人十三杖。"②

中国古代每个时期的刑侦体制与方法必然有那一时代的烙印，反映着时代的需求。通过以上有关捕盗法条的梳理，可以看出西夏的捕盗制度已趋规范化、制度化。诸如捕盗权、捕盗期限、捕盗奖惩的处理等方面都有了较为明确的法律规定。从中可以了解到，西夏的捕盗职能是由军士临时组织完成的，而捕盗的指挥权限被分配给不同的官吏来行使，各司其职，而不是由一人从始至终负责捕盗的全部工作，即西夏的捕盗带有军事色彩与行政职能相结合的特点。

三　取证

西夏社会中，最为常发的刑事案件是"命案"和"盗案"。无论是命案还是盗案，在定罪量刑时都离不开证据的支持，证据是审案断罪的核心。证据的勘验、提取和收集是西夏刑侦的重要任务。

---

① 《天盛改旧新定律令》，史金波等译注，法律出版社，2000，第460页。

② 《天盛改旧新定律令》，史金波等译注，法律出版社，2000，第179～181页。

（一）现场勘验

现场勘验一直是刑侦措施中重要的证据采集手段，也是最为重要的物证收集措施。西夏《天盛律令》规定："诸司有罪人已断公事者，由司内大人当面指挥。指挥语未暇予之，不许预先遣人取证据物。违律时，有官罚马一，庶人十三杖。"[①] 西夏官员在取证时采取谨慎认真的态度，并非随意之举。同时取证是在统一指挥下进行的，预先取证和随意取证将受处罚。

（二）医人勘验

西夏司法官经常使用医学知识进行勘验，这对案件的侦破具有很大帮助。西夏法律规定，官吏通过医检的方式来取证，有严格的医检程序。如《天盛律令》规定：两种非正常死亡的情况，必须经官检验，其一为不合情理的突然死亡；其二为死亡时无近亲属在旁证明的。奴婢、狱囚、仆人等社会底层人员的死亡，除有证据证明是正常死亡外，也必须进行医学检验。对尸体的检验要弄清是他杀还是自溢、投水、病死等死亡原因。[②] 再如，对伤害罪的检验，《天盛律令》规定："诸人丁壮目盲、耳聋、躄挛、病弱等者，本人当于大人面前验校，医人当看检，是实，则可使请只关、担保者，应入转弱中。"[③]

（三）审查书证

书证是证据种类中的一种，具有较强的证明力。如果书证是伪造的或偷盗而来的，一旦作为定案的根据，往往会错判。对于书证，首要的就是辨其真伪及其获取的正当性，假造文书和违法使用文书的行为在西夏要被处以重罚。"自造诸王、中书、枢密大人等之矫手记，刻行伪印等徒十二年，使用真手记则徒五年。""有前述种种作伪者时，若取畜、谷、物，则以盗法及作伪中算贪赃枉法，从其重者判断。"[④] 西夏刑侦中所涉及的书证

---

① 《天盛改旧新定律令》，史金波等译注，法律出版社，2000，第341页。

② 《天盛改旧新定律令》，史金波等译注，法律出版社，2000，第388～390页。

③ 《天盛改旧新定律令》，史金波等译注，法律出版社，2000，第262页。

④ 《天盛改旧新定律令》，史金波等译注，法律出版社，2000，第383、385页。

包括凭据、诏书敕券、文据、借债文书等。

（1）凭据。作为证据的凭据，在西夏有地契、房契等。如《天盛律令》规定："诸人告状，索私人田地、房舍凭据者，当问其本人及田地、房舍接边者。当遣人视之，明其界限，置土堆，无参差，非军典争逃人，则当予之凭据。若有官方所予谕文，旧有凭据而失之等，亦依边等法，官家当在予凭据、谕文。"① 此条律文规定，索要田地、房舍时要出具凭据，即书证。同时，将书证结合现场勘验与走访调查才能形成合理的证据。

（2）诏书敕券。诏书敕券是官方发放给大臣官僚的具有证明力的文书。《天盛律令》规定："大小臣僚由官家予之诏书敕券者，若有他人持取亡失时，须推寻检视。此后予之诏书敕券时，中书内人当于板薄而置言状，当注册，有已亡失，亦当对其察奏，依所出谕文实行。"② 可见丢失诏书敕券，须上报、注册及核查。

（3）文据。西夏文据似现代之合同。"诸人买卖及借债，以及其他类似与别人有各种事牵连时，各自自愿，可立文据，上有相关语，于买价、钱量及语情等当计量，自相等数至全部所定为多少，官私交取者当令明白，记于文书上。以后有悔语者时，罚交于官有名则当交官，交私人有名则当交私人取。"③ 西夏文据多用于商事活动。文据首先是在自愿的前提下订立，内容有价格、条件、相关事项等。如日后发生纠纷，此类文据是处理纷争的重要证据。

（4）借债文书。西夏官私皆放贷，所立借债文书是日后索债的重要依据。"诸人于官私处借债，本人不在，文书中未有，不允有名为于其处索债。若违律时，有名为者索债等，有官罚马一，庶人十三杖，债勿舍弃。"④ 可见借债文书中未写明的事项，不得向其家属索债。

（四）推问言词

言词证据是侦查案件时不可或缺的证据，包括嫌疑人的口供、举报人的陈述和知情者的证言。西夏对于言词证据的规定较细，嫌疑人的口供大

---

① 《天盛改旧新定律令》，史金波等译注，法律出版社，2000，第603页。

② 《天盛改旧新定律令》，史金波等译注，法律出版社，2000，第603页。

③ 《天盛改旧新定律令》，史金波等译注，法律出版社，2000，第189~190页。

④ 《天盛改旧新定律令》，史金波等译注，法律出版社，2000，第190页。

都在拘传、讯问中获得，而对于举报人的陈述和知情者的证言则需推问。

首先，除特殊案件外，一般要求举报人、知情人的证言须亲身经历，不得以传闻作证言。“国境内种种公事推问应区别时，谋逆、失孝德礼、叛逃、故意杀伤人、种种盗及盗而杀人、杀亲高祖、祖父母、父母、庶母等，媳杀公公婆母、妻子杀丈夫、使军奴仆杀头监等，此数种，谓我疑心而未见，因诉讼告举，有只关者，则虽无知见亦当依法推问。实则当得功，虚时举人之承罪次第依另所定实行。其下又告举种种诸事者，有相互诉讼者时，知证显明则当依法推问，无知证，仅谓我疑心未见者，虽举亦不许取状审问。”①

其次，对于证人身份有严格限制。《天盛律令》规定：“前述因有疑心而未见语，应推问传至时，倘若节亲及使军、奴仆等中有能为知证者时，其使军、奴仆、节亲等为自己应告举犯罪人中，则允许相为知证，以知者论。其中不应告举及因其余种种情状等，同居中节亲亲戚至丧服及未至丧服、仆、奴婢及不同门节亲亲戚中自九个月以上丧服内等，不许为知证。”

> 前述种种公事应不应问，允许不允许为知证等之分别当明中，因疑心未见不应推问而推问之，及节亲门下人等不应为知证而为知证等，局分大小不应违律推问者，判断已至则与承罪者相当，判断未至则当减一等。局分大小中谓应问，有先前语者当为造意，其余以从犯论。当事人已承罪，亦因难定虚实，当赦之。举者因无知证而不应告，有官罚马一，庶人十三杖。若局分大小不置恶意，无受贿殉情，仅仅思见失误，则比前述判断已至未至之罪情当减三等。
>
> 门下人、节亲等不应为知证，为知证不真而应另行为知证时，与为知证一齐传讯者，因不应推问门下人，节亲等为知证，比所诉讼之罪情当减三等。情状他人有知之，应推问则当依法推问。②

最后，可对证人用刑。“前述因疑心未见而有告举者，推问时，谓所诉讼人腹心清净，未曾犯罪，不肯招承者，当三番拷问。受杖毕，无所说词，则举者当受拷杖。彼亦不伏其虚时，应何为，当奏报寻谕文。其中所

① 《天盛改旧新定律令》，史金波等译注，法律出版社，2000，第447～448页。

② 《天盛改旧新定律令》，史金波等译注，法律出版社，2000，第448页。

诉讼人不似他人，文武业显，有大人言义，上下共堪信用，不须妄加苦楚。举者亦人况微，无惭愧，不嫌病丑，不速所见信，如此则应如何推问，当视人况语情如何等，报察斟酌实行。”①

西夏法律中的证据，基本要求是“据实”，这成为各级官吏收集证据时必须遵守的原则。西夏律文规定收集的证据种类包括物证、勘验笔录、书证、证言等。还规定了在证据的收集过程中进行刑讯的情况，以及对官员的权力进行规范等。西夏对于证据制度的严格规定，目的就是确保案件处理得公平、公正。

四　刑侦的特点

（一）未形成独立的侦查程序，采取侦审合一的办案方式

西夏的刑侦制度，沿袭了中国古代社会长期实行的各级行政长官审案决狱的司法体制，刑侦职能基本上归属行政官吏行使，刑侦案件的调查、勘验等都由其统揽，这在一定程度上削弱了刑侦职能的发挥。在司法审判中，除了对少数案件作必要的侦查和勘验外，一般案件的审理多以被告的口供为定案依据。未明确刑侦的独立性程序，采取的是侦审合一的办案方式。加之，西夏对外战火不断，历代君王主要依靠军队来维持社会秩序，所以在查奸缉盗等刑侦活动中所派巡检，由军队选定，多带有军事色彩。

（二）强调证据在审断中的作用

西夏法律规定的多种证据的勘验、审查、核实，其核心就是能够断案有据。为达到这一目的，要求每一个案件的证据在调查完毕后，要把参加人员、检查经过及审核等具体情况，向上级写正式报告，包括犯罪现场以及周边的环境、痕迹和有关的实物，且要求认真仔细地进行勘验。

（三）缉捕的奖惩明确

西夏之缉捕有“捕盗有赏、失盗有罚”的规定，以突出打击明确的对

---

① 《天盛改旧新定律令》，史金波等译注，法律出版社，2000，第448~449页。

象。奖惩有度来查捕盗贼，亦根据不同地域设置巡检人数。这种组织的严密性与奖惩的明确性，极大地促进了刑侦中的缉捕，从而对稳定社会治安状况亦发挥了十分重要的作用。

（四）运用医学知识侦破刑案

医学知识反映人的生理规律。西夏的许多刑案，特别是杀人、伤人案，都与涉案人的生理等有密切关系。因此，运用医学知识从被害人身上发现问题，是西夏司法官侦破刑案的一种有效手段。中国法医学的成就，被世界公认的是南宋时宋濂的《洗冤集录》，达到了当时世界的最高水平。而在《洗冤集录》成书之前，西夏法典中就有依据法医学来侦审的司法实践，这至少说明两点：其一，我国法典中记载法医学的历史较早；其二，南宋《洗冤集录》中法医学的成熟，与前代法律实践的积累分不开。由此更可见西夏司法之可贵处。

结　语

综上，笔者列举了西夏侦查制度的主要内容及特点，可作为中国古代侦查制度研究的一些零散资料。侦查学这门学科是现当代学术的产物，中国古代没有现在定义的侦查学。但在性质上，西夏揭示案件真相的组织活动，对案件进行定性的行为，以及在刑审方面的法律规定等，都可以与今日的刑侦活动相联系。因此，以现今侦查制度的分类标准为依据，梳理西夏的刑案侦查活动，我们了解到西夏在侦查与司法审判中运用了大量刑侦理论和策略，从而为我们留下了很多可供借鉴的宝贵经验。如在捕盗中详细的分工与奖惩制度；在收集证据方面要作必要的勘验和调查。当然，西夏的刑侦制度也存在一定的局限性，这主要是受制于西夏落后的经济基础、生产力低下和人们认识能力的有限，导致西夏司法办案人员迷信口供，不惜动用刑讯获取口供；再如，西夏刑侦中逮捕与拘传之间并无严格界限，二者在实施中往往难以泾渭分明。

在我国的法史研究中，侦查学的有关历史沿革一直是一个薄弱环节。而每个国家现存的侦查制度和它的历史沿革息息相关，因此，我们有必要认真考察、总结历史上刑侦的产生和发展及其特点。

天下无私：清律中的自然资源“所有权”[*]

谢　晶[**]

摘　要：在我国传统社会，亦会遇到类似当代宪法中的“国家所有权”问题，并有相关的处理规范。以清代为例，《大清律例》明文列举各项为官方所有的自然资源（种类及地域分布），禁止或限制私人任意开采，并对侵犯这些自然资源的行为定以详细的处理规则：对行为人的处罚方式、对拿获人犯者的奖赏办法、有关稽查人员的责任等。清代这种列举式并详尽规范的立法方式及其背后“与民同利”、“藏富于民”的治民哲学与立法思想，颇值得当代参酌借鉴。然而，其具体规则中多处渐趋体现的“与民争利”企图，又深值当代警醒反思。

关键词：《大清律例》　国家所有权　自然资源　贼盗律　官物

引　言

近年来，我国发生了数件有关自然资源权属纠纷的事件，如四川彭州的“天价乌木案”、[①] 黑龙江人大常委会宣布气候资源属于国家所有的“风光案”，[②] 不仅引发社会大众的普遍关注，也带动起学术界的广泛探

---

* 本文受中央高校基本科研业务费专项资金、中国政法大学新入校青年教师科研启动资助计划资助。

** 谢晶，法学博士，中国政法大学法学院副教授。

① 有关报道见张文、叶琦《是文物？是矿产？还是一根无主的木头？——乌木之争　纠缠不清》，《人民日报》2013 年 2 月 19 日，第 4 版。

② 《黑龙江省气候资源探测与保护条例》（黑龙江省第十一届人民代表大会常务委员会第三十三次会议于 2012 年 6 月 14 日通过）第 2、7 条，《黑龙江日报》2012 年 6 月 30 日，第 7 版。

讨。[①] 如《法学研究》在 2013 年第 4 期专门开辟“自然资源国家所有权”专题研究，广邀宪法学、民法学等相关领域专家专门论说这一话题。

然而遗憾的是，这些研究虽提出了诸多有益的观点，但其参考的理论及立法、实践经验，几乎均来自西方，[②] 罕有从中国历史传统中寻求滋养的尝试。[③] 当然，不可否认，伴随清末以降法制的坍塌、重构以及社会经济的巨大变迁，传统律典中的大多数具体规则可能已难以直接嫁接于当代，但是，笔者以为，隐藏在这些具体规则背后更深及更高层次的法律思想、文化、价值等，仍值吾辈以史为鉴。本文不揣谫陋，以传统律典的最后形态——《大清律例》中关于自然资源的一系列规则及其实践为例，从中国长达数千年的古老智慧中，发掘数端足资当代借鉴、警醒之经验与教训。

一　自然资源的“所有权”性质：溥天之下，莫非王土?

在我国当代法学理论和法律体系中，有一所谓的“国家所有权”概念——国家对全民所有的财产进行占有、使用、收益和处分的权利。[④] 而我国传统时代的王朝律典中并无“所有权”这一概念，更遑论“国家所有权”，但若谈及相关问题，学者常会联想到《诗经·小雅·北山》的名句：“溥天之下，莫非王土。率土之滨，莫非王臣。”[⑤] 例如，教育部的“中国法制史”课程“指定教材”即言：“这几句话，是对中国古代社会最高统

① 直接针对这些事件的研究，如王建平：《乌木所有权的归属规则与物权立法的制度缺失——以媒体恶炒发现乌木归个人所有为视角》，《当代法学》2013 年第 1 期；王永霞：《彭州乌木事件的法解释学思考》，《政法论丛》2013 年第 4 期；苏苗罕：《气候资源权利归属与探测开发的法律规制》，《法治研究》2013 年第 12 期；李艳芳、穆治霖：《关于设立气候资源国家所有权的探讨》，《政治与法律》2013 年第 1 期；于文轩：《设立气候资源所有权不利于可再生能源产业健康发展》，《中国政法大学学报》2012 年第 6 期。

② 如马俊驹、薛军两位教授均提出应借鉴大陆法系的法律框架构建我国的自然资源法律制度。参见马俊驹《借鉴大陆法系传统法律框架构建自然资源法律制度》，《法学研究》2013 年第 4 期；薛军《自然资源国家所有权的中国语境与制度传统》，《法学研究》2013 年第 4 期。

③ 反倒是常把当代的缺失处归咎于传统，如税兵：《自然资源国家所有权双阶构造说》，《法学研究》2013 年第 4 期。

④ 杨立新：《物权法》（第 3 版），中国人民大学出版社，2009，第 70 页。

⑤ 程俊英、蒋见元：《诗经注析》（下），中华书局，1991，第 643 页。

治者所拥有的极端权力的充分概括。从理论上说，在中国古代，天子被认为是‘上天之子’，代表着上天来统治人间。天下的所有一切，包括土地、人民，最终都归天子所有。”①

不过，笔者已在此前另一篇拙文中论及，这样的解读可能存在一定误解。一方面，这一诗句的本意并非表彰“天子”的“所有权”；另一方面，我国传统时代并无现代（西方）意义上的“所有权”概念，若将此概念简单套用于传统，则对相关问题的论说极易出现偏差。② 事实上，该诗至多能反映上古封建时代的“天子所有权”。据钱穆先生之说，那时耕地、非耕地的山林池泽均属于贵族，前者在井田制之下分散给农民种植，后者成为不公开的禁地；但在春秋战国时期封建崩溃、郡县兴起之后，耕地“所有权”逐渐转移到农夫手里，非耕地的山林池泽也渐渐被民间私下闯入，由于“防不胜防，讨不胜讨”，官府索性把这些禁地开放，仅征收一些赋税，此亦即后世关税、商税之起源，③ 正如《史记》之记载，“汉兴，海内为一，开关梁，弛山泽之禁”。④

事实上，若我们把目光聚焦于传统时代的国家律典则会发现，这里“最高统治者所拥有的极端权力”可能并没有那么“极端”。他们所拥有财产的范围甚至远不如我国当代法律体系中那么广泛，除了一些明列的属于官方所有的财物，其他财物均属于臣民私人，或处于官方不会主动介入干涉的“无主物”状态。“盗田野谷麦”律文第二节言：

> 若山野柴草木石之类，他人已用工力砍伐积聚，而擅取者，罪亦如之。（如柴草木石虽离本处，未驼载间，依不得财笞五十；合上条有拒捕，依罪人拒捕）⑤

沈之奇解释道：“山野柴草木石之类，本无物主，人得共采，但他人

① 曾宪义主编《中国法制史》，北京大学出版社，2000，第 53 页。

② 更详细论说，参见拙文《财产何必神圣？——清代“盗官物”律例论解》，《法制史研究》第 31 期，2017 年。

③ 钱穆：《中国历代政治得失》，九州出版社，2012，第 23 页。

④ （汉）司马迁：《史记》卷一百二十九，中华书局，1982，第 3261 页。

⑤ 该律仍于明律，见《大明律》，怀效锋点校，法律出版社，1999，第 143 页。括号内小注乃顺治三年（1646）添入，雍正三年（1725）删定。律文及沿革参见（清）薛允升《读例存疑重刊本》第 4 册，黄静嘉编校，成文出版社，1970，第 684 页。

已用工力，斫伐积聚，是即人之物矣，而擅自将去，取非其有，犹之盗也，故亦如上罪科之。”[①] 即是承认山野之物本为无主物，人人可以采之，“他人已用工力”者即属此“他人”，若有人擅自取走，会被依照“盗田野谷麦”律处罚。

而在现在的法律中，《中华人民共和国宪法》（下文简称《宪法》）第 9 条言：“矿藏、水流、森林、山岭、草原、荒地、滩涂等自然资源，都属于国家所有，即全民所有；由法律规定属于集体所有的森林和山岭、草原、荒地、滩涂除外。”并在《物权法》（第 46、48、49 条）中再次重申：矿藏、水流、海域属于国家所有。森林、山岭、草原、荒地、滩涂等自然资源，属于国家所有，但法律规定属于集体所有的除外。法律规定属于国家所有的野生动植物资源，属于国家所有。

古今相较可以发现，如今这一“矿藏、水流、森林、山岭、草原、荒地、滩涂等自然资源，都属于国家所有”的宣告，似乎更接近所谓“溥天之下，莫非王土，率土之滨，莫非王臣”的所有权状态。正是察觉到这一立法存在的弊病——“国家权力的不正当扩张，甚至出现与民争利的现象”，[②] 并且：

> 一些自然资源，国家无法建立所有权意义的支配秩序，比如野生的老虎；还有一些自然资源，国家没有必要建立所有权意义的支配秩序，比如苍蝇和蚊子。现在的立法，将老虎、苍蝇和蚊子一律都纳入国家所有权的范围，这在立法上对于国家不但无益而且有害。比如，原来在我国境内的野生老虎跑到俄罗斯去了，政府不能行使所有权要求俄罗斯返还。蚊子叮人致人生病，政府也不能因为是自己控制的动物造成损害而予以赔偿。……立法者过分地设计了国家自然资源所有权的内容和范围，其立论和结果并不妥当。[③]

有学者提出，应将本句解释为：“矿藏、水流、森林、山岭、草原、

---

① （清）沈之奇：《大清律辑注》（下），怀效锋、李俊点校，法律出版社，2000，第 601 ~ 602 页。

② 王涌：《自然资源国家所有权三层结构说》，《法学研究》2013 年第 4 期。

③ 孙宪忠：《根据民法原理来思考自然资源所有权的制度建设问题》，《法学研究》2013 年第 4 期。

荒地、滩涂等自然资源，都可以依照法律的规定属于国家所有。”① 如此运用解释学的方法，确能在一定程度上解决“正当性和合理性基础”的问题以及一些实践上的难题，但不可否认，其毕竟与本条法律本身字面上的含义有所偏差，因而可能难以被普遍接受并运用于实践之中。而在传统时代的律典中，以《大清律例》为例，其从未有过类似的概括性宣告，仅列举了数项为官方所有、禁止（限制）私人任意开采的自然资源，对于规定种类之外以及规定地域之外的自然资源，并不限制开采，故而不会存在当代法律中的这一问题。

二　自然资源的官方所有：范围与规则

正如学者所言：“虽然宪法规定自然资源是国家所有的，但这种所有权的具体内涵是什么，有待下位法律去具体形成。”②《民法通则》（第 81 条）、《物权法》（第 119、122、123 条）中的部分条文，以及《中华人民共和国矿产资源法》、《中华人民共和国水法》、《中华人民共和国海域使用管理法》、《中华人民共和国海岛保护法》、《中华人民共和国野生动物保护法》等专门的法律法规，对各项种类的自然资源的占有、使用、收益、处分等有具体的规范。不过，学者仍然指出，在社会经济已高度发展的当下，这些法律的完备及详尽程度尚不足以完全应对现实的复杂需求。③

反观清代，似乎此时对自然资源的官方所有已经有了较为细致，至少适合当时社会经济状况的一系列规范，体现出较为成熟的立法技术：大致而言，对官方所有、禁止（限制）开采的自然资源有严格的种类、地域限制，对侵犯不同种类、地域的自然资源有不同的处罚规则；具体规则中，既包括对行为人的处罚、对该管人员故纵或失察的处罚，也包括对拿获人犯者的给赏等。本文接下来即详而论之。

---

① 程雪阳：《论“城市的土地属于国家所有”的宪法解释》，《法制与社会发展》2014 年第 1 期；程雪阳：《中国宪法上国家所有的规范含义》，《法学研究》2015 年第 4 期。

② 张翔：《国家所有权的具体内容有待立法形成》，《法学研究》2013 年第 4 期。

③ 马俊驹：《国家所有权的基本理论和立法结构探讨》，《中国法学》2011 年第 4 期；程雪阳：《中国宪法上国家所有的规范含义》，《法学研究》2015 年第 4 期。

清律中明文规定的这类自然资源有两种：一为具有经济价值者，侵犯之即侵犯官方的经济利益；二为虽具有一定经济价值，但其不容被侵犯的主要原因并非经济价值，而是因其被赋予了某些特殊的含义。

先言第二类自然资源，其被赋予特殊含义，只因位于皇家陵山范围之内："树株关系山陵荫护，盗砍与取土取石，开窑放火者，俱于山陵有伤，亦大不敬也。"① 相关规范主要集中在《刑律·贼盗》的"盗园陵树木"门下，律文仅言"凡盗园陵内树木者，皆（不分首从）杖一百，徒三年"，而后四条例文又详细列出四种严禁被侵犯的自然资源——树株土石、牲畜、人参、树木枝杈（见表 1）。

表 1　四种严禁被侵犯的自然资源及惩处

<table>
<tr><th colspan="3"></th><th>红椿以内</th><th>红椿以外
白椿以内</th><th>白椿以外
青椿以内</th><th>青椿以外
官山以内</th></tr>
<tr><td rowspan="2">树株
土石</td><td colspan="2">首</td><td rowspan="2">比照盗大祀神御物律，斩</td><td>近边充军</td><td>杖一百，徒三年</td><td>杖九十，徒二年半</td></tr>
<tr><td colspan="2">从</td><td>杖一百，徒三年</td><td>杖九十，徒二年半</td><td>杖八十，徒二年</td></tr>
<tr><td rowspan="2">牲畜</td><td colspan="2">首</td><td>枷号两个月，发极边烟瘴充军</td><td colspan="3" rowspan="2"></td></tr>
<tr><td colspan="2">从</td><td>枷号一个月，杖一百，徒三年</td></tr>
<tr><td rowspan="8">人参</td><td rowspan="2">五十两以上</td><td>首</td><td>比照盗大祀神御物律斩，奏请定夺</td><td>绞监候</td><td rowspan="8">照普通的偷刨人参例*分别定拟</td><td rowspan="8"></td></tr>
<tr><td>从</td><td>新疆给官兵为奴</td><td>近边充军</td></tr>
<tr><td rowspan="2">二十两以上</td><td>首</td><td>新疆给官兵为奴</td><td>云贵两广烟瘴地方充军</td></tr>
<tr><td>从</td><td>杖一百，流三千里</td><td>杖一百，流二千里</td></tr>
<tr><td rowspan="2">十两以上</td><td>首</td><td>云贵两广烟瘴地方充军</td><td>近边充军</td></tr>
<tr><td>从</td><td>杖一百，流二千里</td><td>杖一百，徒三年</td></tr>
<tr><td rowspan="2">十两以下</td><td>首</td><td>近边充军</td><td>杖一百，流三千里</td></tr>
<tr><td>从</td><td>杖一百，徒三年</td><td>杖一百，徒三年</td></tr>
</table>

① （清）沈之奇：《大清律辑注》（下），怀效锋、李俊点校，法律出版社，2000，第 563 页。

续表

		红椿以内	红椿以外 白椿以内	白椿以外 青椿以内	青椿以外 官山以内
树木枝杈	首	犯事地方枷号两个月，近边充军	杖一百，徒三年；枷号一个月	杖一百；枷号一个月	杖一百
	从	减为首一等			

注：＊对本例本文将在下文详述，例文见（清）薛允升《读例存疑重刊本》第3册，黄静嘉编校，成文出版社，1970，第688～689页。

资料来源：（清）薛允升：《读例存疑重刊本》第3册，黄静嘉编校，成文出版社，1970，第571～574页。

首先，对行为人通常分首、从定罪，为从者较为首者减一等。其次，对侵犯位于不同禁限内的自然资源的行为处以不同的刑罚，按“红椿以内”、“红椿以外白椿以内”、“白椿以外青椿以内”、“青椿以外官山以内”的顺序，依次减轻刑罚，但对于盗打牲畜的行为，仅禁止在“红椿火道”之内，其他范围则不禁止。若是“官山”之外，亦即“禁限”之外，相应行为则不受限制。最后，禁止侵犯的自然资源仅限于明文规定的几类，其中一条例文即对此专门强调道：“采樵枝叶，仍照旧例毋庸禁止，并民间修理房屋，取土刨坑，不及丈余，取用山上浮石，长不及丈，及砍取自种私树者，一概不禁。”①

次言第一类自然资源，亦即因其本身具有较高的经济价值，而被官方界定为禁止私人侵犯的官物。相关例文主要分布在《刑律·贼盗》的“盗田野谷麦”门下，这类自然资源主要有：矿砂、木植、牲畜、人参、珠子、黄芪等。以下即分述之。

对于矿砂，根据《户部则例》之规：

> 各省开采矿厂，由督抚遴员会同地方官，据实勘验，并不干碍民间田园庐墓者，准其题请开采，其有开采之后硐老山空、矿砂无出者，题明封闭，其一切僻隅深箐，巡察难周之处，俱严加封禁。②

① 本门例文见（清）薛允升《读例存疑重刊本》第3册，黄静嘉编校，成文出版社，1970，第571～574页。下文引用例文不再注明出处。

② （清）姚雨芗原纂，胡仰山增辑《大清律例刑案新纂集成》卷二十三，同治十年刻本，第2页。

正如沈之奇所言：“凡产矿砂之山，俱经官封禁，非奉旨不得开采，故有采者，即谓之盗。”[1] 但行为地点必须是禁山，“非禁山，即非盗”。[2] 而即便在禁山之内，“天地自然之利，虽有封禁，终与盗取于人者不同也”，故对盗挖者仅“计赃准窃盗论”。[3] 禁止盗挖的矿砂的种类包括“金银铜锡水银等”，[4] 计赃时“每金砂一斤，折银二钱五分；银砂一斤，折银五分；铜锡水银等砂一斤，折银一分二厘五毫”。不过，若“此等亡命，聚于山洞，恐致谋为不轨，故特峻其法”（见表2）。

表2　盗挖禁山矿砂的惩处

<table>
<tr><th colspan="3">情节</th><th>首</th><th>从</th></tr>
<tr><td rowspan="2">拒捕</td><td colspan="2">伤非金刃，伤轻平复</td><td colspan="2">边远充军</td></tr>
<tr><td colspan="2">杀人及刃伤、折伤</td><td>照窃盗拒捕杀人律，斩</td><td>减一等</td></tr>
<tr><td rowspan="3">不曾拒捕</td><td colspan="2">聚至三十人以上</td><td>近边充军</td><td>枷号三个月，照窃盗</td></tr>
<tr><td rowspan="2">不及三十人</td><td>初犯</td><td>枷号三个月，照窃盗</td><td rowspan="2">照窃盗</td></tr>
<tr><td>再犯</td><td>近边充军</td></tr>
</table>

对这类行为人加重处罚的原因，乃“恐致谋为不轨”，即出于公共秩序、公共安全方面的考虑。故而此处影响量刑轻重的因素乃是否拒捕、伤人之轻重、聚众人数、首从犯、初再犯等，而并非着眼于其所侵犯的自然资源的经济价值。嘉庆二十二年（1817），范汝浮在禁山盗掘铁砂被拿获，虽未“聚于山洞”，但因“复敢持械拒捕”，被认为情同此例，因而也比照此例，发边远充军。[5]

以上为“一般性立法”，亦即适于在全国范围内盗挖所有种类矿砂的

① （清）沈之奇：《大清律辑注》（下），怀效锋、李俊点校，法律出版社，2000，第603页。

② （清）薛允升：《读例存疑重刊本》第3册，黄静嘉编校，成文出版社，1970，第685页。

③ 根据《大清律例·例分八字之义》所言：“准者，与实犯有间矣。……但准其罪，不在除名、刺字之例，罪止杖一百，流三千里。”《大清律例》，田涛、郑秦点校，法律出版社，1999，第41页。

④ 实践中，盗挖官煤、铁砂者也比照此处理。（清）祝庆祺等编《刑案汇览三编》（一），北京古籍出版社，2004，第629～630页。

⑤ （清）许梿、熊莪纂辑《刑部比照加减成案》，何勤华等点校，法律出版社，2009，第84页。

行为，在这之外，尚有针对在特别地区盗挖特别种类矿砂的“特别立法”，并对之加重处罚（见表3）。

表3　特别地区盗挖特别种类矿砂的“特别立法”

		首	从
新疆地方（金砂）		枷号三个月，云、贵、两广极边烟瘴充军	枷号三个月，解回内地，杖一百，徒三年
热河承德府（金银矿砂）	民人		
	蒙古人	四省驿站当差	枷号三个月，调发邻盟，严加管束

此外，还有针对产矿山场山主“违禁勾引矿徒潜行偷挖”、“漏信使逃”，以及保甲地邻“知情容隐不报”等行为的具体处罚规则。

禁止盗砍之木植及盗打之牲畜，亦有严格的地域范围限制——官方的“围场”之内。私入盛京威远堡南至凤凰城边外山谷附近围场处之惩处（见表4）：

表4　私入盛京威远堡南至凤凰城边外山谷附近围场盗砍木植及盗打牲畜之惩处

		首		从、贩卖、未得
木植、鹿只	身为财主	杖一百，流三千里		减一等，免刺
	无财主	杖一百，徒三年		
刨挖鹿窖	身为财主	均较前项加一等		
	无财主			
柴草、野鸡	初犯	枷号一个月	杖一百	减一等，免刺，递回原籍*
	再犯	枷号两个月		
	三犯	枷号三个月		

注：*倘于递籍后，复行出边偷窃者，即在犯事地方枷号两个月，杖六十，徒一年。如再有犯，以次递加。其因偷窃未得，递籍管束，复有越边偷窃者，仍照初犯例，枷号一个月，杖一百，递籍严加管束。

私入木兰等处围场及南苑，至察哈尔及扎萨克旗下蒙古私人围场偷盗之惩处（见表5）。

表 5　私入木兰等处围场及南苑盗砍木植及盗打牲畜之惩处

<table>
<tr><th colspan="2"></th><th colspan="2">首</th><th>从</th><th>贩卖</th></tr>
<tr><td rowspan="3">菜蔬、柴草、野鸡等</td><td>初犯</td><td>枷号一个月</td><td rowspan="3">杖一百</td><td rowspan="6">减一等**</td><td rowspan="6">又减一等</td></tr>
<tr><td>再犯</td><td>枷号二个月</td></tr>
<tr><td>三犯</td><td>枷号三个月</td></tr>
<tr><td rowspan="3">木植、牲畜、刨挖鹿窖</td><td>初犯</td><td colspan="2">杖一百，徒三年</td></tr>
<tr><td>再犯、初犯（木植五百斤以上、牲畜十只以上）、身为财主雇请多人</td><td colspan="2">极边足四千里充军</td></tr>
<tr><td>三犯*</td><td colspan="2">新疆等处种地</td></tr>
</table>

注：*薛允升指出："再犯即拟充军，似无三犯可言。"（清）薛允升：《读例存疑重刊本》第 3 册，黄静嘉编校，成文出版社，1970，第 697 页。

**其枷号三个月、两个月者，减等递减一个月，枷号一个月者，减为二十日。

旗人有犯，"销除旗档，照民人一体办理"；蒙古人犯，"应拟徒罪者，照例折枷；应充军者，发湖广、福建、江西、浙江、江南；应拟遣者，发遣云、贵、两广，俱交驿充当苦差"。各项人犯，无论初犯、再犯、三犯，均面刺"盗围场"字样；偷盗未得之犯，则面刺"私入围场"字样。

在盛京各处山场，商人可领票砍伐木植，但严禁"夹带偷砍果松"，[①] 对违例者按照株数多寡定罪："至数十根者，笞五十；百根者，杖六十；每百根加一等，罪止杖一百，徒三年。"所砍木植，变价入官。

除了这些对行为人的具体处罚措施，例文还有一些程序性的规范，如审转及汇报制度：

> 私入围场，偷打牲畜，砍伐木植之犯，无论枷杖徒流发遣，均在犯事地方审拟发落起解，毋庸解部转发，仍专咨报部。其罪应徒流发遣者，令热河都统年终汇奏；罪止枷号人犯，年终汇册咨部存案。
>
> 每月责令看卡员弁，将有无贼犯偷入围场之处，出结具报该总管，每年于五月内据实汇折具奏。倘该员弁所报不实，交部议处。热河都统亦于每年六月间据实具奏，如查明该总管所奏不实，即行

① 不知为何有此禁，薛允升也言此需"记查"。（清）薛允升：《读例存疑重刊本》第 3 册，黄静嘉编校，成文出版社，1970，第 693 页。

参办。

再如对拿获人犯者的给赏办法：

> 盛京各城守尉、边门及卡伦官兵，在边外拿获偷砍私运木植人犯，其车马器物，均赏给原拿之人。如仅止拿获车马等物，而藉称人犯逃逸者；除审明有无受贿故纵，按例治罪外，仍将所获物件入官。若拿获人犯并无器物者，该将军自行酌量赏给。
>
> 私入木兰等处围场及南苑，偷窃……起获鸟枪入官，牲畜器物赏给原拿之人；有连获大起者，交该管官记功奖励。

还如对官员、员弁兵丁故纵或失察的处罚：

> 失察私入围场等处偷盗之该管地方文武各官，并察哈尔佐领捕盗官，及蒙古、扎萨克等，交部分别议处，及折罚牲畜。……审系员弁兵丁受贿故纵者，与犯同罪；赃重者，计赃，以枉法[①]从重论。若止失于觉察，员弁交部议处；兵丁杖一百，再犯，折责革伍。

人参[②]、珠子须得在取得官方授权——“领票”之后采挖，且须得按预先的规定采挖并及时按量交官：

> 刨参人夫，不往所指山林刨采，或将票张卖放别路飞扬者，除交官参外；余剩俱令入官，仍杖八十，枷号一个月。[③]
>
> 打珠人等，私藏珠子不行交官者，拿获，不论珠数多寡分两轻重，俱杖一百，流三千里。旗人销去旗档，同民人一体发遣，总领打珠之骁骑校并总管翼长，均交部分别议处。

凡偷刨人参者，若身充财主，雇人刨采，及积年在外逗留已过三冬的

① 《六赃图》，参见《大清律例》，田涛、郑秦点校，法律出版社，1999，第44~46页。

② 据牟润孙先生考证，自康熙十八年（1679）十月始，“人参由清王朝皇室专卖”。牟润孙：《海遗丛稿（初编）》，中华书局，2009，第37页。

③ 实践中，若“不遵票额，多雇刨夫，偷越出边刨参”，则依偷刨例减一等治罪，参见（清）祝庆祺等编《刑案汇览三编》（一），北京古籍出版社，2004，第630页。亦不允许“顶票刨参”，参见（清）全士潮、张道源等纂辑《驳案汇编》，何勤华等点校，法律出版社，2009，第157页。

惩处（见表6）。

表6　身充财主、雇人偷刨人参者之惩处

<table>
<tr><th></th><th colspan="2">得参</th><th>未得</th></tr>
<tr><td>人数未及四十名，参数未至五十两</td><td colspan="2">云、贵、两广烟瘴地方管束</td><td rowspan="3">减一等</td></tr>
<tr><td rowspan="2">人数至四十名以上，参数至五十两以上</td><td>为首之财主、率领之头目、容留之窝家</td><td>绞监候</td></tr>
<tr><td>为从、拟绞人犯遇赦减等</td><td>云、贵、两广烟瘴地方</td></tr>
</table>

所获牲畜等物，给付拿获之人充赏，参入官。乾隆三十年（1765），僧人木棿纠集另外十三人偷刨人参（计四两，卖银九十五两），对他们即均按此规则分别拟以刑罚，不过，应追入官之赃银“据原籍地方官勘实，并无可着追”，因而只得“取具甘结”了事。①

如并无财主，“只系一时乌合，各出资本，及受雇偷采，或只身潜往”的惩处（见表7）。

表7　无财主者偷刨人参之惩处

<table>
<tr><th></th><th>为首、得参</th><th>为从、未得、私贩</th><th>代为运送米石</th></tr>
<tr><td>一两以下</td><td>杖六十，徒一年</td><td rowspan="6">减一等</td><td rowspan="6">杖一百</td></tr>
<tr><td>一两以上至五两</td><td>杖七十，徒一年半</td></tr>
<tr><td>十两</td><td>杖八十，徒二年</td></tr>
<tr><td>十五两</td><td>杖九十，徒二年半</td></tr>
<tr><td>二十两</td><td>杖一百，徒三年</td></tr>
<tr><td>二十两至三十两</td><td>杖一百，流二千里</td></tr>
</table>

每十两递加一等，罪止杖一百，流三千里。首从照例刺字，未得参及私贩人犯，俱免刺字。系旗人，销去旗档，照民人一体问拟。若旗下家奴，有犯罪应军流者，发驻防给兵丁为奴，徒罪照例发配，限满释回，仍交主家服役。如伊主知情故纵者，杖八十，系官，交部议

① 内阁大库档案，中研院藏，登录号：079216－001。

处，不知者不坐。其潜匿禁山刨参，被获拟徒人犯，限满释回，复行逃往禁山刨参者，则不再分已得、未得，俱发附近充军，旗下家奴，发往驻防给兵丁为奴。

此外，例文还规定了几种照该例治罪的情节：领票工人“偷窃领票商人之参”,[①] 刨参官商“私刻小票，映射私参”，以及“收买参秧栽种”、“偷刨参秧货卖”。

领票刨参之人可携带鸟枪，例文对此亦有详细规定：“应查明人数多寡，批给鸟枪，填明票上，出口验放，回山查核。”如若违例私带，则“照商民应用鸟枪不报官私造例,[②] 杖一百。其将鸟枪转给售卖刨参之人者，比照军人将军器私卖与人,[③] 发边远充军律，减一等，杖一百，徒三年”。

在对偷刨人参、珠子贼犯的处罚之外，例文还有对该管官、巡查人等搜查不力及保甲长窝藏、隐瞒的惩罚：

山海等关巡查人员，如有搜获人参珠子，该管官交部议叙。如有搜查不力，以及私带过关者，将该管官照失察例议处；巡查人等，照不应重律治罪。明知故纵者，该管官革职；巡查人等，枷号一个月，杖一百。受贿卖放者，计赃，以枉法从重发落。其失察偷出边关刨参至一百名者，领催披甲人等鞭五十；至二百名者，鞭一百；至五百名以上者，枷号一个月，鞭一百。该守御官，亦按失察名数，分别议处。如有自行拿获者，免议。

私刨人参贼犯，在山林僻壤屯潜盘踞，该处保正甲长，如有飞包过村，窝藏黑人，不行首报，除窝家照例治罪外；保正甲长，如审系知情不首，照保甲有知为盗窝盗之人瞻徇隐匿例,[④] 杖八十，加枷号一个月；如不知情，照牌头所管内有为盗之人虽不知情而失察例,[⑤] 笞四十。

---

① 本例原系乾隆二十八年（1763）吉林将军恒鲁条奏定例，详细情况见内阁大库档案，中研院藏，登录号：100236－001。

② （清）薛允升：《读例存疑重刊本》第3册，黄静嘉编校，成文出版社，1970，第477页。

③ （清）薛允升：《读例存疑重刊本》第3册，黄静嘉编校，成文出版社，1970，第475页。

④ （清）薛允升：《读例存疑重刊本》第4册，黄静嘉编校，成文出版社，1970，第756～757页。

⑤ （清）薛允升：《读例存疑重刊本》第4册，黄静嘉编校，成文出版社，1970，第757页。

另，“起除刺字”门内有例文专门规定对偷刨人参者的刺字：

> 偷刨人参之犯，计赃应拟满杖者，照窃盗例，初犯刺臂，再犯刺面。如在徒流以上，仍依旧例，初犯刺右面，再犯刺左面。[①]

至于黄芪，据薛允升言，“本非犯禁之物，因其纠集多人滋扰牧场，故禁之也”。[②] 易言之，对黄芪的限制开采，并非因官方试图垄断其所具有的经济价值，而是担心开采时“纠集多人滋扰牧场”，亦即出于维护公共秩序、公共安全的考虑。相关禁例（271－19）乃嘉庆十六年（1811）刑部议复刑部侍郎成宁等奏准定例：“察哈尔牧地上供天驷牧群，下关蒙古人等生计，本不容民人潜赴挖芪、刨毁地面，第因黄芪系属药植，民间常需济用，若零星挖取，随处填平，不至滋事，仰沐皇仁，亦在所不禁。乃似此聚众肆行，自当严审禁令，立法惩办，以儆凶顽，而靖牧地。”[③] 同年，时任直隶总督的温承惠亦附议此说：“察哈尔牧地上供天驷牧群，下关蒙古生计，理宜肃静，岂容匪徒滋扰？乃小民趋利若骛，并因黄芪例无明禁，遂至伙众刨挖，即蒙古穷人亦难免勾串贿纵。”[④]

因此，若“无业贫民，零星挖有黄芪进口售卖”，在每次人数不超过十民、每人携带不超过十斤的情况下，并不被禁止，一旦超过，则“以私贩论”。若是在“口外出钱雇人刨挖黄芪首犯，除有拒捕夺犯等情，仍按罪人拒捕，[⑤] 及夺犯殴差各本律本例，[⑥] 分别定拟外”之惩处（见表8）。

---

① 薛允升言：“刺字本为再犯三犯而设，刨参例内并无再犯三犯之文，盗掘金银等矿，载明初犯再犯，反不刺字，殊嫌参差。”参见氏著《读例存疑重刊本》第4册，黄静嘉编校，成文出版社，1970，第767页。

② （清）薛允升：《读例存疑重刊本》第3册，黄静嘉编校，成文出版社，1970，第696页。

③ 朱批奏折，中国第一历史档案馆藏，档案号：04－01－38－009－1912。同样的文字亦见同年大学士管理刑部事务董浩之奏，录副奏折，中国第一历史档案馆藏，档案号：03－2060－022。

④ 朱批奏折，中国第一历史档案馆藏，档案号：04－01－38－0207－016。

⑤ （清）薛允升：《读例存疑重刊本》第5册，黄静嘉编校，成文出版社，1970，第1124页。

⑥ （清）薛允升：《读例存疑重刊本》第3册，黄静嘉编校，成文出版社，1970，第626页。

表 8　雇从刨挖黄芪者之惩处

首、从所雇人数	首	从
未及十人	杖一百	减一等
十人以上	杖一百，枷号两个月	
五十人以上	杖六十，徒一年	

每十人加一等，以次递加，罪止杖一百，徒三年。受雇挖芪之人，照不应重律，[①] 杖八十，递籍管束。如系“割草民人，不得妄拿滋事，该处囤积黄芪”（见表 9）。

表 9　囤积黄芪者之惩处

	首	从
十斤以上	杖一百	减一等
五十斤以上	杖一百，枷号两个月	
百斤以上	杖六十，徒一年	

每百斤加一等，以次递加，罪止杖一百，徒三年，黄芪入官。守口员役及各口关隘官弁，有实力稽查之责，“倘有贿纵情弊，查出按例究办”。

不过，该例订立之次年，上驷院卿阿勒精阿指出，“黄芪乃药料中必需之物，且较南来之黄芪，其性尤佳，若全行禁止，恐贪利之徒不时觊觎”，因此建议“莫若责成口北三厂，如有附近居民情愿刨采黄芪者，令各商头赴同知衙门呈递认呈，并将所带人数仅许十人开写花名发给照票”，并“照药材纳税之例入口”。[②]

三　近代命运及后世评价

暂且不论这些以《大清律例》为代表的传统律典中关于自然资源的规则之优劣，近代以降，伴随整个传统文化及秩序的坍塌，其被迫退出了历

① 《大清律例·刑律·杂犯》“不应为”律：“凡不应得为而为之者，笞四十；事理重者，杖八十。”见（清）薛允升《读例存疑重刊本》第 5 册，黄静嘉编校，成文出版社，1970，第 1115 页。

② 录副奏折，中国第一历史档案馆藏，档案号：03－1787－059。

史的舞台，并被来自西方的一系列“近现代”制度所代替。[①]

清末时节，面对内忧与外患，清政府被迫“变法”。沈家本根据《大清律例》删修并于1910年颁行的《大清现行刑律》，即已删除数条与本文主题相关的例文，[②] 其后清政府更是完全抛弃了传统的立法体例，制定了一系列西式的法律规范——尽管大多尚为“草案”，未及颁行清王朝即宣告覆灭。进入民国，新政府又在清末变法的基础之上，建立形成“六法”体系，法制及其实践均进一步西化，还颁布了诸如《狩猎法》、《森林法》、《渔业法》、《渔会法》、《矿业法》等关于自然资源的专门法律法规。[③]

百余年后之如今，当我们再度回视传统律典中的相关内容，则既会为其中法律智慧的失传而叹息，亦会因某些古今一脉的缺失而感慨。孔子曰：“巍巍乎，舜禹之有天下也而不与焉！”[④] 孟子言，“王如好货，与百姓同之”，并倡导“泽梁无禁”。[⑤] 荀子道：“山林泽梁以时禁发而不税。”[⑥] 太史公说：“善者因之，其次利道之，其次教诲之，其次整齐之，最下者与之争。”[⑦] 盐铁会议上，诸贤良文学严厉批评“擅山海之财”的做法，而大加赞赏禹、汤时代的“梁泽以时入而无禁”。[⑧] 但由于现实政治的需要，也由于传统王朝历代统治者均未能真正做到如儒家所期待的那样“私欲尽灭”，所谓“不以一己之利为利，而使天下受其利，不以一己之害为害，

---

① 据学者言，这些制度的最早来源是罗马法。参见王克稳《论自然资源国家所有权的法律创设》，《苏州大学学报》（法学版）2014年第3期。

② 《大清法规大全》，考正出版社，1972，第3422～3423页。

③ 立法的相关情况，参见谢振民编著《中华民国立法史》（上），张知本校订，中国政法大学出版社，2000，第589～598页。

④ 杨伯峻译注《论语译注》，中华书局，2009，第82页。徐复观先生解读本句道：“所谓‘而不与焉’，是视天下为天下人之天下，而不视为一己之私物，所以天下与己，不相关与。此即‘天下为公’之实。”徐复观：《儒家思想与现代社会》，九州出版社，2014，第113页。

⑤ 杨伯峻译注《孟子译注》，中华书局，2010，第33～34页。朱熹注解：“与民同利，不设禁也。”（宋）朱熹：《四书章句集注》，中华书局，2012，第219页。

⑥ 王先谦：《荀子集解》（上），中华书局，2013，第190页。

⑦ （汉）司马迁：《史记》卷一百二十九，中华书局，1982，第3253页。

⑧ 王利器校注《盐铁论》（上），中华书局，1992，第27～28页。本句描述的是禹、汤之时代，但钱穆先生却用以证明封建制被破坏之后的情形，应属有误。参见钱穆讲授、叶龙记录整理《中国经济史》，北京联合出版公司，2014，第58页。

而使天下释其害”,[①] 历代律典均会列举一些为官方所有、禁止（限制）民间开采的自然资源,[②] 但至少，几乎从未有过类似“自然资源都属于国家所有”的宣称。

对于那些侵犯明确列于律典中的自然资源的行为，律例文（主要是例文）又会有详细的处理规范，不仅针对行为人本人，还涉及该管人员、拿获人员等。前人曾对清代例文的日益繁杂颇多批评，如《清史稿·刑法志》言：

> 盖清代定例，一如宋时之编敕，有例不用律，律既多成虚文，而例遂愈滋繁碎。其间前后抵触，或律外加重，或因例破律，或一事设一例，或一省一地方专一例，甚且因此例而生彼例，不惟与他部则例参差，即一例分载各门者，亦不无歧异。辗转纠纷，易滋高下。[③]

薛允升所言更切：

> 其始病律之疏也，而增一例，继则病例之仍疏也，而又增一例，因例生例，孳乳无穷。例固密矣，究之世情万变，非例所可赅。往往因一事而定一例，不能概之事事，因一人而定一例，不能概之人人。且此例改而彼例亦因之以改，轻重既未必得其平，此例改而彼例不改，轻重尤虞其偏倚，既有例即不用律，而例所未及，则同一事而仍不能不用律，盖例太密则转疏，而疑义亦比比皆是矣。[④]

笔者在一定程度上也赞同这些说法，但同时以为，对于本文所论及的这些为官方所有的自然资源而言，可能确实需要较为详细的规则——如上文所言，当代相关立法的缺陷之一即被学者认为不够详细。当然，也不可否认，例文越来越繁杂的原因，除了立法技术上的“无可奈何”，亦与后

---

① （明）：黄宗羲：《明夷待访录》，段志强译注，中华书局，2011，第6页。

② 此实为对法家观念的践行，如《管子》即言：“苟山之见荣者，谨封而为禁。有动封山者，罪死而不赦。有犯令者，左足入，左足断，右足入，右足断。”黎翔凤：《管子校注》（下），中华书局，2004，第1360页。

③ 《历代刑法志》，群众出版社，1988，第567页。

④ （清）薛允升：《读例存疑重刊本》第1册，黄静嘉编校，成文出版社，1970，第60～61页。

世君主遗忘圣人之训而愈发膨胀的自私心理有关。比如，原本从明代问刑条例继承而来的例文规定，对盗掘矿砂者仅“计赃准窃盗论”，亦即免其刺字——“天地自然之利，朝廷亦不得私而有也。上不在官，下不在民，无字可刺，故不言及，所以示天下以无私也。”[①] 然而，立法者在其后制定的繁杂例文中，却常常忽略此点，仍对违犯者加以刺字。此即正合《庄子》之讽刺：“彼窃钩者诛，窃国者为诸侯。”[②] 黄宗羲的“非法之法”论也是对此极好的诠释：

> 后世之法，藏天下于筐箧也；利不欲其遗于下，福必欲其敛于上；用一人焉则疑其自私，而又用一人以制其私；行一事焉则虑其可欺，而又设一事以防其欺。天下之人共知其筐箧之所在，吾亦鳃鳃然日唯筐箧之虞，故其法不得不密。法愈密而天下之乱即生于法之中，此所谓非法之法也。[③]

道光十四年（1834），民人吕茂桢从关外私带人参二两八钱进关，经查明，其乃“给伊父配药治病”，尽管负责此事之山海关都统认为这一情节“尚与贩卖图利者不同”，但仍不否认“实属有干例禁”，因而对其依私自贩例减一等处罚。此前一年的孙万资案亦与此类似。[④] 既然已经认识到“给伊父配药治病，尚与贩卖图利者不同”，但仍对行为人施以刑罚，此已不仅是“与民争利”，且是对儒家以及统治者自己所提倡的孝道伦理的公然违反。不过，该案的审理者还是考虑到了这一特殊情节，并未完全依例办理——依例减一等，而该案若是放在当下，在来自西方的“罪刑法定”原则之下，行为人恐怕只能被严格依法处理，尚不如清代的做法。

结　语

《大清律例》对官方所有之自然资源，采列举而非概括式的立法方式，

---

① （清）薛允升：《读例存疑重刊本》第3册，黄静嘉编校，成文出版社，1970，第685页。

② （晋）郭象注，（唐）成玄英疏《庄子注疏》，中华书局，2011，第193页。

③ （明）黄宗羲：《明夷待访录》，段志强译注，中华书局，2011，第8、23～24页。

④ （清）许梿、熊莪纂辑《刑部比照加减成案》，何勤华等点校，法律出版社，2009，第450页。

并对不同种类的自然资源有不尽相同的详细处理规则。列举式的立法，体现出与民同利、藏富于民的治民哲学与立法思想；详尽的规则，展示出较为成熟的立法技术。然而，也需看到，列举本身以及愈加繁杂的例文、逐渐加重的处罚，均表明统治者私心并未尽去且愈发膨胀。这些正面或反面的历史经验，均值吾辈时人认真对待。

天地自然之物，原非任何个人私有，亦并不当然地属于某个统治者或政府所有。诗云：“百尔君子，不知德行。不忮不求，何用不臧？”[①] 天下本无私，何必尽归君？可叹私心为物绊，与民夺利反自戕。如今，岂不也正当反省之时刻？

① 程俊英、蒋见元：《诗经注析》（上），中华书局，1991，第85页。

评论译介

外国法制史课程现状及其教学改革刍议

崔林林[*]

摘　要：外国法制史课程在我国法律移植背景下产生和发展，并深受政治环境变化的巨大影响，虽几经沉浮，但一直保持着高等法学教育体系中的基础性地位，课程本身以特色鲜明而著称。进入21世纪以来，面对不断被边缘化以及课程更新缓慢所造成的危机，外国法制史课程必须坚守学科本身独有的研究领域与观察视角，维护现有课程体系基础性、综合性、系统性的固有特点，推动课程体系以及讲授内容的不断更新，丰富教学手段与方式，强调个性化、差异化教学，提升学生的课程参与度与学习自主性。

关键词：外国法制史　教学改革　基础性课程

作为法学教育体系中的理论课程之一，外国法制史具有独特的研究领域和学术视角，是在法律移植背景下产生和发展起来的，极具中国特色。进入21世纪后，高等学校本科教学中的外国法制史课程面临诸多新困境，如何准确定位并不断完善外国法制史课程教学，提升课程的品质和影响力，是从事外国法制史研究与教学的同仁们不能回避的新挑战。

一

外国法制史课程以系统讲授除了中国以外世界上主要国家和地区各种类型的、具有代表性的法律制度的基本内容、基本特点及其发展演变的历史规律为主要内容。外国法制史课程的设置及其学科体系极具中国特色，

* 崔林林，中国政法大学法学院教授。

其在法学教育体系中的地位伴随着中国法律现代化的进程不断发生变化，同时也不可避免地深受特定时期政治氛围的影响。

法学研究以及法学教育虽然源自西欧，但是这些国家的法学教育体系中大多却并不存在名为“外国法制史”的课程，一般开设比较法或某外国法的相关课程讲授相应内容，而日本一些高等院校开设有“西洋法制史”和“东洋法制史”课程，其内容与我们所称的外国法制史课程的内容基本相当。我国高等院校中外国法制史的课程设置和学科建设可追溯至清末，主要基于学习、借鉴西方法律的迫切需要，具有强烈的法律移植背景。在近代法律教育史上正式颁布的第一份法律课目表——1904 年《奏定学堂章程》（又称“癸卯学制”）中为法律学门设置的必修科目共有 14 门，其中就包括东西各国法制比较和泰西各国法，并特别说明泰西各国法包括罗马法、英吉利法、法兰西法、德意志法。在经学科各门和文学科中则设有西国法制史、比较法制史等科目。[①] 1907 年，京师法政学堂开设“外国法制史”为正科法律门的课程，可视为我国外国法制史课程的开端。1910 年改定后的学堂章程规定，罗马法、日本法制史、西洋法制史分别为京师法政学堂法律门第一年、第二年、第三年的必修课。这一章程由清政府明令各省法政学堂仿效。[②] 直到 20 世纪 30 年代，中央大学还设有欧美法制史课程。[③] 30 年代以后《六法全书》编纂完成，对于外国法的介绍与继受基本告一段落，作为提供背景性知识的外国法制史课程在大学法律教育中的主干地位自然降低，[④] 此后便作为选修课出现在课程目录中。这一时期，从外国法制史相关的课程名称及其讲授内容上看，都以西方法制史为主，无疑深受日本法学研究和法学教育的影响，同时也奠定了外国法制史课程的基本框架和学科基础，是社会变革、观念变革的历史反映。

中华人民共和国成立后，法学教育与法学研究全面转向苏联模式。各政法院校纷纷开设了有关外国法制史的“国家和法权通史”以及“苏维埃

① 王健：《中国近代的法律教育》，中国政法大学出版社，2001，第 261～266 页。

② 李贵连：《中国近现代法学的百年历程（1840～1949 年）》，载苏力、贺卫方主编《20 世纪的中国：学术与社会·法学卷》，山东人民出版社，2001，第 262 页。

③ 王健：《中国近代的法律教育》，中国政法大学出版社，2001，第 186 页。

④ 曾尔恕：《外国法制史学科在我国的发展与展望》，载何勤华主编《大陆法系及其对中国的影响》，法律出版社，2010，第 489 页。

国家和法权通史”，早期由苏联专家讲授，并直接使用苏联教材。该课程受到特别重视，成为法学教育体系中的核心和基础。60 年代初中苏关系交恶，“国家和法权通史”和“苏维埃国家和法权通史”被合并成一门并改名为“外国国家与法律制度史”，由自己培养的教师主讲并编写教材，但其基本体系、内容、用语仍然难以摆脱苏联模式，直到“文化大革命”开始时中断。这一时期的相关外国法制史教材及课程改变了中华人民共和国成立前外国法制史课程与研究的固有框架，通常以奴隶制国家与法权历史、封建制国家与法权历史、从英国革命到普法战争及巴黎公社时期的资产阶级国家与法权、帝国主义时期资产阶级国家与法权为基本内容，从而以国家制度史和政治制度史取代了法制史，缺乏对法律自身发展历史的客观判断与理性分析。这一体系在一定程度上偏离了法制史学科的基本研究范式，内容单一，视野狭窄，机械刻板。虽然外国法制史课程居于较为重要的地位，但作为一门学科所必需的独立的研究对象与研究方法尚未确立，政治意识形态色彩浓厚。

目前的外国法制史课程体系及其内容主要是在 20 世纪 80 年代改革开放以后确立的，根本性地突破了苏联“国家与法权通史”课程内容和模式的影响，尊重人类法律发展的内在规律，把法律制度与国家制度、政治制度明确区分并独立出来，逐步形成了以法律自身发展演变的历史为主体和核心的教学研究体系，突出不同时期、不同类型的法律制度依次交替的历史联系，纵横交错，史论结合，简明扼要。这一时期外国法制史课程教学与学术研究不再受意识形态的不合理制约，渐渐地摆脱了日本和苏联模式，吸收了西方法律及其法学发展的成果，成为具有独立研究对象和研究方法的法学基础学科，“终于获得了真正意义上的发展”。[①] 近 40 年来，外国法制史学科的研究者砥砺前行，以其特殊的研究领域和观察视角，产出了大量颇有影响力的学术成果，为改革开放以后我国法律体系的全面确立与完善提供了重要的参考与借鉴。相应地，外国法制史课程的内容与体系也渐趋稳定并不断充实完善，其成为高等院校法学专业课程体系中极具特色的一门课程。

---

① 何勤华：《新中国外国法制史学 60 年》，载何勤华主编《大陆法系及其对中国的影响》，法律出版社，2010，第 533 页。

相对于法学其他课程，外国法制史课程的设置及其在高校法学教育体系中的地位变迁，与国家法治现代化进程中的观念变革密切相关，并特别突出地反映了我国对外开放的程度。作为唯一全面系统介绍国外法律发展演变脉络的课程，外国法制史课程具有独立的研究对象和研究方法，在我国法学教育领域中占有不可替代的地位。

二

1998年，教育部相关部门划定了法学专业的14门核心主干课程，外国法制史课程失去了法学核心课的传统地位，继而在大多数院校成为选修课，甚至被彻底取消。教育行政部门对法学教育体系中“核心课”与“非核心课”的硬性划定，虽然可能意在统一、规范法学教育的基本标准和要求，但这一划分极具“权力”色彩，[①] 对外国法制史课程发展无疑产生了消极影响，外国法制史课程甚至学科大有被边缘化之趋势。更为雪上加霜的是，为了走出法学教育的困境，近年来各高等学校普遍尝试了各种形式的法律职业化教育改革，虽为法学教育模式探索了新的路径和模式，但有矫枉过正之嫌，特别是将法律职业化教育的内涵简单理解为培养法律职业的应用型操练技工，背离了法学高等教育的基本宗旨与首要目标——从事法律职业的人格的培养。在此背景下，各方对外国法制史课程的轻视也就在所难免了。相应地，在有关课题指南导向以及其他学术资源的分配方面，外国法制史学科事实上也没有获得合理的、均衡的机会，因此在以获得课题作为主要学术评价机制的现状下，学界普遍感到了焦虑与担忧。学科与课程的关系首先表现为唇亡齿寒，课程的现实地位和未来发展在一定程度上取决于相关学科的地位和影响力，课程的受欢迎度和影响力也反过来会影响学科人才的培养乃至学科的进一步发展。

纵观我国外国法制史课程以及学术研究的起伏兴衰，其在很大程度上取决于相关主管机关的导向，是教育主管机关、高等院校乃至社会各界对法学教育中相关科目的“有用”、“无用”之“功利性”考量的直接结果。

---

① 郑祝君：《外国法制史学科的成长和学术品格的养成》，载何勤华主编《大陆法系及其对中国的影响》，法律出版社，2010，第530页。

毋庸讳言，我国的法律现代化是通过对外国法以及外国法学的吸收、借鉴、移植而启动的，从这个意义上看，外国法制史学科乃至课程事实上起到了开山辟路的作用。如前所述，外国法制史课程在我国得到特别重视的时期是在清初、中华人民共和国成立初期以及20世纪80年代改革开放初期，均为法律秩序与体系的重建时期，无论是出于法学教育体系初建的仓促需要，还是为借鉴移植所做的前期准备，抑或满足法律人才培养的客观要求，外国法制史课程所提供的独特背景性知识，都为其在法学教育中独特地位的确立创造了条件。但一旦法律体系框架基本得以确立，法学研究与教育的重点就会转向对现行法律制度本身的解释与适用等所谓应用型领域，至此外国法制史研究似乎成了“无用之学”而逐步失去了法制初建时期的特殊地位，被边缘化似乎是一个宿命。

“无用之学”是法制史类课程的特有标签，但所谓“用”有狭义与广义之分。狭义之“无用”，意为法制史学的知识体系缺乏即刻的、直接的效用，这一点毋庸置疑。《唐律》也好，《国法大全》也罢，无论如何不能成为当下司法裁判的直接依据或为当事人辩护的法定理由。因此，狭义上的“用”的缺失，是法制史类课程的共同特征。外国法制史的研究对象是世界法律发展演变的整个历史过程，决定了它在整体上的非应用型的特征，这也是其被归类为“无用之学”的重要原因。但需要指出的是，与其他法制史课程相比，外国法制史具有更为鲜明的“法学属性”与现实价值，因为它与现代法律原理与制度更为贴近。事实上，外国法制史既涉及法的历史，也包含法的现实，尤其是西方法律制度与体系形成于近代并逐渐定型，其间并未发生明显的制度断裂与蜕变，具有极强的历史连续性。直至今天，有些民法理论与制度的问题仍然要从古罗马法中寻找原理和获得启发，民法的应用型学习与适用事实上根本不能无视罗马法这一历史宝库；民法典的编纂可以参考19世纪初法国民法典和19世纪末德国民法典的编纂；日前还有学者就农村集体土地制度的改革问题提出可以参考借鉴日耳曼法土地制度的建议。可以说，我们所移植或借鉴的西方法律制度与法学理论本身就是一个不断演变的历史“合成物”，即便从功利实用的立场上也实难脱离历史而孤立存在。在某些领域或特定情形之下，外国法制史可能会发挥相当直接而便捷的，甚至是即刻的作用，提供现实性、具体性的助益与启发。从这个角度上看，外国法制史是“活的法制史”，实乃

“有用之学”。

广义之“用”，是一种大用，是一种较高层次的“用”，寓“用”于“无用”之中。就高等院校法学教育而言，既然定位于培养高层次的法律人才，即大“用”之才，就不能等同于职业学校式的应用型操练培养模式，更应有别于应付司法考试的机械化培训，包括法制史类课程在内的“无用”之课程才是培养大“用”之才之所需。法律职业的特殊性决定了一个复合型高层次的法律人才，不仅应该掌握全面的部门法知识体系，习得法律解释与适用的技巧与方法，更应该具有历史的和世界的广阔视野，以及丰富的人文素养，甚至生活经验，这样才能游刃有余地应对和处理各种争议与纠纷，从而成为一个可信赖的社会关系仲裁者。外国法制史是整个法学或法律的基础性知识体系，通过对历史上各种类型中具有代表性的法律制度的观察与研究，学生不仅要认识历史上各种纷繁复杂的法律现象形成的动因及发展演进的过程，而且还要了解这些现象之间的内在联系，了解法律现象与政治、经济、文化、民族传统、学术思想等各种因素相互作用、相互影响的过程。对于中国这样一个通过法律移植和借鉴完成法律体系创建的国家来说，必须从宏观上把握世界法律发展的历史脉络，特别是发达国家法律发展演变的历史规律，为相关部门法学与法制提供理论的和经验的支持，找出前人维持社会秩序和人际关系、促进社会发展与进步的智慧。外国法制史通过综合性的历史梳理与规律探索，涉及各个部门法制度的沿革及其相互关系，是对包括几乎所有部门法在内的总结归纳。通过这样的专业训练，学习者对法律在社会生活中的地位和功能有一个全面的了解，从而培养法律的思维方式，从历史的、世界的广度和高度上理解法律的价值与意义，成为具有开阔视野和创新精神的“法律人”，而不仅仅是一个机械解释和适用法律条文的智能“机器人”。诚如孟德斯鸠所言：“我们应当用法律阐明历史，用历史去阐明法律。”

由此，所谓“无用之学”的标签不仅是渐趋功利的短视思维所致，也可能源自对外国法制史研究内容的无知或误解。不过，笔者并不认为外国法制史课程应该致力于将自己改造成所谓的“有用之学”，从而丧失独特的研究对象与研究方法，继而丧失独立的学科地位和学术品格，最终必然也会失去生存和发展的空间和机会。

三

外国法制史课程的研究对象时间跨度大、空间范围广，涵盖内容多，涉及多个领域的知识面，包含整个法律制度体系变迁的理论与实践，涵盖了宪法、行政法、民商法、刑法、经济法等部门法体系，甚至具体制度的演变及其规律，是对部门法的综合；既是对外国法律制度变迁的归纳，也是对外国传统法律文化的总结，包括对法律与政治、经济、宗教、思想等其他社会现象之间的互动关系的研究。研究方法也是多样的，以法学研究方法为主，兼有历史的、比较的多元研究方法；既有定性分析，也包含定量分析；既有纵向考察，也有横向比较等；将制度的静态形式与动态变化相结合。总而言之，外国法制史是一门综合性极强的法学知识体系，提供了多元的观察视角和开放的思维模式。

外国法制史课程虽未能得到行政权力的“青睐”而被列入必修课，也可能因“无用”而被轻视，但课程的影响力和受欢迎度在根本上取决于学生是否认可。从我校近几年外国法制史课程的开设情况乃至教学效果看，总体上是理想的，特别是针对本科生开设的外国法制史课程深受学生欢迎，选课比较踊跃，教学效果较好。

目前我校采取自由选课制度，据不完全统计，仅法学专业选修课程数量每学年就逾 200 门以上，外国法制史课程即为其中之一。近五年来，每一学年选修外国法制史课程的学生人数保持在 600 人以上，占全校本科同一年级学生（包括非法学专业）人数的近 1/3，超过了很多“实用”型课程的选课人数。虽然难以与必修课选课人数相匹敌，但是学生选修更具主动性，能够真实反映课程的吸引力和影响力。从课程效果的反馈情况看，学生的总体评价较高，对外国法制史课程教学的匿名评教分数都保持在 98 分以上。以往对外国法制史课程的评估通常主要来自教师自身的感受和思考，但学生作为受教育者对课程的体验、感知，更值得重视，这也是我们优化课程的动力和依据。因知识储备、立场和角度不同，学生与教师对课程的评价存在一定的差异。

从笔者针对学生所进行的小范围问卷调查来看，80% 以上的学生选修外国法制史课程是出于“有趣”；大多数学生表示选修外国法制史课程主要是基于同学推荐，也就是授课教师在先修学生中的口碑，如果没有同学推荐，自己极有可能选择其他更“有用”的课程而不是外国法制史。所有选修学生都表示选修后有收获，主要表现为习得新知识和开阔视野，80% 左右的学生认为外国法制史课程“有用”，98% 以上的学生对该课程表示非常满意或比较满意。学生对外国法制史课程各部分内容的兴趣分布较为均衡，并未显示出对某一部分内容的特别偏爱；对可能开设的延伸课程，比如英美法制史、西方宪法史、私法史、西方著名判例研读等课程有较大兴趣；等等。可见，学生对外国法制史课程的基本印象为“有趣”，在选修之后又感到确有收获，课程本身的吸引力是无须质疑的。

“有趣”是一个相当主观的判断，具有一定的盲目性和个体差异，往往缺乏理性考量，而且判断的客观依据不足，当然不能成为课程教学与人才培养的宗旨与目标。但兴趣是最好的老师，可以激发学习动力和保持耐心。外国法制史所呈现的不同时期、不同类型的法律变迁的丰富性、多样化和新鲜感，是学科本身所独有的、持久的魅力，这是本课程的优势所在，因此即便未能列入必修课，仍然能够得到学生的青睐。当然这种魅力的呈现，在一定程度上还取决于授课教师自身的授课风格和人格魅力，与授课者的学术储备与授课技巧有密切关系。

“无用之学”的标签和误导对学生选课及努力程度有一定影响，背后的功利化思维也显而易见。但总体而言，考入本校的学生整体上对个人的未来职业发展有较高期待，大部分学生对“无用之大用”观念有着相当的了解与认同，同时也对外国法律与文化有着极大的好奇心。外国法制史课程内容的趣味性、启发性、批判性、独有的多元性以及一定的应用性，使他们愿意选修该课程并投入精力。

从学生的反馈来看，外国法制史课程虽不能成为人人必选的热门课程，但也并未陷入门可罗雀的窘境，反而属于比较受欢迎的课程，且受欢迎度超过了很多“有用”的部门法课程。外国法制史课程因受制于诸多因素而难以获得法学教育中必修课的“嫡出身份”，但其生命力和影响力在于课程本身的价值、吸引力以及学生的认可度，所以无须追求必修课的“嫡出身份”，这既不现实，亦实无必要。

总之，外国法制史在法律移植背景下产生和发展，并成为我国法律教育体系的特色课程，虽然命运多舛，但是在培养高层次法律人才方面具有不可替代的作用。其在整个法学或法律中的基础性知识体系地位是具有历史必然性和现实客观性的。

四

当然，在高等法学教育快速发展的背景下，外国法制史课程同样存在诸多问题，有待进一步调整与改进。目前的课程体系形成于20世纪80年代，经过了长期的摸索，特点鲜明，但是体系比较庞杂，内容相对陈旧，更新迟缓，未能充分反映学科发展的最新成果，而且授课方式也过于单一。进入21世纪，法学教育急遽发展，部门法研究也不断拓展和深入，学科之间的界限也渐趋模糊，更多的部门法学研究开始进行历史流变的探寻，并取得了相当重大的进展，这对外国法制史学科来说既是学术支持与融合，也构成了某种潜在的竞争压力。特别是现在的受教育群体发生了巨大的变化，90后学生成长于信息爆炸的时代，思维活跃、视野广阔、个性鲜明，有些学生对世界史、国别史以及一些历史事件了解透彻，并有独立的观点；有些学生通过部门法学习已经对相关问题有了一定程度的把握，比如有关马布里诉麦迪逊案已经成为法学教育中的常识性知识，外国法制史课程该如何探讨分析此案？如何与宪法学课程形成互补的关系？因此，外国法制史课程的改革刻不容缓。与其怨天尤人，不如自我调整，不断完善并优化课程，提升课程的吸引力、影响力，维护外国法制史在法学教育中不可替代的重要地位。

笔者认为，外国法制史课程仍应定位于法学专业的基础性课程，坚持学科本身独具特色的研究领域与观察视角，维护现有的课程体系并不断完善，保持并进一步突出其综合性、系统性的特点，推动课程讲授内容、体系、方式的个性化、差异化。未能进入必修课行列，虽然对外国法制史学科以及课程的发展有一定消极影响，但另一方面可能赢得了更为广阔的自主教学空间，因而不必机械地囿于刻板且无差别的教学内容与形式，也不必刻意追随司法考试的指挥棒。

第一，外国法制史教材应力求简化清晰，删繁就简，明确、规范、统一课程体系，保证作为法学专业基础性课程体系的完整性和统一性。目前，由于外国法制史教材容量过大，内容纷繁，头绪较多，一些有益的问题不能展开，而过多的内容与有限的课时形成一对突出的矛盾，使教学效果受到一定影响。笔者认为教材内容不宜过多过细，应该主要承担基础性知识的传承任务，打好知识地基。该课程的目标是素养与思维的养成，相对于知识性记忆，充分的理解与准确的把握更为重要，教材只是方便学生查找、了解基础性知识和一般线索的纲领性材料，而不应成为学习与教学的“圣经”。应该更多地为学生提供本学科领域的经典阅读书目，由学生根据知识储备和个人兴趣选择阅读，以拓展学科知识，增强问题思维，激发学科兴趣。

第二，不断更新、深化课程内容，剔除陈旧的、低水平的知识点。40年来，包括外国法制史在内的各个学科的学术研究已经取得了重要进展，我们应力求在教材编写及课程讲授中积极呈现这些新的学术研究进展，保持学术的敏锐度和授课的新鲜度。法制史研究发展至今天，不能再满足于仅仅介绍一些历史法律事件、人物和制度，而需要进一步探索这些事件、人物和制度产生的原因以及发展演变的社会背景、兴衰存亡的规律，引导学生形成多想几个“为什么”的问题思维，将教学逐步推向深入，避免孤立的和局部的制度考察。事实上，古今之间、国别之间、部门法之间、理论与实践之间、思想与制度之间都存在内在的、历史的、逻辑的联系，外国法制史课程需着力引导学生透过纷繁复杂的法律现象，了解其内在共性与差异，探索世界法律发展演变的一般规律和特殊规律，建立起对法律作为社会调节器的功能与价值的系统性认识。

第三，适当调整课程的结构安排，改变传统的按照六法理论体系讲授教学内容的方法，重视系统性讲解，并增加对二战后国外法律制度发展变迁介绍的比重。目前外国法制史课堂教学主要是按照六法体系的结构顺序进行，课程内容跳跃性强，缺乏内在的连续性，比较刻板。不妨尝试从史料的本来面目出发，尊重历史的时序性与整体性，避免过多的人为肢解、过于主观的盖棺定论；对历史断面上的特定事件、立法、文本、裁判的静态原貌，尽量依据实证的史料对其进行实然性的描述；对法律制度的流变规律及其立法指导思想、价值基础、特点评估的动态调整，则可以更多地进行定性分析和主观研判。打破故步自封的学术局限，充分发挥外国法制史的特点和优势，古今贯通，挖掘课程的现实价值与实践性意义，特别是二战以后世界法律制度的流变及其特点，进一步把握当前法学研究或法治改革中的热点问题，让学生自己将国外的相关法律进行对比和研讨，从而更好地理解和厘清现代法律原理和制度，以激发其研究兴趣和探索意愿。

第四，尽快改变外国法制史课程中制度史与思想史“两张皮”、见事不见人的问题。在外国法制史课程中融入相关法律思想的背景性、原理性介绍，厘清制度演进与思想流变之间的逻辑关系或互动关系，提升制度史课程的理论性和思辨性。

第五，在维护外国法制史课程体系的统一性、规范性的基础上，力求多样化，将多人一课的课程形式转化为一课多元的课程实质。在教学内容、授课方式上追求更为多样化的、个性化的学术表达，以充分彰显教师的学术个性和学术品质，从而为学生提供多样化的知识背景、多元化的学术视角；对学生进行个性化培养，培养其世界性、历史性的法学视野，以及开放式、多元化、包容性的思维范式。

第六，探索更为丰富多样的教学手段与方法。传统教学模式多以教师为中心，教师单向灌输，学生被动接受，导致教学方式单调，学生积极性不高，弊端明显。比如尝试各种教学方法，激发学生的学习兴趣，促进学生主动学习、独立思考。如采取教学互动模式，授课中以学生为主体，展开相关主题介绍与问题辨析，由主讲教师进行针对性点评与思路引导，答疑解惑；以相关经典案例为基础性材料，由学生分别扮演角色，进行情景式感受与体验，通过对历史场景中特定事件的鲜活呈现，体会相关法律制度运行的细节，见微知著，深刻理解法律制度产生、发展、衰落、消亡的历史过程，实现内隐知识与显性知识的有效交融。

第七，开发新的关联课程，进一步拓宽外国法制史授课领域。在稳定外国法制史现有基础课程地位的基础上，充分利用外国法制史学科的综合性特点，结合外国法制史学术研究的最新成果，不断拓展授课领域。可以开设国别或地区法律发展史，如英美法律史、美国法律史、大陆法系法律史以及欧盟法律史等课程；开设部门法律史，如西方宪法史、私法史、刑法史、司法史以及侵权行为法史等；加强对西方以外国家和地区法律发展史的介绍，如非洲法律史、印度法律史以及苏联法律史等。

外国法制史作为法学教育体系中的基础性课程，讲授关于整个法学或法律的基础性知识体系——人类法制发生、发展的基本脉络、基本原理和一般规律，涉及的法学学科最多，包含法学理论与实践以及各部门法的研究领域与基本问题，致力于学生基本的法律思维训练与历史素养养成。外国法制史课程必须坚持这一特色，坚守自己独立的学术品格和学术地位，完成培养复合型高级法律人才的特别使命。

也谈“读书万卷不读律”

——兼及中国古代士大夫的法律观

张　群*

摘　要： 今人常将北宋著名文学家苏轼的诗“读书万卷不读律，致君尧舜知无术”，作为苏轼乃至中国古代士大夫鄙薄法律的证据，这一理解稍显简单化。实际上苏轼的本意并非如此，而且中国古代大部分士大夫也认为，无论是从政为官，还是治学修身，都需要学习一些法律知识，有的还有较深的法学素养。但受制于大环境，律学是不大受重视的学问，官员们也不大尊重法制，甚至公然法外用刑而不以为非。

关键词： 苏轼　士大夫　法律观　法外用刑

北宋著名文学家、诗人苏轼（1037～1101）曾有一句“读书万卷不读律，致君尧舜知（一作终）无术”的诗，[①] 流传甚广，常被作为苏轼乃至中国古代读书人鄙薄法律的证据。清末修订法律大臣沈家本（1840～1913）认为此诗乃“苏氏于（王）安石之新法，概以为非，故并此讥之，而究非通论也”。[②] 近代著名法学家杨鸿烈（1903～1977）先生也以这句话为据，断言苏轼“对于此道（指法律）全是外行”。[③] 这些意见从字面上看不无道理，但稍显简单化，苏轼的本意并非如此，中国古代读书人对法律的态度也远比这一句话复杂。以下试作辨析，请教

---

* 张群，北京大学近代法研究所兼职研究员，法学博士。

① （清）王文浩辑注《苏轼诗集》卷七《古今体诗四十五首 · 戏子由》，中华书局，1982，第325页。

② （清）沈家本：《历代刑法考 · 寄簃文存》卷一《设律博士议》，中华书局，1985，第2060页。

③ 杨鸿烈：《中国法律思想史》第四章“儒家独霸时代”，商务印书馆，2017，第185页。

于方家。[①]

一 苏轼的本意和实际

根据《乌台诗话》记载，该诗背景大略如下：“是时朝廷新兴律学，（苏）轼意非之。以为法律不足以致君于尧舜，今时又专用法律忘记诗书，故言我读万卷书不读法律，盖闻法律之中无致尧舜之术也。”[②] 苏轼还因此遭到御史舒亶的弹劾：“陛下明法以课试群吏，（苏轼）则曰读书万卷不读律，致君尧舜知无术。”[③] 不难发现，这很大程度上只是苏轼在诗歌中的文学表达，反映了他对朝廷过于强调法律的选人用人政策的不满，并不表示他认为法律不重要。

事实上，苏轼本人重视法律在施政中的作用，个人也勤于学习并熟悉法律。例如在讨论商旅出境问题上，苏轼熟练征引《庆历编敕》、《嘉祐编敕》、《熙宁编敕》、《元祐编敕》等有关规定，主张加强商旅出境贸易管制。[④] 在高丽使者买书问题上，苏轼持反对态度，他不仅熟练征引有关编敕为自己背书，还针对支持派援引《国朝会要》为据（淳化四年、大中祥符九年、天禧五年均曾赐高丽《史记》等书）指出，“事诚无害，虽无例亦可；若有其害，虽例不可用也”，并从法理角度指出，“《会要》之为书，朝廷以备检阅，非如《编敕》一一皆当施行也”。[⑤] 在讨论五谷力胜税钱问题上，苏轼更广引《天圣附令》、《元丰令》、《元祐敕》等法规文件为自己辩护。[⑥]

有法律史学者曾引用苏轼关于五谷力胜税钱问题的这篇劄子，高度肯

① 何柏生《东坡先生的法律人生》（《法学》2017年第9期）也引用了苏轼这一名句，还搜集了堪称丰富的苏轼个人涉案和审案的法律故事，行文活泼风趣，但对此诗未作探讨。

② （清）王文浩辑注《苏轼诗集》卷七《古今体诗四十五首·戏子由》，中华书局，1982，第325页。

③ 《续资治通鉴长编》卷二百九十九，神宗元丰二年七月己巳条，中华书局，2004，第7266页。

④ 《苏轼文集》卷三十一《奏议·乞禁商旅过外国状》，中华书局，1986，第889～890页。

⑤ 《苏轼文集》卷三十五《奏议·论高丽买书利害札子三首》，中华书局，1986，第1000页。《国朝会要》编纂简况参见洪迈《容斋随笔》卷十三“国朝会要”条。

⑥ 《苏轼文集》卷三十五《奏议·乞免五谷力胜税钱札子》，中华书局，1986，第991～992页。

定苏轼提出的“以法活人”主张（即依据法律、法令减轻民间疾苦），并评论说：“熟悉法典敕令，本是宋代地方官员为政的一项基本要求。值得玩味的是，苏轼从忧国忧民的悲愤意识出发，把法令的贯彻落实到减轻民间疾苦上，这既从一个侧面反映了他的法律素养及人文情怀，也同时说明了忧患意识、法律观念与立法从政的密切关系。”认为苏轼在这方面算“一个典型的代表人物”。[①] 这一评论是比较准确的。这也应是苏轼政绩比较突出、受到广泛肯定的重要原因。

概言之，苏轼对法律的实际态度远非诗句看起来的那么反感，反而是积极学习的。但后人对此的解读却多流于形式，未能认真探究其真意，有的则根本不在乎苏轼本意何在。当然，根源还是在对读律和读书关系的认识上存在分歧。

二　元代：读书亦读律

大概因为同代人熟悉苏轼写诗的背景，理解其意图，不致产生重大误会，宋人似乎没有专门评论此诗用意的。下面主要看一下元、明、清时期诸人对此诗的解读，以及对读书读律的看法，从中管窥中国古人对法律的态度。

元人大多认为，国家治理和个人治学应当既读诗书又读律，二者都很重要。表现在言论上，就是读律与读书相提并论。元代杨维桢（1296～1370）引用该诗说：“苏子之所感论者，岂诬我哉！”并声称元朝就是这样做的：“以儒道理天下，士往往由科第入官，凡谳一狱、断一刑，稽经援史，与时制相参，未有吏不通经、儒不识律者也。”[②] 揭傒斯（1274～1344）提出：“夫文以制治，武以定乱，法律以辅治，财用以立国，皆君子之事所当学者。”[③] 朱德润（1294～1365）提出：“读书所以知天下之有道，读律所以识朝廷之有法。士之出处穷达，夫古今事势，非道无以统

① 陈景良：《试论宋代士大夫的法律观念》，《法学研究》1998年第4期。

② 《全元文》卷一二九四《杨维桢·刑统赋释义序》，江苏古籍出版社，1998，第158页。

③ 《全元文》卷九二二《揭傒斯·送也速答儿赤序》，江苏古籍出版社，1998，第384页。

体，非法无以辅治，于斯咸依焉。”① 甚至官方科举考试还以此为题：“或言读书不读律者，盖有所讥。及其释经辄引律文，岂文章之士于律亦不废欤?”②

元人诗歌中也多类似表达。例如：“俗吏固不可，腐儒良足嗤。明经先植本，读律贵知时。”③“近曾读律知名例，早事通经识孝慈。”④“读经还读律，为吏本为儒。”⑤“读书复读律，才比百炼钢。”⑥“君家有子为时出，且喜读书兼读律。”⑦“早年读律如五经，案头夜照练囊萤。”⑧“高人读律仍读书，白头在堂辞我归。”⑨“读书读律已称贤，孝友尤闻远迩传。”⑩“读书万卷更读律，掉头不肯为萧曹。”⑪

元人的这种看法，虽然也强调读书，但和唐宋更为重视读书的观念明显有一定距离。这可能和元代国家治理思想和价值导向有关。元代鉴于宋代尚文“迂而固”之弊，改行“左儒而右吏”政策，⑫ 强调“以法律治天下”，⑬ 不重视儒学，甚至一度废除科举，因而起用了较多刀笔吏出身的官员，“所与共治出刀笔吏十九”。⑭ 元朝政府还明确提出，“吾儒事诗书，安用法律”者，“有司所不取”。⑮ 故普通人对读律的看法较为正面。

---

① 《全元文》卷一二七四《朱德润·送李明之充吴江州儒吏序》，江苏古籍出版社，1998，第 513 页。

② 《全元文》卷四九九《吴澄·丁巳乡试策问二》，江苏古籍出版社，1998，第 70 页。

③ 《全元诗》第 19 册《蒲道源·送刘彦让山北宪史》，中华书局，2013，第 259 页。

④ 《全元诗》第 20 册《何中·送詹伯昌曹州迎亲》，中华书局，2013，第 289 页。

⑤ 《全元诗》第 25 册《程端礼·睦士何声伯管库于铅山友朋多言其才美余于岁暮方以得见为喜又惜其去作诗以送之》，中华书局，2013，第 336 页。

⑥ 《全元诗》第 36 册《郑元祐·送俞澧掾》，中华书局，2013，第 275 页。

⑦ 《全元诗》第 38 册《谢应芳·答谢楚芳》，中华书局，2013，第 74 页。

⑧ 《全元诗》第 38 册《谢应芳·唐君举挽词》，中华书局，2013，第 253 页。

⑨ 《全元诗》第 50 册《释子贤·与白云山人夜坐山人将归天台即席赋此送之》，中华书局，2013，第 115 页。

⑩ 《全元诗》第 62 册《凌云翰·挽翁顺卿宪史》，中华书局，2013，第 392 页。

⑪ 《全元诗》第 2 册《李庭·赠王寿之》，中华书局，2013，第 408 页。

⑫ 《全元文》卷一四六六《蒋易·送郑希孔之建宁学录序》，江苏古籍出版社，1998，第 70 页。

⑬ 《全元文》卷九三一《揭傒斯·奉议大夫平江路嘉定州知州甘公士廉墓志铭》，江苏古籍出版社，1998，第 534 页。

⑭ 《全元文》卷九二五《揭傒斯·善余堂记》，江苏古籍出版社，1998，第 433 页。

⑮ 《全元文》卷一三六三《李谷·策问》，江苏古籍出版社，1998，第 533 页。

三　明清：居官不可不读律

明清时期，多视此诗为苏轼讥讽之言，不可当真，认为苏轼本意还是赞成读律（但似乎也无人认真去考察苏轼本人是否重视和学习法律），而且多借机正面提出和论证读律如何重要，特别是对居官从政之人。有些人虽然没有引用苏轼这句诗，提出的理由也各不相同，但强调读律的观点是一致的，因此下面一并介绍，不再一一区分。

明初名臣、曾任监察御史的著名儒学人物薛瑄（字德温，1389～1464）认为，熟读律令不仅有助于从政，还有助于律己：“为政以法律为师，亦名言也。既知律己又可治人。”“凡国家礼文制度、法律条例之类，皆能熟读深考之，则有以酬应世务而不戾乎时宜。”① 明代中期名臣陆容（字文量，1436～1496）曾任南京主事、兵部职方郎中、浙江参政等官，他根据亲身经历，得出与薛瑄相近的结论。其所著《菽园杂记》卷六引用苏轼诗后评论说：

> 此虽讥切时事之言，然律令一代典法，学者知此，未能律人，亦可律己，不可不读也。书言议事以制，而必曰典常作师。其不可偏废明矣。尝见文人中有等迂腐及浮薄者，往往指斥持法勤事之士，以为俗流，而于时制漫不之省。及其临事，误犯吏议，则无可释，而溺于亲爱者，顾以法司为刻，良可笑也。②

陆容还在《菽园杂记》卷三记载某年轻官员因不读《皇明祖训》差点闯下杀头大祸的故事，认为不熟悉律例后果很严重，“非但诒笑于人而已”，主张“本朝法制诸书，不可不遍观而博识”。

> 后生新进，议论政事，最宜慎重。盖经籍中所得者义理耳，祖宗旧章，朝廷新例，使或见之未真，知之未悉，万一所言乖谬，非但诒笑于人而已。尝记初登第后，闻数同年谈论都御史李公侃禁约娼妇

① （明）薛瑄：《读书录》卷一，凤凰出版社，2017，第6页。

② （明）陆容：《菽园杂记》卷六，中华书局，1985，第70页。

事。或问："何以使之改业不犯？"同年李钊云："必黥刺其面，使无可欲，则自不为此矣。"众皆称善，予亦窃识之久矣。近得《皇明祖训》观之，首章有云："子孙做皇帝时，止守律与《大诰》，并不用黥刺剕劓阉割之刑。臣下敢有奏用此刑者，文武群臣即时劾奏，将犯人凌迟，全家处死。"为之毛骨竦然。此议事以制，圣人不能不为学古入官者告，而本朝法制诸书，不可不遍观而博识也。①

明代中期，正德辛巳年进士、曾任南京刑部主事的敖英不仅主张读律，还曾探讨"入仕途读律，当以何者为先？"的问题，认为"先读治己之律，若不能律己，而遂律人，难哉。如出入人罪、故禁故勘平人、决罚不如法、老幼不拷讯、凌辱军职之类，皆治己之律，宜书座右奉以周旋，不然吾恐巨室或议其后矣，不然吾恐当路或殿其课矣"。② 明末清初著名思想家陆世仪（晚号桴亭，1611～1672）引用薛瑄的话（"凡国家礼文制度、法律条例之类，皆当熟读深考"）评论说，孔子"动称周家法度"，说明其熟悉和重视制度，而后世学者只知道形式主义地追随孔子谈论周代制度，却忽视现实法制的学习，可谓"不善学孔子者矣"（"愚谓孔子动称周家法度，虽周公制作之善，亦从周故也。予每怪后儒学孔子亦动称周家法度，而于昭代之制则废而不讲，亦不善学孔子者矣。"）还引用陆容的有关言论（但似引用有误，参见上文），认为"居官而读律令，所谓入国问禁也"，学者不可以忽视律令之学：

昔陆文量公尝言国家当设宰相，及读律令，有"以后官员人等有妄言设立宰相者，满朝文武大臣一时执奏，将本犯凌迟处死"，不觉失色。因叹居官不可不读律令。今之学者，奈何忽诸？③

明末清初著名理学家李颙（1627～1705）也认为："律令，最为知今之要。而今之学者，至有终其身未之闻者。读书万卷不读律，致君尧舜终

① （明）陆容：《菽园杂记》卷三，中华书局，1985，第33页。

② 《皇明经济文录》卷十四《刑部·论律（敖英）》，辽海出版社，2009，第1047页。敖英简历参见朱彝尊选编《明诗综》卷三七《敖英》，中华书局，2007，第1818页。

③ （清）魏源编《皇朝经世文编》卷三，岳麓书社，2004，第118页。

无术，夫岂无谓而云然乎!”① 明末清初另外一位著名思想家顾炎武（1613～1682）没有明确提出应当读律，但从其批评科举考试拟判作弊的激烈态度看，他应该也是赞成的。②

清代康熙年间刑部尚书姚文然公开表达“律学之不可不讲”的观点，③写了许多法律文章，魏源编《皇朝经世文编》刑政类选录其文七篇，是比较多的人之一。④ 他还撰写有大批律学笔记，汇总题为《白云语录》。⑤ 乾隆年间状元出身的刑部侍郎钱维城明确反对读律无用论，尤其是因果之说。他说：“夫刑之关于治乱，大矣。”“自煦煦为仁者惑于果报之说，动言庭坚不祀，由于作士，绝口不敢谈，至以读书不读律，用为訾謷，岂不谬哉!”“律之为书，别嫌疑，明是非，其义同春秋，而三百三千，与礼教相出入。”“儒者平时鄙为不足道，一旦临民，其不以人命为草菅，也几希矣。”⑥ 清代后期著名官僚、学者梁章钜（1775～1849）曾任军机章京、员外郎、知府、按察使、布政使、巡抚并兼署总督等官，行政经验相当丰富，还撰写多种著作传世。他不仅主张读律，还认为律、例都要读：“服官不能不读律，读律不能不读例，例分八字，则以、准、皆、各、其、及、即、若之义，不可不先讲求也。”⑦ 清代后期著名文臣周寿昌（1814～1884）曾任翰林编修、起居注官、实录馆纂修、侍读学士、户部左侍郎、内阁学士等官，多次扈从随侍皇帝。他认为，苏轼的诗是讥讽之言，“此因当日安石用商鞅之术，作新法以祸苍生，士大夫承其风旨，专习申、韩

① （明）李颙：《二曲集》卷七《体用全学·适用类》律令条，中华书局，1996，第54页。

② （清）顾炎武撰，黄汝成集释《日知录集释全校本》卷十六《判》，上海古籍出版社，2006，第954页。

③ 《姚端恪公外集》卷六《犯罪自首》，载《清代诗文集汇编》第75册，上海古籍出版社，2011年影印版，第423页。

④ 魏源编《皇朝经世文编》卷九一《刑政二律例上·律意律心说（姚文然）》、卷九二《刑政三律例下·原免出继缘坐议（姚文然）/犯罪自首说（姚文然）/请宽罪臣送门疏（姚文然）/盗伐官柳误刺字述（姚文然）》、卷九四《刑政五治狱下·强盗破财说（姚文然）/咨汇牌票存簿说（姚文然）》。

⑤ 《白云语录》内容颇多，包括《姚端恪公外集》卷一至卷六，载《清代诗文集汇编》第75册，上海古籍出版社，2011年影印版，第354～432页。参见其子姚坚百和姚士概的编辑后记（第411、432页）。

⑥ 钱维城：《茶山文钞》卷四《大清刑法表序》，载《钱文敏公全集》，续修四库全书第1443册，上海古籍出版社，2002，第684～685页。

⑦ （清）梁章钜：《浪迹续谈》卷一《案牍文字八字例》，中华书局，1981，第254页。

家言以干进。故东坡咏此讥之”，“其实律何可不读也?”接着引用上述陆世仪的话，批评其时学者轻视律学，视会典、律例为俗学的陈旧观念：“昔何休注春秋，率举汉律。郑君注三礼，亦举律说。此穷礼好古之则也。……今人于会典、通礼、律例等书视为俗学，不知所谓不俗者何学也。”① 清末著名学者朱一新（1846～1894）曾任内阁中书、翰林院编修、陕西道监察御史，他认为“儒者不可不读律，律意精深，俗吏乌乎知之?”②

上述主张读律的明清诸人中，有当过中央和地方大员的资深官僚，也有只是作文字工作的皇帝身边的侍臣，还有讲学一辈子、没有怎么当过官的思想家，应该可以代表明清时期大部分士大夫的意见。一般社会观念上，也多将读书与读律相提并论，特别是官场上，如清代江苏臬署大堂楹联：“读律即读书，愿凡事从天理讲求，勿以聪明矜独见；在官如在客，念平日所私心向往，肯将温饱负初衷。”③ 某衙署楹联：“吏民莫作官长看，法律要与诗书通。”④ 在文学作品里，苏轼这句诗也已然成为一个符号，用来批评那些不通世事、不重实际、没有行政才干的官员和士子。如清末才女汪藕裳（1832～1903，今江苏盱眙人）撰写的弹词《子虚记》中，牛抚台说：“好一个不通的宰相，真乃是读书万卷不读律了。”⑤

四　余论：中国古代士大夫的法律观、根源及局限

综上所述可以看出，苏轼这句诗只是“一时戏言”，读书亦读律是中国古代许多有识之士（不限于官场人士）的共同主张。对官吏来说，熟悉律令是履职尽责的需要。对一般士大夫而言，律令也是其知识修养的一部分。前文已经梳理元明清时期的一些史料，这里再补充一些唐宋资料。例如唐人云：“评事不读律，博士不寻章。”就是针对武则天时封官过滥，许多司法官员不具备相应法律知识所发。⑥ 北宋欧阳修与士大夫接触，只谈

① （清）周寿昌：《思益堂日札》（十卷本）卷九“读律”条，中华书局，2007，第184页。

② （清）朱一新：《无邪堂答问》卷三《评读汉书艺文志》，中华书局，2000，第106页。

③ （清）朱应镐辑《楹联新话·新话卷三·廨宇》，中华书局，1987，第449页。

④ （清）梁章钜：《楹联丛话》卷五，凤凰出版社，2016，第57页。

⑤ 汪藕裳著，王泽强点校《子虚记》卷十八《文抚院计斩陈贤 裴尚书智识王义》，中华书局，2014，第819页。

⑥ （唐）张鷟：《朝野佥载》卷四，中华书局，1979，第89页。

吏事，不及文章，认为“文学止于润身，政事可以及物”，所谓吏事应该也包括法律。[①] 宋刘克庄自称：“宝庆初元，余有民社之寄。平生嗜好一切禁止，专习为吏。勤苦三年，邑无缺事。”[②] 从一些间接记载看，中国古代士大夫的律学修养不错。如宋代周密《齐东野语》卷八《义绝合离》记载，陈振孙曾就一个义绝案例发表了很有见地的意见，而陈振孙是著名目录学著作《直斋书录解题》的作者，一位典型的信奉儒学的读书人。[③] 清代史学家钱大昕（1728～1804）所撰《十驾斋养新录》，有多处涉及法律问题（卷六《古律有荫减荫赎》、《加役流》、《断屠月禁杀日》、《碑碣石兽》、《居官避家讳》，卷七《折杖起于宋初》、《凌迟》，卷十三《唐律疏议》，卷十四《洗冤录》），[④] 资料援引广泛，遍及唐律、刑法志等，其中《凌迟》较之沈家本所述，[⑤] 不乏更为详尽之处。

但另一方面，律学始终是不大被看重的学问，苏轼诗中反映出的不以为然和牢骚，确实在一定程度上反映了当时社会的部分真实。元代有明显的鼓励读律政策，仍然“士之读律者亦鲜”，[⑥] 北京周边“郡县官吏贪污苟且，通知法律者少”，[⑦] 乃至有人自称“予一生读书不读律”。[⑧] 明末“士不读律”，科举考试拟判一场，公开作弊造假。[⑨] 薛瑄、陆世仪最主读律，但二人主要精力还是在儒学，前者“学一本程、朱”，[⑩] 后者“学笃守程朱”。[⑪] 直到清末，薛允升还感慨说：“士大夫辄高论义理，以法律为申韩之学，残忍刻薄，绝不寓目，岂知法律亦有出于义理者乎？此之不知，则

① （宋）洪迈：《容斋随笔》卷四，中华书局，2005，第45页。

② 《后村先生大全集》卷一九四《陈敬叟集序》，中华书局，2011，第3973页。

③ （宋）周密：《齐东野语》卷八，中华书局，1983，第147页。

④ （清）钱大昕：《十驾斋养新录》，凤凰出版社，2016，第1页。

⑤ （清）沈家本：《寄簃文存》卷一《奏议·删除律例内重法摺》，中华书局，1985，第2023页。

⑥ 《全元文》卷四八四《吴澄·大元通制条例纲目后序》，江苏古籍出版社，1998，第333页。

⑦ （元）苏天爵：《滋溪文稿》卷二七《奏疏·乞详定斗殴杀人罪》，中华书局，1997，第459页。

⑧ 《全元文》卷一二三八《赵许岳·钦恤集序》，江苏古籍出版社，1998，第439页。

⑨ （清）顾炎武撰，黄汝成集释《日知录集释全校本》卷十六《判》，上海古籍出版社，2006，第954页。

⑩ 《明史》卷二八二《儒林一·薛瑄传》，中华书局，1974，第7229页。

⑪ 《清史列传》卷六六《儒林传上·陆世仪》，中华书局，1987，第5256页。

其所谈之义理，亦可以想见矣。”[①] 更有说服力的证据是，相对于对律学的淡漠，士大夫对儒家经典的学习多较为自觉，即使是刑名官员也多具有较深的儒学功底，例如薛允升撰写的《唐明律合编》，频繁征引洪迈、顾炎武、钱大昕等的观点，显见对四部典籍之熟悉。有的刑名官员还有文史著作传世。清代著名绍兴师爷汪辉祖所著《元史本证》是考史作品，颇受赞誉，中华书局点校《元史》时还将其作为参考。清末著名法学家沈家本（1840～1913）著有《诸史琐言》、《日南随笔》等“非刑律者又二十余种”，[②] 其经史造诣获著名文史学家张舜徽先生高度评价。[③] 有些官吏因各种原因，年轻时以读律为主，但等生活安定或者晋升到一定职位后，都会再去研读儒家诗书，而且大多出于主动和自觉，舆论也对此予以好评。例如元代撰写《刑统赋释义》的梁彦举，“自童年即以吏事起身，至老而求诸经史，以文其律家之学”，故是书“不惟精于法家之律，而又明于儒者之经史也”。[④] 还有多位官员有着类似经历，例如：“……于是改读律。已而又以法家少恩……尽弃故学，一意读六经，学为文章。”[⑤] “……公退而读律。不二三年，条例及注释，问无不知。他日，又问生：我读律，知大纲矣。窃谓，刑法但能治罪恶之有迹者耳。假有情不可耐，而迹无可寻者，何以治之？生曰：圣人作《春秋》，不诛其人身。子能读《春秋》，则治心与迹，两俱不困矣！公复从人授《春秋》。”[⑥] 这些都生动显示了儒学和律学的不同地位，以及士大夫儒学、律学修养的差距。

这种态度、观念和言行，一方面是因为“无讼”的传统，律学没有活动空间，发挥不了什么作用。一般读书人出于功利目的，没有学习法律的动力和兴趣。另一方面与中国古代传统价值观有关。传统士大夫和官僚阶层大都认为，“吏事”和“文章”、律令和儒学的地位是有高下贵贱之分

---

① （清）薛允升：《唐明律合编》卷六《名例六·亲属相为容隐》，中国书店出版社，2010年影印本，第 45 页。

② 《清史稿》卷四四三《沈家本传》，中华书局，1977，第 12448 页。

③ “……以法学名于世，其经史小学，均为所掩。世徒服其博学多识而已，固无人知其深于许、郑之学也。”参见张舜徽《清人文集别录》卷二一《寄簃文存·枕碧楼偶存稿》，华中师范大学出版社，2004，第 531 页。

④ 《全元文》卷一二九四《杨维桢·刑统赋释义序》，江苏古籍出版社，1998，第 158 页。

⑤ （金）元好问：《元好问文编年校注》卷五，中华书局，2012，第 669 页。

⑥ （金）元好问：《元好问文编年校注》卷五，中华书局，2012，第 581 页。

的，吏事和律令刻薄寡恩，是法家之术；文章和儒学则仁慈深远，是先王之道。例如唐人认为：“夫为国之体有四焉：一曰仁义，二曰礼制，三曰法令，四曰刑罚。仁义礼制，政之本也；法令刑罚，政之末也。”① 杜甫诗云：“舜举十六相，身尊道何高。秦时任商鞅，法令如牛毛。”② 宋人认为：“圣人之为政也，太上以仁，其次以智。仁智不行，上下无信，是故刑之设也，盖国家不得已而用之。”③ 司马光为相，更直言：“宰相以道佐人主，安用例！苟用例，则胥吏足矣。”④ “人君务明先王之道，而不习律令。”⑤ 朱熹也认为：“政者，为治之具。刑者，辅治之法。德礼则所以出治之本，而德又礼之本也。此其相为终始，虽不可以偏废，然政刑能使民远罪而已，德礼之效，则有以使民日迁善而不自如。故治民者不可徒恃其末，又当远探其本也。”⑥

这种价值观在对人才的评价上表现得尤为明显。唐初宰相房玄龄、杜如晦“听受词讼，月不暇给”，唐太宗对此提出严厉批评，认为他们没有把精力放到作为一个宰相应该做的事情上（“求访贤哲”）。⑦ 欧阳修对人的评语也以文章为贵、吏事为轻：“吏事不足污子，当以文章居台阁。”⑧ 即使最为重视律学的元代，亦不乏类似表达，如“书破万卷，何须读律以致君；文似六经，便合从今而修史”。⑨ “仁义礼乐，治之本也；法令刑罚，辅治者也。”⑩ “法律非不任也，任之以为辅治之具，非为治之本也。”⑪ “刑者辅治之具，非恃刑以为治者也。”⑫ “申、商之法，岂能加于周、孔之

① 《隋书》卷七四《酷吏》序，中华书局，1973，第 1691 页。

② （唐）杜甫著，（清）杨伦笺注《杜诗镜铨》卷十《述古三首》，上海古籍出版社，1998，第 455 页。

③ （宋）吕祖谦编《宋文鉴》卷四二《奏疏·请除非法之刑（钱易）》，中华书局，2018，第629 页。

④ 《苏轼文集》卷十六《行状·司马温公行状》，中华书局，1986，第 486 页。

⑤ （宋）吕祖谦编《宋文鉴》卷四九《奏疏·应诏论体要（司马光）》，中华书局，2018，第753 页。

⑥ （宋）朱熹：《四书集注·论语集注》卷一《为政第二》，中华书局，2011，第 55 页。

⑦ （宋）吕祖谦编《宋文鉴》卷四五《奏疏·请继上奏封细陈事理（文彦博）》，中华书局，2018，第 694 页。

⑧ 《居士集》卷二五《尚书屯田员外郎赠兵部员外郎钱君墓表》。

⑨ 《全元文》卷二四四《牟巘·宴交代杨寺丞乐语》，江苏古籍出版社，1998，第 763 页。

⑩ 《全元文》卷一六二《胡祗遹·论按察失职》，江苏古籍出版社，1998，第 533 页。

⑪ 《全元文》卷九二二《揭傒斯·送也速答儿赤序》，江苏古籍出版社，1998，第 384 页。

⑫ （元）苏天爵：《滋溪文稿》卷二七《奏疏·建言刑狱五事》，中华书局，1997，第 449 页。

道！学儒不愈乎？”[①]“天下亦岂有舍儒而可以为吏者？”[②]“人之为人，惟孔夫子札萨克（指《论语》一书）不可违耳。”“札萨克，华言犹法律也。”[③] 明人认为：“为治莫先于德教，辅治莫先于刑罚。”[④] 明末清初顾炎武认为：“法制禁令，王者之所不废，而非所以为治也。其本在正人心、厚风俗而已。”[⑤] 批评“秦以任刀笔之吏而亡天下，此固已事之明验也”。[⑥]又说“诸葛孔明开诚心，布公道，而上下之交，人无间言”，“魏操、吴权任法术，以御其臣，而篡夺相仍，略无宁岁。天下之事，固非法之所能防也”。[⑦] 最经典的论断则是清代四库馆臣所云：“刑为盛世所不能废，而亦盛世所不尚。”[⑧]

在制度上，官方对学习儒家经典有强制性要求，属于“必修课”，例如汉代小吏亦须通经。[⑨] 唐代九流百家之士，“并附诸国学，而授之以经”。[⑩] 地方办学亦“非圣哲之书不得教授”。[⑪] 对读律则很少有这样普遍的强制性要求。当然，更具指标性意义的是人才选拔制度。汉代尚无这样的限制，其时人才多出胥吏。但随后开始变化，唐代明确规定，科举考生出身“州县小吏”的，“虽艺文可采，勿举”。[⑫] 宋代“非进士及第者，不得美官”。[⑬] 金朝规定，律科举人必须通过儒学考试，“知教化之原”，才能获得功名：“律科举人止知读律，不知教化之原，必使通治论语、孟子，涵养器度。遇府、会试，委经义试官出题别试，与本科通定去留为宜。”[⑭]元代由吏出身者，可至宰执、台谏，“故士皆乐为吏”，但实际上，人才选

---

① 《全元文》卷一四〇《王博文·故谘议李公墓碣铭》，江苏古籍出版社，1998，第105页。

② 《全元文》卷一五二一《宋讷·送田文起序》，江苏古籍出版社，1998，第27页。

③ 《全元文》卷三六六《萧㪺·元故特授大司徒赠太师开府仪同三司上柱国冀国公推诚宣力保德翊戴功臣谥忠宣石公神道碑铭》，江苏古籍出版社，1998，第759页。

④ 《明经世文编》卷六四《马文升·为申明律意以弭盗贼疏》，中华书局，1962，第548页。

⑤ （清）顾炎武撰，黄汝成集释《日知录集释全校本》，上海古籍出版社，2006，第488页。

⑥ （清）顾炎武撰，黄汝成集释《日知录集释全校本》，上海古籍出版社，2006，第485页。

⑦ （清）顾炎武撰，黄汝成集释《日知录集释全校本》，上海古籍出版社，2006，第488页。

⑧ 《四库全书总目》卷八二《史部三十八·政书类二·法令》，中华书局，1965，第712页。

⑨ （清）顾炎武撰，黄汝成集释《日知录集释全校本》，上海古籍出版社，2006，第1019页。

⑩ （清）顾炎武撰，黄汝成集释《日知录集释全校本》，上海古籍出版社，2006，第1018页。

⑪ 《隋书》卷七四《循吏·梁彦光传》，中华书局，1973，第1675页。

⑫ 《新唐书》卷四四《选举志上》，中华书局，1975，第1165页。

⑬ （宋）吕祖谦编《宋文鉴》卷四八《奏疏·贡院乞逐路取人（司马光）》，中华书局，2018，第732页。

⑭ 《金史》卷九《章宗本纪》，中华书局，1975，第210页。

拔仍以擅“文章”者为最上等：“方是时，国家取士非一途，或以艺，或以资，或以功，或以法律，其最上者以文章荐，可立置馆阁。”[①]“上之取士，先德行，次经学，次文艺，次政事。”[②] 明初选官三途并用，其一为吏员（另二为荐举、进士监生），著名循吏、苏州知府况钟即出身吏员（“初以吏事尚书吕震，奇其才”）。[③] 但更多的是限制，明太祖朱元璋时禁止吏员参加科举，“吏胥心术已坏，不许应试”，[④]“凡选举，毋录吏卒之徒”。[⑤] 明成祖朱棣时又禁止吏员当御史，“御史，国之司直，必有常识，达识体，廉正不阿，乃可任之。若刀笔吏，知利不知义，知刻薄不知大体，用之任风纪，使人轻视朝廷”。[⑥] 明英宗时禁止吏员当郡守（“吏员鲜有不急于利者”）。[⑦] 这样的制度安排自很难指望律学受到重视。

最后还要特别指出的是，虽然中国古代许多读书人认为居官修身均有必要读律，史书上也有相当丰富的秉公执法、大公无私的记载，[⑧] 但实践中，普遍不大尊重法制，更不乏公然法外用刑者。而这和当事人是否读律几乎没有什么相关性。如宋代号称重法慎罚，但据清代史学家赵翼统

---

① 《全元文》卷九三〇《揭傒斯·甘景行墓志铭》，江苏古籍出版社，1998，第530页。

② 《全元文》卷九二〇《揭傒斯·送刘旌德序》，江苏古籍出版社，1998，第360页。

③ 《明史》卷一六一《况钟传》，中华书局，1974，第4379页。

④ 《明太祖实录》卷六七，洪武四年七月丁卯。

⑤ 《明太祖实录》卷二〇三，洪武二十三年八月壬申。

⑥ 《明太宗实录》卷六四，永乐七年六月。

⑦ 《明英宗实录》，转引自（清）顾炎武撰，黄汝成集释《日知录集释全校本》，上海古籍出版社，2006，第1019页。

⑧ 例如，《明史》卷二百五十八《詹尔选传》记载，詹尔选批评皇帝干扰司法，崇祯怒问：“刑官拟罪不合，朕不当驳乎?”答曰：“刑官不职，但当易其人，不当侵其事。”清代也有很多类似言论和案例，包括政治败坏的慈禧时期。参见黄濬《花随人圣庵摭忆》卷一一五《西太后骫法滥刑》，中华书局，2013，第204页；王元化《沈荩之死》、《司官护法》（主要根据王照《方家园杂咏记事》），载王元化《清园文存》第二卷《掌故篇》，江西教育出版社，2001，第497、521页；严迎春《当司法与慈禧相遇》，《读书》2012年第3期。这几篇文章都提到了光绪六年护军殴伤太监案并见《刑案汇览全编·新增刑案汇览》卷一六《断狱四·断罪引律令·护军殴伤太监》（法律出版社，2007，第319页）：“内务府奏：前审拟护军殴伤太监一案，奉旨再行详讯，著太监李三顺对质明确，自应从严惩治。惟查凡有谕旨而不遵者，应照制书有违科罪，仅止杖一百。拳殴脚踢，按宫内忿争亦罪止杖一百。即比照奉命出使被殴，亦罪止流二千里。奴才等前次奏请将玉琳、祥福、忠禾第依午门伤人例，拟以实发吉林驻防圈禁，业已从重定拟。奴才等再四筹商，详稽定例，罪已至极，无可再加。拟请仍照例将玉琳于流罪上从重发往吉林充当苦差，祥福于徒罪上从重发往驻防当差，均革去护军，先行枷号三个月再行发配。觉罗、忠禾前经宗人府拟以革去护军，于流罪应圈二年上再从重折圈三年，加责四十板，分别治罪。”

计，《宋史》中有七个地方官违法专杀的案例，其中六个涉及军法，情况紧急，不妨便宜处之，“用重典以儆凶顽”，但第七个案例不过是一位继子醉酒之后詈骂后母。[①] 而作出这一震惊宰相王安石决断的主角舒亶，不过是一名刚刚踏入仕途的年轻小吏（临海尉）。[②] 这也就难怪赵翼要批评宋代朝纲废弛：“舒亶以小吏而擅杀逆子，虽不悖于律，而事非军政，官非宪府，生杀专之，亦可见宋政之太弛也。”[③] 但此事并未影响舒亶仕途，反而让其进入高层视野，官运亨通，后来更成为弹劾苏轼的主要干将之一。赵翼的统计限于死刑，如果将范围扩大到一般违法处罚，则苏轼亦在其中。

前文说过苏轼重视法制，也熟悉法律，但苏轼也认为，必要时可以法外用刑。他在元丰元年（1078）《徐州上皇帝书》中，引用汉代丞相王嘉“二千石益轻贱，吏民慢易之”的话，[④] 认为宋代亦“郡守之威权”太轻，表现之一就是“欲督捕盗贼，法外求一钱以使人且不可得”，“盗贼凶人，情重而法轻者，守臣辄配流之，则使所在法司覆按其状，劾以失入”，认为“惴惴如此，何以得吏士死力而破奸人之党乎?”他建议“京东多盗之郡”，“皆慎择守臣，听法外处置强盗”，并且“颇赐缗钱，使得以布设耳目，蓄养爪牙”。[⑤] 对此，苏轼并非说说而已，而是切实付诸行动。在杭州知州任上，他曾经一年之内三次法外用刑。其一是元祐四年（1089）七月，杭州百姓颜章、颜益二人带领二百余人到知州衙门闹事。苏轼调查后发现，此二人之父颜巽乃第一等豪户，父子一向把持、操纵纳绢事务，此次闹事，就是针对苏轼的纳绢新政。本来州右司理院已“依法决讫”，但苏轼认为，二人“以匹夫之微，令行于众，举手一呼，数百人从之，欲以众多之势，胁制官吏，必欲今后常纳恶绢，不容臣等少革前弊，情理巨蠹，实难含忍”，决定“法外刺配”。判云：“颜章、颜益家傅凶狡，气盖乡闾。故能奋臂一呼，从者数百。欲以摇动长吏，胁制监官。蠹害之深，

---

① 《廿二史札记》卷二五《定罪归刑部》，中华书局，2013，第543～544页。

② 《宋史》卷三二九《舒亶传》，中华书局，1985，第10603页。

③ 《廿二史札记》卷二五《定罪归刑部》，中华书局，2013，第543～544页。

④ 《汉书》卷八六《王嘉传》，中华书局，1962，第3490页。

⑤ 《苏轼文集》卷二十六《奏议·徐州上皇帝书》，中华书局，1986，第761页。亦见（宋）吕祖谦编《宋文鉴》卷五五《奏疏·徐州上皇帝书（苏轼）》，中华书局，2018，第826～827页。

难从常法。”刺配本州牢城，并上报朝廷，“谨录奏闻，伏候敕旨”。[①] 其二是元祐四年十一月，浙江灾荒，社会不太稳定。苏轼鉴于“浙中奸民结为群党，兴贩私盐，急则为盗”，担心“饥馑之民，散流江海之上，群党愈众，或为深患”，请朝廷准许对于“应盗贼情理重者，及私盐结聚群党”，皆许“法外行遣”，等到情况好转之后再恢复常态（“候丰熟日依旧”）。[②] 其三是元祐四年十一月，福建商人徐戬受高丽钱物，于杭州雕刻《华严经》并海舶载去交纳，事毕又载五名高丽僧人来杭。苏轼认为，“福建狡商，专擅交通高丽，引惹牟利，如徐戬者甚众”，“此风岂可滋长，若驯致其弊，敌国奸细，何所不至?”将徐戬枷送左司理院查办，并上书皇帝，“乞法外重行，以戒一路奸民猾商”。[③] 后奉圣旨，徐戬“特送千里外州、军编管”。[④]

按照现代法理，在发生外敌入侵、社会动乱、重大自然灾害等紧急状态下，可以允许在一定程度上突破法律。因此，苏轼的上述观点不可简单地予以否定，而要具体分析。详言之，苏轼关于救灾可以法外施仁的观点应予以肯定，关于私盐犯的法外用刑也可以接受，但法外刺配闹事的颜章、颜益似无必要，因当时局势和肇事者均已控制；法外惩处福建商人徐戬亦显苛刻，其危害和影响似远无苏轼指称的那样严重，这只能从苏轼本人的外交观上去找原因了。事实上，“法外刺配”颜章、颜益一事很快就被苏轼的政敌贾易等人抓住，作为攻击他的一大罪状。苏轼被迫继续外任。[⑤] 元祐八年，苏轼又因“法外支赏，令人告捕强恶贼人”，遭到台官弹劾（“妄用颍州官钱”），但这次皇帝未予理睬。[⑥] 这大概也能反映世人的态度。[⑦] 更具讽刺意味的是，批评苏轼违法的贾易本人则根本不学法律。

---

① 《苏轼文集》卷二十九《奏议·奏为法外刺配罪人待罪状》，中华书局，1986，第841～842页。

② 《苏轼文集》卷三十《奏议·乞赈济浙西七州状》，中华书局，1986，第851页。

③ 《苏轼文集》卷三十《奏议·论高丽进奉状》，中华书局，1986，第848页。

④ 《苏轼文集》卷三十一《奏议·乞禁商旅过外国状》，中华书局，1986，第888页。

⑤ 苏轼:《再乞郡札子》（元祐六年七月六日）、《乞外补回避贾易札子》（元祐六年七月二十八日）、《辨贾易弹奏待罪札子》（元祐六年八月初四日），载孔凡礼点校《苏轼文集》卷三十三《奏议》，中华书局，1986，第930、934～935页。

⑥ 《苏轼文集》卷三十六《奏议·辨黄庆基弹劾劄子》，中华书局，1986，第1015页。

⑦ 需要说明的是，苏轼本人主张可以法外用刑，但对在具体个案中是否这样做还是慎重的，在确保效果的前提下，他似乎更愿意依法办事。这从他为滕宗达写的墓志铭中可以看出来：“徙真定，乞以便宜除盗，许之。然讫公之去，无一人死法外者。”参见孔凡礼点校《苏轼文集》卷十五《墓志铭·故龙图阁学士滕公墓志铭》，中华书局，1986，第464页。

贾易担任常州司法参军（考上进士之后的第一个职位）期间，“自以儒者不闲法令，岁议狱，唯求合于人情，曰：人情所在，法亦在焉”。而史书亦赞美他“迄去，郡中称平”。[1] 这样一种对法律无用和无所谓的态度自不是个案和偶然，这或许就是限制中国古代法治和律学发展的民族心理基因。

总体来看，中国传统社会大多数人还是认为读诗书更重要、更精深、更高尚，读律则只是辅助性、工具性的，且格调不高。直到清末法制改革以后，社会上才逐渐重视法律，法学才逐渐成为热门专业。至于真正把法律当一回事，尊重法治和人权，那更是后来的事情了。但中国古代士大夫关于读律的重要性，以及读律和读书关系的论述，颇有独到之处，对今天也有启发。

① 《宋史》卷三百五十五《贾易传》，中华书局，1985，第11173页。

2017年日本的中国法制史研究概况

赤城美惠子 撰　赵　晶 译*

久保茉莉子《南京国民政府时期刑事诉讼法修改与自诉制度》(《法制史研究》66),分析了20世纪二三十年代政府、官僚对于该时期引入的被害人起诉制度("私诉",后称"自诉")的看法、与自诉制度运用相关的统计史料,介绍了实际上适用自诉制度的裁判案例,由此探究当时中国必须建立被害人起诉制度的背景,得出了以下结论:在前近代中国的诉讼社会中,官、民密切相关,且诉讼以解决问题为目标,在此影响之下,人们的诉讼普遍得到受理;与此同时,依循近代西洋型刑事诉讼法规定的适当程序得到贯彻,以此设法维持社会秩序。

作者从自己所进行的统计分析和介绍的裁判案例出发,阐明自诉制度应用的实态,这是非常有意思的研究。但是,所用的统计史料始于20世纪20年代末,终于30年代前半期(关于自诉的史料则限于1932~1934年),换言之,这是对自诉制度所适用的犯罪范围加以限制的时期。那么,在1935年修正刑诉法、建立起上述自诉制度之后,情况变得如何呢?论文虽然指出了30年代后半期自诉数量的增加,但实际运用状况并不明了。也许受限于史料吧,这一点略有遗憾。

关于中国法史的通代研究有:冯尔康著、小林义广译《中国的宗族与祖先祭祀》(风響社),渡边信一郎、西村成雄编《如何看待中国的国家体制》(汲古书院),佐立治人《旧中国法律公布的方法》(《关西大学法学论集》66-5、6),森田成满《中国法史研究讲义(6)》(《星药科大学一般教育论集》34)。

---

* 赤城美惠子,日本帝京大学法学部准教授;赵晶,中国政法大学法律古籍整理研究所副教授,博士生导师。

关于先秦、秦、汉法史的研究有：高村武幸编《从周边领域来看秦汉帝国》（六一书房），藤田胜久、关尾史郎编《简牍展现的中国古代的政治与社会》（汲古书院），松崎つね子《睡虎地秦简与墓葬所见楚、秦、汉》（汲古书院），佐々木满实《秦代、汉初的“婚姻”》（《性别研究》20），朱汉民、陈松长、专修大学《二年律令》研究会译《〈岳麓书院藏秦简（参）〉译注（2）第一类 案例〇二“尸等捕盗疑购案”》（《专修史学》61），陶安あんど《岳麓秦简司法文书集成〈为狱等状等四种〉译注稿/事案四》（《法史学研究会会报》20），水间大辅《张家山汉简〈奏谳书〉与岳麓书院藏秦简〈为狱等状四种〉的形成过程》（《东洋史研究》75-4），水间大辅《秦、汉时期里的构成与里正、里典、父老》（但见亮、胡光辉、长友昭、文元春编《小口彦太先生古稀纪念论文集·中国的法、社会与历史》，成文堂，以下略称为“《小口古稀》”）。

关于魏晋南北朝、隋、唐法史的研究有：土肥义和、气贺泽保规编《敦煌、吐鲁番文书的世界及其时代》（东洋文库），石井仁《南朝国官考》（《驹泽史学》87），石野智大《唐代县级行政下“不良”的犯罪搜查》（《法史学研究会会报》20），小野木聪《唐后半期的地方监察》（《东洋史研究》75-2），河野保博《从唐代厩牧令的复原来看唐代的交通体系》（《东洋文化研究》19），川村康《律疏不应为札记》（《小口古稀》），田中则行《唐代后半期的勋官》（《立正史学》121），赵晶撰、辻正博译《唐令复原所据史料检证》（《东方学》133），山内敏辉《封建制国家与贵族制研究的新视角》（《东洋史苑》88）。

关于宋、元法史的研究有：赤木崇敏、伊藤一马、高桥文治、谷口高志、藤原祐子、山本明志《〈元典章〉所说》（大阪大学出版会），大泽正昭、兼田信一郎、佐々木爱、石川重雄、小林义广、户田裕司《福建南部历史调查报告》（《上智史学》61），佐立治人《元朝的立法、刑罚、裁判》（《关西大学法学论集》66-4），清水浩一郎《对北宋徽宗朝“公相制”的一个考察》（《集刊东洋学》116）。

关于明、清法史的研究有：三木聪编《宋—清代的政治与社会》（汲古书院），荒武达朗《嘉庆年间中国本土的乡村差役》（《德岛大学综合科学部人间社会文化研究》24），伊藤正彦《从“丈量保簿”与“归户亲供册”出发》（《东洋史研究》75-3），海丹《“官官相护”吗》（《东方学报》91），喜多三佳《清代前期的丈量》（《小口古稀》），魏郁欣《清代的坟树纠纷所见福建宗族的资源获得战略》（《东方学》134），伍跃《〈顺天府档案〉所见清代国家基础权力的实现》（《东亚研究》66），佐立治人《吴讷撰，若山拯训读〈祥刑要览〉的译注（3）》（《关西大学法学论集》67－2），贞本安彦《明初行人司的创设》（《立正史学》120），铃木博之《明代的地方祭祀与仪礼》（《集刊东洋学》117），谷口规矩雄《在乾隆朝灾害救济活动中的官、吏、诸衙役的不法行为》（《爱大史学》26），陈颖《明代的考察制度》（《集刊东洋学》117），中村正人《与清代赎刑制度相关的初步考察》（《金泽法学》59－2），荷见守义《明代都司掌印官的基础性考察》（《人文研纪要》85），刘恋撰、新井崇之译《与清初旗人妇女旌表制度建立相关的初步研究》（《骏台史学》159）。

关于近代法史的研究有：小嶋华津子、岛田美和编著《中国的公共性与国家权力》（庆应义塾大学出版会），村上卫编《近现代中国社会经济制度再编》（京都大学人文科学研究所，包括加藤雄三《20 世纪的镇江租界》、田口宏二朗《登记的时代》），王前《由思想来看近、现代中国的近代性法律的继受》（《小口古稀》），熊本史雄《台湾总督府的文书管理规程》（《驹泽史学》88），孔颖《清末法部郎中韩兆蕃的〈考察监狱记〉》（《东亚文化交涉研究》10），江玉林撰、松原健太郎译《法图像学》（《法制史研究》66），小林武《章炳麟的法制论》（《中国研究集刊》63），铃木哲造《日本统治下台湾医疗设施的形成与发展》（《中京法学》51－2、3），千叶正史《清末各部立案筹备立宪九年计划》（《东洋大学文学部纪要・史学科篇》42），西英昭《北洋政府时期法典编纂机构的变迁》（《法政研究》83－3），东山京子《日本统治时期台湾的文书保存与官僚》（《中京法学》51－2、3），夫马进《清末〈申报〉所见律师观的发展与讼师观的演变（1）》（《东方学》134），熊达云《〈大清民事诉讼律草案〉与松冈义正的关系》（《山梨学院大学研究年报・社会科学研究》37）。

译自《法律时报》2017 年 12 月号（总 1119 号）
“2017 年学界回顾・法制史・东洋法制史”，2017 年 11 月

法史学人

千淘万漉细耕耘　双鬓向人无再青

——高恒先生学术道路和治学风格

王肃羽 *

在秦汉法制史和古代法律思想史研究领域，不能不提高恒先生的名字。作为秦汉法制史和中国古代法律思想史研究方面的专家，高先生的《秦汉法制论考》、《秦汉简牍中法制文书辑考》等这些在秦汉简法制史方面的研究成果，"占有极其重要的开创性的学术地位"，① 深受海内外学者的好评。其在秦律"隶臣妾"方面的研究更被日本学者滋贺秀三称为对中国古代法制史研究具有"划时代意义"② 的成果。

一　学术道路

纵观高先生的学术人生，你会由衷地感慨、深刻地体会到个人的命运、个人的成就与生活时代的联系是那样的紧密、潜移默化、自然天成，而且是那样不以人的意志为转移，有时甚至难以置信。时代造就了人、成就了人，每个人都在这样的规律中成就事业，完成人生，走向各自的辉煌。

（一）求学经历

1930 年 1 月出生于湖北老河口的高恒先生，和那个时代接受过教育的

---

* 王肃羽，中国社会科学院研究生院法学系 2016 级法学硕士研究生。

① 陈奎元：《学问有道——学部委员访谈录上》，方志出版社，2007，第 1384 页。

② 〔日〕滋贺秀三：《西汉文帝的刑法改革和曹魏新律十八篇篇目考》，《日本学者研究中国史论著选译》（中文版）第八卷《法律制度》，中华书局，1992。

多数人一样，最初接受的是传统的儒家经典教育。他早年上过私塾，经历了严格的传统国学教育，熟读《四书》、《五经》等不少经典。四年的私塾对他的人生产生了什么影响，高先生没有与人提及过，然而从他个人的学术研究和成就看，他的旧学底子应该主要源于这四年的教育。后来他从事秦汉简牍方面的法制史研究，尤其是整理睡虎地秦墓竹简和从事名学与法学的关系研究，需要查阅大量历史文献，特别是前四史、《十三经注疏》和先秦法、名、儒家诸子经典。无障碍地阅读这些古典文献是做好这方面工作的最基本要求，这就需要有深厚的旧学底子。四年私塾教育打下的基础，肯定对这些整理、研究工作帮助匪浅，同时也塑造了他研究上的旧儒遗风。

1951年，通过那个时代的高考，高先生进入武汉大学法律系学习。这四年学习生活影响了高先生一生，他说“这段经历对我影响很大”。[①] 经过1952年全国大学院系调整后保留的武汉大学法律系，聚集了一大批当时的知名教授，给高先生讲过课的就有韩德培（国际法）、燕树棠（国际公法、私法）、薛祀光（债法）、罗鼎（亲属法、继承法）、刘经旺（民法）、吴绪（罗马法）等人，高先生在此接受了系统的法学基本理论教育。当时正值中华人民共和国成立初期，各种政治活动较多，依照那个时代的特点，在校的学生一般都是要停课参加的，高先生就参加了当时的土地改革等运动。每当回忆起这些，高先生认为对没有任何社会经验的学生来讲，这些活动使青年学生直接接触到社会，无疑是一种难得的锻炼。对学习法学的他来讲，更是帮助较大，因为他因此有机会接触到一些具体案例。

让高先生想不到的是，本科毕业后他被批准公派到苏联莫斯科大学法律系法理教研室攻读法理方向的研究生。这种莫名的机缘成为一种激励，使他在莫斯科大学研究生阶段的学习勤奋而刻苦。他在莫斯科大学的导师是苏联著名法学家、《国家和法的理论》的作者安德烈·伊凡诺维奇·杰尼索夫，在他的指导下，高先生系统研读了马克思主义哲学等西方哲学史、思想史、政治思想史等方面的经典原著。在国家与法的理论、政治学说史方面，他先后研读了马克思、恩格斯、列宁和卢梭、孟德斯鸠、马基雅维利、亚里士多德、托马斯等人的原著，撰写了大量读书笔记和心得，

① 陈奎元：《学问有道——学部委员访谈录上》，方志出版社，2007，第1384页。

接受了系统的、全面的马克思主义理论和法学基本理论教育，这些都为他以后的学术研究打下了坚实的理论基础。

（二）工作研究历程

1961年，从苏联留学回国后，高先生被分配到中国社会科学院的前身——中国科学院哲学社会科学部，从事法学和法制史方面的研究工作。在高先生的记忆中，那个时候政治活动特别多，基本上是一边参加各种劳动和政治运动，一边从事一些俄文论著的翻译工作。刚开始翻译的还不是法律方面的东西，而是一些哲学方面的论著，如孟德斯鸠、黑格尔的著作，后来是一些苏联的政法理论著作和西方哲学史方面的文章，如苏联出版的《政治学说史》、《国家与法的理论》等。

时间进入20世纪70年代。1975年底1976年初，湖北云梦发现了秦代竹简，高先生和刘海年先生被选上参加睡虎地秦墓竹简的整理、注释工作。人生的又一机缘到来了。当时他们被安排在故宫，先迁到“遮楼”，后来又搬到故宫西北角的城隍庙的西大厅。当时城隍庙里面有云梦秦简整理组、马王堆汉墓整理组、银雀山汉墓整理组、吐鲁番文书整理组。这个工作一直持续到1978年。参加睡虎地秦墓竹简的整理，对高先生来说是个重大转折，从此他很自然地开始了秦汉简法制史的研究生涯。在睡虎地秦简整理过程中，他有机会完整地接触大量有关秦汉简牍的一手资料。作为一个学者他敏锐地把握了这个机遇，系统、全面地考察了秦汉简的法制问题，并撰写了数十篇这方面的论文。由于他在哲学方面有理论功底，秦汉简的研究使他逐步转向对这个时期法律思想的研究，从而拓展了个人研究的领域。由此，高先生的学术人生开始进入高潮。

在进行秦汉简的法制问题和秦汉时期的法律思想史研究的同时，20世纪八九十年代，高先生还参加了不少重大的科研活动，其中主要是：参与撰写《中国大百科全书·法学卷》（1986）有关法制史、法律思想的条目；担任国家“七五”社科重点课题、国家“八五”重点出版物多卷本《中国法律思想通史》的常务编委，并撰写相关章节；担任中国法律史学会副主席，编辑学会集刊《法律史论丛》。1992年享受国务院颁发的政府特殊津贴。这个时期，高先生的各种事务多了，但作为一个学者，他没有停止研究，一直关注着秦汉简的法制问题和秦汉时期的法律思想史研究动态。

他始终认为，秦汉时期的法制问题和法律思想史很值得研究，尤其是先秦法、名、儒家思想与古代法学的关系、影响，非常值得深入研究。由此，他冀望年轻后学能深入这一领域。

（三）退休生活

退休后的高先生没有停止研究，他潜心整理40多年的研究成果，先后出版了《中国古代法制论考》等文集，继续研究先秦法、名、儒家思想与古代法学的关系，尤其是名学与古代法制的关系，他认为这个“富矿”还没有挖掘完，还有很多方面值得研究。2006年7月，高先生被推选为中国社会科学院首批荣誉学部委员。为了传播自己的学术思想和理念，他经常接受各类学术单位的采访，把自己一生的治学心得毫无保留地讲出来，传授给后来的学人。他还经常参加中国社会科学院研究生院法学系研究生入学和毕业典礼，每当这个时候，这位耄耋老人就焕发了青春，充满了活力。他经常鼓励研究生在学习过程中要注意阅读原著和学习具体的法律知识，注意发现问题、研究问题，尽其所能地激励后学。

二　秦汉简法制史研究

讲到自己的学术人生，高先生总要提及参加睡虎地秦墓竹简的整理、注释工作。也正是从那时、那里开始，高先生进入了秦汉法制史的研究领域，并从此寂寞爬梳，精耕细作，产生了一批重要而有价值的学术成果，从而构成了他主要的研究成就，达到了自己学术研究的高峰。今天再认真看这些成果，读者仍可以感受到当时高先生的艰辛探索和付出的努力。高先生在秦汉简法制史研究方面的著述较多，有四个方面的研究较能代表他在这个领域的成就。

第一，关于秦律中“隶臣妾”问题的探讨。在对睡虎地秦墓竹简整理、注释过程中，高先生发现，汉以后各家对刑徒隶臣、妾的解释与秦简中的记录不相符合。因此他认为，在秦简中“城旦舂”、“鬼薪”、“白粲”、“隶臣妾”、“司寇”、“斥候”等都是秦刑徒名称，实际上属于因罪而判终身服役的官奴婢。秦简中有不少律文是关于罪犯被判为“隶臣”、“妾”的，如将“盗窃犯”处为“隶臣”的规定：“公祠未阕，盗其具，当赀以下耐为隶臣。”并认为睡虎地秦墓竹简 30 多条有关“隶臣”、“妾”的记载表明，汉律中所用的刑徒“隶臣”、“妾”等名称均是因袭秦制，也就是汉承秦制。通过进一步研究，高先生还发现，后世史籍记载的有关秦时刑徒“城旦舂”、“鬼薪”、“白粲”、“隶臣妾”、“司寇”、“斥候”等应服刑期限的规定，在睡虎地秦墓竹简所有秦律条文中均没有发现，这表明秦时的刑徒可能就是没有服刑期限而终身服役。由此，他进一步指出，据《汉书・刑法志》记载：“制诏御史：……其除肉刑，有以易之；及令罪人各以轻重，不逃亡，有年而免。具为令。”根据这道诏令，颁布了一套具体的减刑措施。他认为，从以上叙述可以明确看出，在汉文帝下发减刑诏令之前，各种刑徒都是没有刑期的，当然“隶臣”、“妾”也是如此。只是到了汉文帝十三年，文帝下诏废除了这种刑罚制度，这些记载正反映了秦时的刑徒无服刑期限的事实。[①] 与此同时，高先生还深入研究了“隶臣”、“妾”的来源、法律地位，“免为庶人”的规定，从事的劳役和生活待遇以及与奴隶制社会中奴隶的区别等问题。这些研究考证精当，言之有据，是高先生对秦汉简研究的重要成就。这一研究的学术价值就在于最早把秦简中“隶臣”、“妾”的身份作为一个问题专门提出，同时对其进行了系统、深入的研究。

第二，对汉代《田律》问题的认识。对于汉代的《田律》，过去一般观点认为是“田猎之法”，如《周礼・夏官・大司马》郑玄注所说的“无干车，无自后射”，为“田猎之法”，与“田亩之事”无关。睡虎地秦墓竹简中有《田律》一篇，仅有六条，这六条律文的主要内容有四个方面。一是关于农田管理的规定。如规定地方有关机构应将农作物生长情况，以及遭受各种灾害的情况及时上报中央。二是关于禁止滥伐山林，禁捕幼兽的规定。这类规定与《吕氏春秋・上农篇》所说的“野禁”、“时禁”相结合，为其条文化。三是关于维护乡野社会秩序的规定。如规定“百姓居田舍者”不得擅自“酤酒”。四是关于征收田税的规定。田税是《田律》的重要内容。秦律中的《田律》内容，为认识汉代的《田律》打开了一扇大门。高先生认为，汉承秦制，从秦律中的《田律》内容也可了解到汉代《田律》的内容，因此汉代《田律》不是郑玄注所说的“田猎之法”，其内

① 高恒：《中国古代法制论考》，中国社会科学出版社，2013，第 1 ~ 3 页。

容明显是指汉代关于维护乡野社会秩序、管理农事、征收田赋的法律，并非关于狩猎的法律。[①] 高先生的这一研究成果，改变了长期以来关于汉代《田律》的看法，使我们对汉代《田律》究竟是什么性质的法律有了全新认识，不能不说这是对汉代法制史研究的重要贡献。由于史料的缺乏，以往对篇目繁多的汉代律令篇名有不少不确认识，高先生在整理睡虎地秦墓竹简中，通过对秦简中律令篇目的研究，对“田租税律”、“田令”、“租挈”等史籍中记载的与农事有关的律令篇目做了不少正本清源工作，厘清了对汉代律令的一些认识，无疑有助于对汉代律令篇名含义的了解，拓展了对汉代律令、司法制度的认识。

第三，关于汉代壁书《四时月令五十条》的研究。1992年12月甘肃敦煌甜水井汉代悬泉置遗址发掘中，获得了一篇贴在墙壁上的官府文告，名为《使者和中（钟）所督察诏书四时月令五十条》。高先生对该壁书全文首先进行了精心考证、注释，在注释过程中他发现这实际上就是汉代的《月令》，因此他称此壁书为《四时月令五十条》，并将其与传世的有郑玄、蔡邕、高诱等注的汉代《月令》进行了全面对比。通过对比他发现，敦煌甜水井《四时月令五十条》是汉代《月令》的简本，并考证出其是当时羲和刘歆主持编定和负责推行实施的，此事与当时王莽图谋篡权有关。他认为要特别注意的是，敦煌甜水井《四时月令五十条》是有当时的“注解”的，这些“注解”与条文一起，构成了完整的《四时月令五十条》。他进一步指出，《四时月令五十条》的当时“注解”与汉代传世《月令》上郑玄、蔡邕、高诱等私人学术上的“注解”明显不同的是，它“属于官方具有法律约束力的注解。它是立法者从汉《月令》中择取所需条文时而作的注解。借以阐明立法意图、补充原条文之未备，或者界定条文中所用概念、术语、定义的含义等”。为此，他详细考证了《四时月令五十条》阐明的立法意图，补充原条文之未备，界定条文中所用概念、术语、定义的含义等，以及《四时月令五十条》与传世汉代《月令》的关系等具体内容。高先生通过进一步研究认为，敦煌甜水井《四时月令五十条》以“注解”的方式对汉《月令》相关条文作必要的解释、修订或补充，使原条文的内容具体、简约，以突出其法律规范性质的做法，事实上早就存在，目

① 高恒：《中国古代法制论考》，中国社会科学出版社，2013，第34~37页。

的非常明显，就是使原有的条文更加完备、严谨。[1] 高先生的这一研究，对深入认识秦汉法律制度具有非常重要的意义。

第四，关于对汉代上计制度的考证。上计制度即地方行政长官向上级呈上计文书，报告地方治理状况，朝廷以此对官员进行考绩，历代史籍对此语焉不详。1993 年初，于江苏连云港市东海县尹湾村 6 号墓出土了一批西汉时期的郡县级行政档案，其中一方题为《集簿》的木牍，上面记载西汉后期东海郡的社会、经济概况。高先生看过《集簿》后，认为这就是汉代上计制度的体现。传世文献胡广的《汉官解诂》载，汉代上计制度的内容主要是“户田、垦田、钱谷入出、盗贼多少”等几项，然而东海县尹湾村 6 号墓出土的西汉《集簿》改变了这一认识。《集簿》木牍所记上计内容多得多，按照其内容性质，可归纳为四类：一是地区面积和行政机构，二是农业经济，三是财政，四是民政。高先生结合《集簿》内容对这四个方面进行了逐条、分类考证，丰富了对汉代上计制度有关内容的认识。同时，根据传世文献，他又对汉代郡国上计的上计吏选派、上计吏的主要任务、上计时间、上计地点、上计统计数字的产生等作了详细论证。[2] 这些工作的深入，形成了不少研究成果，纠正了不少以往在汉代郡国行政法规方面的错误认识，使我们对汉代上计制度有了更加立体、全面的了解，填补了过往秦汉行政法规制度研究方面的空白，对于认识中国古代法制发展的历史具有重要意义。对汉代上计制度的研究过程，可以清晰看出高先生的研究方法：发现简牍之后，要是和法律有关的，就考证这些简牍上的文字，这些文字记载的是什么法律，属什么性质，跟传世的一些文献是什么关系，或者和二十四史中的记载是什么关系，然后就是大量收集资料，在收集材料过程中，梳理、分析、考证。

然而，高先生没有仅停留在秦汉简牍的考证上。通过对这些出土简牍的研究，他总结了中国古代法制的演进轨迹。第一，“中国古代的徒刑制度史随着社会政治、经济制度的变化，是逐渐演进的。封建时代实行的有一定刑期的徒刑制度，是由奴隶时代将罪犯定为官奴隶，令其终身服役的刑罚制度逐渐演变而形成的。从云梦秦简中发现秦时的刑徒城旦舂、鬼

---

① 高恒：《中国古代法制论考》，中国社会科学出版社，2013，第 126～139 页。
② 高恒：《中国古代法制论考》，中国社会科学出版社，2013，第 145～162 页。

薪、白粲、隶臣妾、司寇、斥候，都是因犯罪而定为终身服役的官奴隶，不经过赦、赎不得恢复为自由庶民。西汉文帝十三年（公元前 167 年）诏令，废除此种刑罚，规定出上述刑徒的刑期，所谓‘有年而免’。此论纠正了东汉卫宏《汉旧仪》对秦刑徒身份的错误认识。汉文帝废除刑徒为官奴隶的刑罚，不仅是对刑罚制度的重大改革，同时也是中国历史上废除奴隶制度的重要举措。众所周知，奴隶制社会的奴隶，主要来源有三：战俘、罪犯和债务奴隶。汉文帝废除以罪犯为官奴隶的制度，自然具有瓦解奴隶制社会的重要意义”。第二，“从秦汉竹简得知，当时的统治者很重视法律的贯彻执行。那时已经制定出较为完善的司法审判制度。云梦秦简中有一册署为《封诊式》的法律文书，详细地规定了审理案件的基本原则，对于各类案件如何侦破、勘验、审讯都有具体的规定，并列出相应的文书程式。汉初制定出了更完备的司法审判制度。《张家山汉墓竹简》中有题为《奏谳书》的案例汇编一册，其中秦汉时期的奏谳文书十五例，阐述录囚、乞鞫、复市、集议侦缉经典案例五件，另外还有春秋时期的办案故事两则”。他认为，这些都足以说明当时的统治者对司法建设十分重视。①

三　中国古代法律思想史研究

从秦汉简牍的整理、考证开始，由史料到史论，高先生的研究由制度史逐步转向思想史。他认为研究中国古代法律制度史、法律思想史，应该注意当时的政治、经济形态和哲学思潮，特别是先秦诸子学说与它的关系。所以，就他个人的研究来讲，尤其注意与法律制度、法律思想关系密切的先秦法家、名家、儒家学说的影响，有关名学、儒学与古代法学关系的研究构成了他学术研究的又一个重要方面——中国古代法律思想史研究。

高先生对先秦法、名、儒三家学说与古代法学的关系给出了自己的研究：“作为人的行为规范的总和，法的基本特征应当是公开、公正、平等。我国先秦法家关于法的论述，正包含了这些内容，从而为古代法制奠定了符合法理的基础。”对于中国古代逻辑学的名学，他指出“它的形成与发

① 高恒：《中国古代法制论考》，中国社会科学出版社，2013，第 1 ~2 页。

展对中国古代法律、法学发展均有深刻的影响，为其奠定了逻辑理论基础。这门研究概念、判断、推理及其相互联系的规律规则的学科，为人们认识和解决有关法的问题，提供了正确思维形式的规则，从而使法学中有了精确的名词概念，论证命题的判断推理合乎逻辑”。对于儒学对古代法学的影响，他认为“西汉以后逐渐接受儒学为其政治理论基础。这里所说的儒学，主要是景武时期大兴的公羊春秋学。当时被称作‘儒者宗’的公羊家董仲舒主张‘罢黜百家，独尊儒术’，得到最高统治者的赏识。公羊家宣扬的‘春秋之义’，应用到了封建社会上层建筑各领域，使儒家经典《春秋》成为了治世建国的政治纲领”。而且“西汉以降，历代法制中都可以清楚看出公羊春秋学对中国古代法律、司法甚至审判程序等方面都有深刻的影响，尤其是公羊春秋学对古代法制的指导原则的影响，比如重三纲，维护封建社会的等级制度；大一统，强调君主中央集权；尚法制，重视以律令治国；行权变，主张行权济事变等等”。①

高先生非常重视名学与法学关系的研究。他认为，先秦名学和中国古代法学是有相当关系的。中国古代法制是从哪来的？名学理论是法制理论的一个伴随理论，是法制的一个基础，其影响主要表现为当时名学中形成的范畴理论，为人们认识和解决法的问题提供了正确思维形式和规则。为此，他用较多功夫论证了名学的几个重要概念和内容，阐释了名学对中国古代法学产生的作用和影响。

“类”，先秦名学中关于定名、立辞、推理的基本概念。高先生认为，先秦法律制度的一些发展、变化明显与名学“类”的概念的形成有关。战国时期，法典的体例发生了一次重要变化，即改“刑名之制”为“罪名之制”。当时在名辩思潮的影响下，依据名学“类”的理论制定出“罪名之制”的《法经》按“罪名”编纂“刑名之制”的刑书。他进一步指出，“类”的理论对于审问罪犯和法律的适用，具有重要的指导意义。首先，在审判过程中，无论是区分罪与非罪，还是认定罪的性质，都必须以“类”的理论为根据。其次，法律的适用与“类”理论的关系更为密切。“类”的理论，为正确适用法律、作出符合实际的判决奠定了理论基础。②

① 陈奎元：《学问有道——学部委员访谈录上》，方志出版社，2007，第1386～1388页。
② 高恒：《中国古代法制论考》，中国社会科学出版社，2013，第268～271页。

“故”，名学中事物形成的原因、条件，或推理、论证的根据。高先生认为，“故”的理论在古代法学中得到了充分体现。从秦简中可知，制定秦律的立法者无论是在区分罪与非罪，确定犯罪的性质，还是考虑量刑轻重等问题上，都深入细致地考虑过犯罪形成的原因和条件。秦审判官吏把“察类”、“明故”作为审理案件遵循的原则和逻辑方法。《睡虎地秦墓竹简》中《封诊式》一书，是一部关于审讯、调查、勘验案情的文书程式的选编，是指导基层官吏审判工作的重要文件，反映出秦立法者从丰富的审判经验中总结出了一套缜密、严谨、符合逻辑的执法程序。[①]

“譬”，又称“辟”，是先秦名学中的一种推理形式。高先生考证，秦律中常以“譬”这种方式阐明问题，如：“盗封啬夫（何）论？廷行事以伪写印。”从刑法学的角度来说，无论是犯罪的客体和客观方面，还是犯罪的主体和主观方面，以及犯罪的手段都是“最相类似”，从而使“譬”的推论方式能够得出较准确的结论。[②] 高先生用睡虎地秦墓竹简中的发现印证这一结论。他指出，竹简中的多则法律答问说明，正确运用“譬”的推理，可以正确解答当时法律条文尚无规定的某些犯罪应如何处刑的问题，使人们对尚无规定的某些犯罪行为的性质有一个确切的认识。

“效”，先秦名学的用语，立论的标准，也可解释为推理的方法。《墨子·小取》曰：“效者，为之法也。所效者，所以为之法也。故中效则是也，不中效则非也。”高先生认为，“效”作为一种推论的方法，对古代法学同样有深刻影响。《睡虎地秦墓竹简》中有近30种律令，律名一般都是以该律令所调整的对象来命名。如《田律》是关于维护乡野社会秩序、管理农事、征收田赋的法律，只有一种律令不是以其所调整事物的名称命名，称作《效》。新出土的汉简进一步证实，汉代也有《效》律。法家借助名学“效”的理论推行的“责效主义”，对于树立臣民法的观念、法的意识起到了重要作用。[③]

“参验”，“参伍之验”的简称，先秦名学的重要范畴。高先生指出，秦汉时的司法审判制度充分体现了先秦名学的“参验”思想，其中有些法

① 高恒：《中国古代法制论考》，中国社会科学出版社，2013，第271～273页。
② 高恒：《中国古代法制论考》，中国社会科学出版社，2013，第274～275页。
③ 高恒：《中国古代法制论考》，中国社会科学出版社，2013，第275～276页。

制术语、名词，甚至直接引用于名学。秦汉法律规定的审判程序分为有鞫、羁押、告诉、案验、判断等阶段，整个程序可以说是一个对案件完整“参伍之验”的过程，其中进行推辟活动的案验，也就是名学所说的“参验”。[①] 高先生还用睡虎地秦墓竹简中《封诊式》篇中的“治狱”、“讯狱”两则爰书来印证这个问题。他认为两则爰书规定了当时审判案件应遵守的基本原则，还有对案件进行调查、勘验、审讯的程序，这些无不体现了名家关于“参验”、“刑名参同”的理论。

“辩”，名学中辩论、论证、推理的概念。高先生认为，运用于法学中的“辩”，成为司法审判的方法，并构成审判程序的重要阶段。秦汉司法审判制度规定，“辩”的活动主要表现在“传爰书”的过程中。“传爰书”是审判阶段。“传爰书”阶段，从被审问人方面来说，就是答辩的陈述，或称“自证”。“自证”言词录为文字，即“自证爰书”，汉简中多见。从审判官吏方面来说，就是讯问，称作“讯考”，秦汉对“讯考”有法律规定。“传爰书”过程不是当事人根据爰书简单地一问一答，其中包括陈述、讯问、诘问、复问，过程中允许当事人更改口供、补充事实、举出新证等，这个过程就是名学中所说的“辩”。[②]

高先生在整理睡虎地秦墓竹简中发现，秦时法律条文和名词、术语相当缜密和精当，论断符合逻辑。通过对名学主要范畴理论的研究，他深刻认识到名学奠定了中国古代法学的逻辑理论基础，并进一步指出了名学与古代法学的关系。他认为：“在研究中国古代法学的发展理论时，既要注意促使它形成和发展的经济、政治上的原因……也要注意到其他意识形态对它的影响。东汉班固曾评曰，春秋以降，‘诸子十家，其可观者九家而已。皆起于王道既微，诸侯力政，时君世主，好恶殊方，是九家之（说）［术］蠭出并作，各引一端，崇其所善，以此驰说，联合诸侯，其言虽殊，辟犹水火，相灭亦相生也。仁之与义，敬之与和，相反而皆想成也’。这个论断符合历史实际。首先，法学与其他诸子学说一样，都是适应当时社会的政治、经济需要而产生。其次，诸子学说，也包括法学，相反而相成。它们之间既有斗争，又相互吸收，互为补充。不注意这种复杂的联

① 高恒：《中国古代法制论考》，中国社会科学出版社，2013，第279～280页。

② 高恒：《中国古代法制论考》，中国社会科学出版社，2013，第281～283页。

系，形而上学地认为它们之间只存在矛盾的、对立斗争的关系，则不可能正确地揭示出诸子学说，以及中国古代法学的特点和其发展、变化规律。”他强调：“中国古代法学，以及依据当时社会现实需要而制定的法律，与先秦名学有密切关系。这对于完善现代社会的法律制度也有重要的参考意义。立法者制定法律必须遵循逻辑学理论，名词概念确切，条文符合逻辑，体系严密，以维护法制的统一和实行。”①

四 学术风格

按现在学界的标准论及，高先生可能并不属于高产的学者，但正如大家感受到的，他的每一个成果都充满见地，很有价值。读高先生的论著，读者会有一种强烈的感受：论证充分，资料扎实，言之有据，有一种严谨、扎实的旧儒治学古风。这或许是他们那一代学人特有的学术风格，而这些在现在学界似乎已经越来越少了，甚至可以称为稀缺。

对于治学，尤其是治中国古代法制史的法律思想史，高先生有他自己的心得，他认为重要的是要“认真读书，认真研究，不是人云亦云，要认真研究问题。至于一些具体的方法……第一个学习哲学。我认为历史唯物主义和辩证唯物主义，是值得我学习的基本理论，要树立坚实的哲学根基。第二个是学习历史，要具备历史知识。研究古代的法制史，一般的历史书，像《史记》、《汉书》、《后汉书》、《晋书》都是要熟悉的。这些史书中，尤其是《刑法志》的部分要格外注意。在简牍出土之前，由于缺乏史料，主要就是靠这些史籍来研究。另外，现代人的历史著作，范文澜、郭沫若等人的还是值得好好学习（的）。胡适的《中国哲学史大纲》，冯友兰的《中国哲学史》也都应该读一下。有了这些知识的积累，才能为你的研究打下基础”。② 以上是高先生自己的总结。研读高先生的论著，他的治学风格主要可以从三个方面进行概括。

---

① 高恒：《中国古代法制论考》，中国社会科学出版社，2013，第 276 ~ 277 页。

② 袁辉、冯勇：《弱水三千 只取一瓢饮——荣誉学部委员高恒教授访谈录》，《法律文化研究》第五辑，中国人民大学出版社，2010，第 507 ~ 514 页。

（一）注重理论指导

也许是学习法理或者在苏联留学时接受了较多马克思主义理论的缘故，高先生特别重视马克思主义理论、相关哲学知识以及法学理论的学习，尤其是辩证唯物史观的学习，并将这些理论运用到实际研究当中，“训练自己的法学思维”。[①] 他认为“任何一个时代的诸社会意识形态的产生、发展，及其相互关系也都是如此。法学与其它各种社会学说一样，是适应当时社会的政治、经济的需要产生的，它与同一时代的社会诸意识形态的关系，也是相反而相成的。不注意这种复杂的联系，形而上学地把它们看做是孤立的，只存在相互矛盾、对立斗争的关系，就不可能正确揭示出中国古代法学的特点和其发展、变化的规律”。[②] 因此，高先生在进行秦汉法制史和古代法律思想史研究的时候，十分注意考察那个时代的哲学思潮，甚至那个时代的学风，通过这些考察法制、法学的影响，而马克思主义唯物史观为高先生从事研究提供了方法论支撑。

高先生在研究中国古代法学的产生和特点时，注重先秦法、名、儒家学派对法学的影响。他认为；“先秦名学作为一种思维形式，对于当时各种学说、理论，都有很大影响。如儒家、墨家、法家，甚至战国时期从事政治外交活动的纵横家等，无不曾有意无意地运用‘名辩之术’来论证各自的学说、主张……这种影响主要表现在，人们借助名学的思维方式，使各学科所使用的概念精确，判断推理符合逻辑，从而正确地揭示出各学科的内在规律，使其成为严谨、系统的科学。”[③] 在睡虎地秦墓竹简整理、注释过程中，他发现：“秦时的法律条文及其名词、术语，如此缜密、精当，论断符合逻辑，同样也是得益于先秦名学的发展，为其提供了正确的思维方式。”[④] 在探讨董仲舒、汉武帝等人的法律思想时，他“分析了当时的公羊学对他们的影响。并由此而认识到，要研究中国古代法学，不能不了解各历史时期经学的发展、演变”。[⑤]

---

① 陈奎元：《学问有道——学部委员访谈录上》，方志出版社，2007，第1390页。

② 高恒：《秦汉法制论考》，厦门大学出版社，1994，“自序”第2页。

③ 高恒：《秦汉法制论考》，厦门大学出版社，1994，“自序”第2~3页。

④ 高恒：《秦汉法制论考》，厦门大学出版社，1994，“自序”第3页。

⑤ 高恒：《秦汉法制论考》，厦门大学出版社，1994，“自序”第3页。

（二）注重考古资料例证

由于技术的进步、考古方式的多样，近些年古代考古发现越来越多，许多新发现极大地丰富了我们对过去已有的认知，有的甚至是颠覆性的。高先生早就注意到考古成果的重要作用，他对秦汉简法制史的研究，就是得益于考古发现、考古成果，并把这些作为基础，深入研究，发现过去没有的发现，修正、完善过往的认知。他经常讲，制度史的制度是从哪来的，除了文献，新东西主要是从这些出土的简牍中研究出来，从简牍考证中发现问题，从简牍考证中爬梳古代的法制，从简牍考证中还原历史的本来面目，让人们在杂乱的碎片中逐步找到真实的历史，反映过往的故事。《秦汉简牍中法制文书辑考》一书是高先生对秦汉简牍研究的集大成，他把这些简牍中的法制问题进行了系统整理和研究，极大地丰富了因史料失传带来的缺失，从而丰富了对秦汉法制的认识。如《居延汉简释文合校》、《居延新简》、《敦煌汉简释文》中的汉代律、令、式的篇目条文，充分证实了汉代的法律规范远远多于传世史籍记载的篇目条文。[①]

1983 年，湖北省江陵县张家山汉墓出土竹简有题为《奏谳书》的案例汇编一册（计二百二十八支简），其中有秦汉时期的奏谳文书十五例，阐述录囚、乞鞫、复审、集议、侦缉经典案例五件。这些考古发现丰富了高先生的研究内容。当他看到这些竹简时，更加强化了他对这些简的“富矿”认识。正是基于这种认识，即使到了晚年，高先生都非常关注考古新进展、新发现，一有秦汉简等方面的考古新资料出现，只要是和法律有关的，他就关注、搜集、研究、考证。对年轻的后学，他将这个经验进行了传授，很希望年轻学人进入这个沉寂的领域，爬梳、拓荒、开垦，把“富矿”采集到极限。他谆谆教导后学，知识面要宽，从事古代法制问题的研究，不能局限在传世文献的解读上，更要关注考古资料的实证效果，要尽最大可能地占有这些地下资料，并从中发现一手的东西；尤其是秦汉简法制的内容非常丰富，一定要抓住，弥补文献的不足，开辟新领域，产生新观点，形成新认识，达到专门问题研究的新境界。

---

① 高恒：《秦汉简牍中法制文书辑考》，社会科学文献出版社，2008，第 2 页。

（三）注重挖掘创新

读高先生的论著，无论是《秦律中“隶臣妾”问题的探讨》、《汉代上计制度论考——兼评尹湾汉墓木牍〈集簿〉》、《汉壁书〈四时月令五十条〉论考》、《汉简中所见汉律论考》，还是《秦汉简牍中法制文书辑考》，最大的感受是绝不人云亦云、随声附和。通过扎实的实证材料论考出新，产生新观点、新认识，而要做到这些，就要在阅读史料、占有史料、分析史料的基础上不断挖掘和创新。如他看到甘肃敦煌甜水井汉代悬泉置遗址出土的《使者和中（钟）所督察诏书四时月令五十条》，当时他就认为这实际上就是汉代的《月令》。于是就把这个壁书上律令的内容先注释出来，然后把传世的汉代《月令》也注释出来进行对比，并且加入了一些自己的观点。出土的这五十条是什么东西，什么条令，什么内容，逐条解释评述，然后再根据传世的《月令》来分析这五十条分别出自传世《月令》的哪一条，并且它们之间有什么关系，有什么联系，是如何发展演变的，最后形成了《汉壁书〈四时月令五十条〉论考》。这一研究得到了当时学界的认可。

关于名学与古代法学的关系，学界研究得不多。高先生对这个问题非常关注，始终认为名学与中国古代法学的关系很值得研究。他认为名学和法学是有相当关系的，他的《论中国古代法学与名学的关系》考证了名学范畴理论及其对秦汉法制的影响。法制是从哪来的，名学理论就是法制理论的一个伴随理论，是法制的一个基础。比如说“类”这个字，他就首先论证了它在名学当中的概念、内容，然后指出名学中“类”字在法学中起什么作用、有什么影响。后面还有几个关于名学的范畴，名学中的这几个字对法学的理论或者基本理论有什么影响、产生了什么作用，他都作了深入论证。他在《论中国古代法学与名学的关系》一文中还将当时出土的一些秦代简牍中的法律条文，与春秋战国时期的百家争鸣的名学思想对比，分析这些名学思想对秦代当时的法律有什么影响。这些创新既来自他对秦汉简法律文书的论考，也源自他对古代法律思想的宏观思考，在这个过程中有了创新，产生了成果，开辟了新天地，推动了秦汉法律思想史的研究。

中国法制史、法律思想史从来就不是显学，秦汉法制史和中国古代法律思想史当然更不是，这也就注定在其中耕耘的人是寂寞的前行者。“板凳宁坐十年冷，文章不写半句空。”[①]“吾与昔人近，吾离今人远。”[②] 著名历史学家范文澜、张舜徽先生的这些话毫无疑问也适合高先生，他平淡为学、专注执着、厚重充实、力行恒久，谁又能说不是一种令人仰止的风范呢？“不要人夸颜色好，只留清气满学界。”高先生属于他那个时代，就他个人的作为来说也无愧。

① 陈原：《金冲及研读风云岁月撰述百年历史》，《人民日报》2014 年 5 月 9 日。

② 李洲良：《清逸　清拔　清远　清淳——袁行霈先生的治学风范》，《光明日报》2016 年 12 月 15 日。

注释体例

一　一般体例

1. 引征注释以页下脚注形式每页重新编号编排。

2. 正文中出现一百字以上的引文，不必加注引号，直接将引文部分左边缩排两格，并使用楷体字予以区分。

3. 引征二手文献、资料，需注明该原始文献资料的作者、标题，在其后注明“转引自”该援引的文献、资料等。

4. 引征信札、访谈、演讲、电影、电视、广播、录音、未刊稿等文献、资料等，在其后注明资料形成时间、地点或出品时间、出品机构等能显示其独立存在的特征。

5. 引征网页应出自大型学术网站或新闻网站，应附有详细的可以直接定位到具体征引内容所在网页的 URL 链接地址，并注明最后访问日期。

6. 外文作品的引征，从该文种的学术引征惯例，但须清楚可循。

二　脚注格式

1. 专著

标注格式：责任者及责任方式，文献题名/卷次，出版者，出版时间，页码。

示例：

侯欣一：《从司法为民到人民司法——陕甘宁边区大众化司法制度研究》，中国政法大学出版社，2007，第 24 ~ 27 页。

张晋藩主编《制度、司法与变革：清代法律史专论》，法律出版社，2015，第 1 册，第 32 页。

2. 译著

标注格式：责任者及责任方式，文献题名/卷次，译者，出版者，出版时间，页码。

〔美〕D. 布迪、C. 莫里斯：《中华帝国的法律》，朱勇译，江苏人民出版社，2010，第96页。

3. 期刊

标注格式：责任者，文章篇名，期刊名/年期（或卷期、出版年月）。

示例：

苏亦工：《得形忘意：从唐律情结到民法典情结》，《中国社会科学》2005年第1期。

4. 报纸

标注格式：责任者，文章篇名，报纸名/出版年、月、日，版次。

示例：

何勤华：《走进法律历史的深处——我国法律史研究的现状、问题与思考》，《人民日报》2015年2月9日，第16版。

5. 辑刊/论文集

标注格式：析出文献著者，析出文献篇名，文集责任者与责任方式/文集题名/卷次，出版者，出版时间，页码。

示例：

黄源盛：《民初大理院民事审判法源问题再探》，载李贵连主编《近代法研究》第1辑，北京大学出版社，2007，第5页。

6. 学位论文

标注格式：责任者，文献题名，类别，学术机构，时间，页码。

示例：

尤陈俊：《话语竞争与社会变迁：明清区域性诉讼社会中的讼师形象》，博士学位论文，北京大学法学院，2010，第96页。

7. 会议论文

标注格式：责任者，文献题名，会议名称，会议地点，召开时间。

示例：

张仁善：《论中国近代司法近代化进程中的“耻感”情节》，中国法律史学会2018年年会暨中华法文化与法治中国建设研讨会会议论文，徐州，

2018 年 9 月，下册，第 1469 页。

8. 古籍

（1）刻本

标注格式：责任者与责任方式，文献题名/卷次，版本，页码。

示例：

（清）汪辉祖：《学治臆说》卷下，清同治十年慎间堂刻汪龙庄先生遗书本，第 4 页 b。

（2）点校本

标注格式：责任者与责任方式，文献题名/卷次，出版地点，出版者，出版时间，页码。

示例：

（清）薛允升：《读例存疑》，黄静嘉编校，成文出版社，1970，第 858 页。

（3）影印本

（清）刘锦藻撰《清朝续文献通考》，浙江古籍出版社，1988 年影印本，第 2 册，第 1002 页上栏。

9. 档案文献

标注格式：文献题名，文献形成时间，藏所，卷宗号或编号。

示例：

《大理院为请饬催议覆刑事民事诉讼法折已奉旨事致法律馆咨文》，光绪三十二年十二月初二日，中国第一历史档案馆馆藏，档案号：10－00－00－0007－002。

《沈宗富诉状》，嘉庆二十二年十二月二十日，四川省档案馆藏，档案号：6－2－5505。

约稿函

《法史学刊》是由中国法律史学会与中国社会科学院法学研究所主办，中国法律史学会秘书处与中国社会科学院法学研究所法制史研究室组织编辑的专业性学术集刊。集刊内容涵盖中外法制史、中外法律思想史、法律文化等法律史学科的各个分支，间或旁及法理学、部门法学、哲学、历史学、人类学、社会学、民族学等法律史学得以滋养的学科领域。

《法史学刊》以传承传统法律文化、繁荣当代法史研究为己任，现面向广大学界同仁征稿：

1.《法史学刊》不考虑稿件作者的身份和以往学术经历，只有学术水准和学术规范的要求。

2.《法史学刊》实行双向匿名审稿制度，只以学术价值为衡量标准。

3.《法史学刊》不接受已经发表的论文和一稿多投的论文。依国际惯例，曾在国内外会议做主题发言的论文，视为未曾发表的论文，欢迎投稿。

4. 来稿以 10000 ~ 20000 字为宜，对于特别优秀的稿件，不做字数的限制。

5. 作者应保证对其作品具有著作权并不侵犯其他个人或组织的著作权，译者应保证该译本未侵犯原作者或出版者任何可能的权利，并在可能的损害产生时自行承担损害赔偿责任。编辑委员会或其任何成员不承担由此产生的任何责任。

6. 来稿请以 Word 文件格式发至电子信箱：fashixk@ gmail. com，请在邮件主题注明“投稿”字样并在正文注明作者姓名、职务及联系方式。

7. 引证规范，请具体参见《注释体例》。

图书在版编目（CIP）数据

法史学刊. 2019年卷：总第14卷／张生主编. --北京：社会科学文献出版社，2019.5
ISBN 978-7-5201-4731-6

Ⅰ.①法… Ⅱ.①张… Ⅲ.①法制史-丛刊 Ⅳ.①D909.9-55

中国版本图书馆CIP数据核字（2019）第080455号

法史学刊（2019年卷·总第14卷）

主　　编／张　生
执行主编／王帅一

出 版 人／谢寿光
责任编辑／芮素平
文稿编辑／汪延平

出　　版／社会科学文献出版社·社会政法分社（010）59367156
地址：北京市北三环中路甲29号院华龙大厦　邮编：100029
网址：www.ssap.com.cn
发　　行／市场营销中心（010）59367081　59367083
印　　装／三河市龙林印务有限公司

规　　格／开　本：787mm×1092mm　1/16
印　张：13.5　字　数：212千字
版　　次／2019年5月第1版　2019年5月第1次印刷
书　　号／ISBN 978-7-5201-4731-6
定　　价／69.00元

本书如有印装质量问题，请与读者服务中心（010-59367028）联系